DAYUE 大岳丛书之十六

论中国式PPP

北京大岳咨询有限责任公司
深圳市大岳基础设施研究院 编著

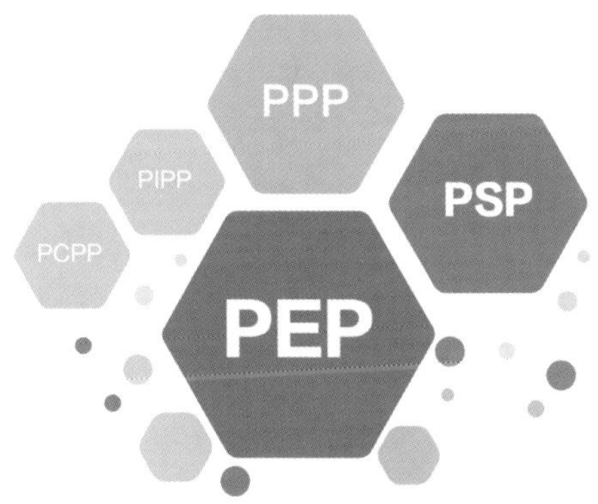

普及阶段
2014年至今

反复阶段
2009-2013年

推广阶段
2003-2008年

试点阶段
1994-2002年

探索阶段
1984-1993年

中国财经出版传媒集团

经济科学出版社
Economic Science Press

图书在版编目（CIP）数据

论中国式 PPP／北京大岳咨询有限责任公司，深圳市大岳基础设施研究院编著．—北京：经济科学出版社，2020.7

ISBN 978－7－5141－5387－3

Ⅰ.①论…　Ⅱ.①北…②深…　Ⅲ.①政府投资－合作－社会资本－研究－中国　Ⅳ.①F832.48②F124.7

中国版本图书馆 CIP 数据核字（2020）第 125240 号

责任编辑：刘　悦　杜　鹏
责任校对：刘　昕
责任印制：邱　天

论中国式 PPP

北京大岳咨询有限责任公司
深圳市大岳基础设施研究院　编著
经济科学出版社出版、发行　新华书店经销
社址：北京市海淀区阜成路甲 28 号　邮编：100142
总编部电话：010－88191217　发行部电话：010－88191522
网址：www.esp.com.cn
电子邮箱：esp@esp.com.cn
天猫网店：经济科学出版社旗舰店
网址：http://jjkxcbs.tmall.com
固安华明印业有限公司印装
710×1000　16 开　14 印张　250000 字
2020 年 8 月第 1 版　2020 年 8 月第 1 次印刷
ISBN 978－7－5141－5387－3　定价：50.00 元
（图书出现印装问题，本社负责调换。电话：010－88191510）

谨以此书献给

在探索阶段、试点阶段、推广阶段、反复阶段或普及阶段参与过中国 PPP 事业的人们，尤其是2018 年以来仍在坚守 PPP 事业的领导和同仁！

《论中国式 PPP》

编 委 会

中国式 PPP 经历三十多年跌宕起伏而百炼成金

2014 年至 2017 年，每年我都要出差 240 天以上，其中一半以上是去给各级地方政府领导干部讲授 PPP。这其中既有在中央党校和住建部市长研修学院的授课，也有在省厅委办组织的培训、市县中心组的集体学习的讲课。通过讲课，我把对 PPP 的观察和思考分享给了各级领导。在我国，政府控制的资源最多，地方政府是 PPP 推广和 PPP 项目实施的关键角色，政府官员对 PPP 的理解在很大程度上决定了 PPP 的成败，因而对他们进行培训是社会效益很大的一项工作。在此期间，我和大岳咨询的高级管理团队接受新华社、中央电视台及主流财经媒体的采访超过 1000 次，在采访中我们不断地分享对 PPP 政策、PPP 项目观察和思考的心得体会，努力为中国 PPP 的平稳健康发展尽绵薄之力。2018 年以来 PPP 的深度调整使我们更加冷静地思考了 PPP 发展问题，现把这些观察和思考整理出版这本《论中国式 PPP》与更多的从业者进行分享。

2014 年我在《从中国 PPP 发展历程看未来》一文中将自 20 世纪 80 年代引入中国以来 PPP 在中国发展分为五个阶段：探索阶段（20 世纪 80 年代中期至 1993 年）、试点阶段（1994 ~ 2002 年）、推广阶段（2003 ~ 2008 年）、反复阶段（2009 ~ 2013 年）和普及阶段（2014 至今）。我从 1994 年开始研究 PPP 并运作 PPP 项目，在调研探索阶段中央和地方 PPP 实践的基础上，深度参与了后四个阶段 PPP 相关工作，从而有机会长期近距离观察中国式 PPP 的发展历程。PPP 在中国的发展过程是 PPP 逐步中国化的过程，一方面社会资本以国有资本为主，通过规模化、专业化和市场化打破公共服务的地域垄断，实现高质量发展；另一方面以 PPP 为改革动力，不断攻坚克难，彻底解决体制机制障碍，提高公共服务的供给质量和效率。即使在发达资本主义国家，基础设施和公共服务也不是以私人资本为主的，我国国企参与 PPP 不排斥私人资本的参与，扩大了 PPP 的适用范围。

2014 年 PPP 进入普及阶段之后，我越来越意识到，PPP 在中国忽冷忽热的主要原因在于各方对其认识不够，做好中国式 PPP 需要对 PPP 进行深度思考。政府、咨询公司、社会资本、金融机构、学者站在各自的角度，或多或少都进行过思考。其中，咨询公司的思考很重要，作为衔接 PPP 各方主体的枢纽以及项目推动过程中利益相对中立的一方，咨询公司的思考不仅可以为政府、社会资本和金融机构提供项目决策层面的参考，还可以直接为中央政府进行 PPP 的顶层制度设计提供事实基础和决策依据。与此同时，咨询公司作为 PPP 的实践者还能为象牙塔里的研学问的学者构建中国式 PPP 的学术理论提供调研素材和课题支撑。

古话说：橘生淮南则为橘，生于淮北则为枳。无论是政治制度、央地关系、政府治理、法律基础、契约精神，还是所有制结构、资源禀赋、社会文化，中国的情况都与英法等国迥异。这就决定了中国的 PPP 一定是中国式 PPP，而不是英国式或者法国式 PPP。研究国外的 PPP 起源、发展历程和制度现状之后，我们发现世界上没有两个国家的 PPP 是完全一样的。必须承认，在我国几十年推进 PPP 过程中，崇洋媚外的情况是存在的，个别从业者总想照搬国外（如英国）的 PPP 概念、法规、政策、操作方法甚至评价体系，总是想拿中国 PPP 的发展模式与国外 PPP 对标，一旦出现不一致的地方，就对中国 PPP 的发展道路提出质疑并轻易否定，这造成了中国 PPP 发展忽冷忽热。同时还导致中国式 PPP 一直低位徘徊，没有实现螺旋式上升，至今未形成一套自己完整的理论体系和政策架构。冷静想想，经过 20 多年的发展，国外 PPP 还有什么本质和核心的东西是我们不知道的呢？是不是常常出现我们学会了他们的东西，可他们却已经变了的情况？国外所引领的 PPP 潮流符合中国的国情吗？中国式 PPP 进入普及阶段后，在数量上跃居世界第一，没有任何国家的 PPP 项目数量能够达到中国的 1/10，这是任何其他国家从未经历过的发展历程。仅仅踩着别人的脚印已经不能解决我们自己的问题，我们固然需要学习借鉴国外的 PPP 经验，但我们更需要认真总结和思考中国的 PPP 实践。

2014 年，我有机会见到中央领导并提交了《当前做好 PPP 工作的十点建议》（以下简称《十点建议》），这是我们对 2013 年以前 PPP 在试点阶段、推广阶段和反复阶段经验教训的梳理和总结。其中，第一条建议就是要认真总结既往 PPP 项目的经验教训并加以借鉴和推广，这样做可以使我国 PPP 的发展行稳致远。基于这个想法，我们联合中国财政学会 PPP 专业委员会从 2014 ~ 2015 年连续举办了 12 期《中国 PPP 沙龙》，每期分享一个经典的 PPP 项目案例。后来国内的很多 PPP 从业人员，包括报道 PPP 的新闻记者，都是从参加 PPP 沙龙开始逐渐进入并熟悉这个领域的。我们无法评估这项工作对后来几年 PPP 的发展所发挥的作用，但可以肯定，如果没有这种经验的传播和引导，中国的 PPP 不会有那么快的发展。

《十点建议》最后一条提出，PPP 涉及面广，需要调整体制，各级政府应逐步适应，必须循序渐进、控制节奏。实践中，普及阶段 PPP 的发展还是太快了，项目数量每年都以超过 100% 的速度增长，我们的这种分享很难满足 PPP 发展的需求。虽然 PPP 的效果较改革开放以来的很多经济政策都好，但不得不承认，PPP 在发展过程中还是出现了一些问题，遇到了发展瓶颈。近几年，我每年都会去肇庆参加全国环境上市公司年度峰会，2019 年我在会上谈了 PPP 与民营企业陷入困境之间的关系。针对很多人认为是 PPP 影响了民营企业发展的观点，我认为除了自身管理水平和能力不足外，不是 PPP 本身使民营企业陷入了困境，而是 PPP 的政策反复而影响了民营企业的预期，导致民营企业的经营遭遇困难，而 PPP 本身也受到了政策反复的影响。这是一个很重要的认识问题，能不能正确认识到这一点将直接影响决策者能否采取合理的政策，以及民企能否采取正确的经营策略。对 PPP 的正确认识可以让各方都少走弯路。

应主流媒体之邀，每年我都会写一篇 PPP 年终感言，这些文章反映了我对当年 PPP 发展的观察和对下年度 PPP 发展的思考。回过头看，这些年的观察和思考基本是准确的，对行业发展产生了积极影响。最典型的就是关于加快推进基础设施和公共服务费价改革的建议。如果费价改革不能建立起谁受益谁付费、收费水平与成本挂钩的机制，仅靠财政资金的力量很难支撑起中国城市化进程对公共服务的持续需求。这个问题我在 2016 年底的年终感言里就提了出来，此后 2017～2019 年我国居民消费价格指数（CPI）一直低位运行，是难得的进行价格调整的窗口期。如果在这段时间能够启动费价改革，那么一旦后续财政收入增长进入下降周期，财政资源可以更加聚焦于为低收入阶层和弱势群体提供基本公共服务。这不仅可以解决 PPP 的发展问题，也能够更好地服务于经济的高质量发展。窗口期一旦错过，再要推动这类改革将会增加困难，但是必须要攻坚克难。

2016 年底，在《PPP 已走过顺风顺水的阶段，政府、社会资本都将遇到新问题》一文中，我指出，PPP 经过 3 年顺风顺水的高速发展，原有资源和利好已经消耗殆尽，后面将进入瓶颈期，进入一个问题集中出现的阶段。如果这些问题不解决，过了 2017 年 PPP 就会遇到瓶颈，不仅政府方会遇到，社会资本方也会遇到。PPP 会倒逼政府改革，特别是费价制度改革，改革到位了 PPP 才能发展得比较好。

2017 年底，在《2018 PPP：完善政策与攻坚克难》一文中，我提出，2017 年底财政部发布《关于规范政府和社会资本合作（PPP）综合信息平台项目库管理的通知》、国务院国资委发布《关于加强中央企业 PPP 业务风险管控的通知》和人民银行等发布了《关于规范金融机构资产管理业务的指导意见（征求意见稿)》标志着从2014~2017年的PPP高速发展阶段的结束。政策制定者的本意是希望从2018年开始PPP的发展可以进入平飞阶段，能够行稳致远。但这样一场规模宏大的实践从起飞阶段进入平飞阶段需要高超的智慧和技巧，而我们面临的最大风险是PPP出现自由落体式降落。有关部门不应该简单地、削足适履地使用以前的政策对PPP进行规范，而应认真总结这4年的实践，先对PPP相关政策进行完善，再用完善后的政策去规范和指引PPP的发展，这样才能将PPP阶段转换的冲击降到最低，才可能使PPP实现平飞。同时，我提出，这几年PPP的发展遇到了一些系统性的问题，包括基础设施和公共服务费价体制改革问题、现有项目资本金制度与PPP的兼容性问题、PPP项目库的去行政化问题、推动PPP实现真正的项目融资的问题，以及强化可行性研究阶段对项目必要性论证以防止无效投资等问题。PPP的行稳致远需要在这些领域采取攻坚克难式的改革措施。我还提出，对PPP不能过于吹毛求疵。任何一项公共政策都很难做到面面俱到、万无一失。相比其他政策，PPP在实施过程中已经实现了制度迭代和不断优化，只是这项制度仍然有不断完善和不断改革的空间。

2018年底，在《2019年PPP将成为长盛不衰的政策选择》一文中，面对2018年PPP经历史上最严苛的“审计、督察、整改”之后的消沉，我提出，在经历了2018年降杠杆和贸易战之后，我国经济工作重心已经转向了“六个稳”：稳就业、稳金融、稳外贸、稳外资、稳投资和稳预期。这其中稳投资具有基础作用，而PPP因其投资市场化水平高、透明度高、推动治理现代化等明显优势将胜过其他政策而成为稳投资的首选，特别是在中央政府大力推行地方政府专项债券的背景之下，应该打通PPP与专项债券结合的通道，充分发挥专项债的资金成本优势和PPP的项目管理优势，解决专项债的项目储备不足、项目论证不完备、项目管理不精问题和PPP的融资难、融资贵等问题，从而发挥财政工具的合力。此外，专项债和PPP相结合，能够最大限度地降低制度频繁换道和政策分割的成本，给予地方政府和社会资本各方以政策连续和稳定的合理预期。发挥专项债和PPP的共同优势，能够激发地方政府、社会资本加大基础设施投资的积极性，不仅能稳增长，还能实现经济的高质量发展。

2019年底，我连发了两篇年终感言。在发表了《2020，把“前门”PPP开大一点》之后，我又写了一篇《回顾2019，祝福2020》。文中强调，尽管PPP已经不再被误伤为隐性债，但与另一个“开前门”的工具——地方政府专项债相比，PPP的发展环境和监管环境仍然过于严苛。PPP政策在2018~2019年的突然收紧，打乱了参与PPP的民营企业的市场预期，导致民营企业出现了普遍性的资金紧张和经营困难。同时，即便有专项债的大规模发行，基建投资规模仍然出现了断崖式下降，开大 PPP 的“前门”已是当务之急。而开大 PPP“前门”不是简单地增加 PPP 项目，而应至少要解决 PPP 与专项债的结合问题、民企存量 PPP 项目的融资问题以及地方政府存量资产在化解债务过程中的作用问题；开大 PPP“前门”还需要攻坚克难，解决限制 PPP 发展的深层次、系统性体制机制问题。迎难而上，PPP 才能百炼成金。

进入 2020 年，一场突如其来的新型冠病毒肺炎疫情改变了大家对 2020 年的预判。我在 2 月发表了《疫情不会对 PPP 产生过大不利影响》一文，核心观点是，尽管 PPP 发展仍然会比较艰难，但这应该与疫情无关，是过去两年其被作为隐性债务误伤的结果，也许疫情会成为结束这种误伤的契机。参考后严重急性呼吸综合征（SARS）阶段政府采取的经济刺激策略，为了减小疫情对经济的影响，并补齐疫情本身暴露出的公共服务方面的若干短板，加大基建投资将大概率成为政府的政策选择，因此，基建的规模很可能比不发生疫情的情况下要大。大多数 PPP 项目都是基础设施和公共服务项目，基建大发展，一般来讲 PPP 的机会就自然会增多。同时，我再次发出呼吁，中央政府应释放明确的政策信号支持 PPP 发展，并解决专项债和 PPP 结合的政策问题。在此基础上，加快改革、攻坚克难，使 PPP 上一个新的台阶。

大岳基础设施研究院直接从事 PPP 的认识论、法规政策、操作流程优化相关的研究工作。2017 年底，PPP 经历了 4 年的高速发展后，在防控金融杠杆的大背景下，《关于规范政府和社会资本合作（PPP）综合信息平台项目库管理的通知》使 PPP 从高速发展状态突然进入冰冻期，《关于加强中央企业 PPP 业务风险管控的通知》和人民银行等发布了《关于规范金融机构资产管理业务的指导意见（征求意见稿）》则使 PPP 进一步紧张，业内讨论 PPP 的声音几乎销声匿迹。在 PPP 面临生死存亡的关键时刻，大岳基础设施研究院在 2017 年底及时举办了第一期高级别 PPP 政策沙龙，邀请中央主管部门、央企、民企、金融机构的相关负责人共同评估上述三项新规叠加对 PPP 的影响、政策本身的合理性以及 PPP 受到抑制之后对宏观经济产生的影响。由于这期沙龙效果很好，大岳基础设施研究院在 2018 年初应中央主管部门要求又举办了第二期高级别 PPP 政策沙龙，专门聚焦于 PPP 项目资本金专题。会后，大岳基础设施研究院在沙龙讨论成果的基础上形成了三篇文章：《中国式 PPP 的使命与出路》《从 PPP 到 PEP：政府和社会资本合作的本质探究》《提质增效背景下 PPP 项目资本金制度的反思与重构》。三篇文章的核心观点分别以《PPP 的本质及管控建议》《提质增效背景下 PPP 项目资本金制度的反思与重构》为题发表在《中国财政》上，并通过新华社内参上报中央高层。伦敦大学学院 PPP 专家张倩瑜教授 2019 年在大岳作访问学者期间阅读这三篇文章后，将其称为“中国式 PPP 大岳三论”，并撰写《评大岳 PPP 市场改革三论》向国内外读者推荐。2018 年中，PPP 在政策面曾经一度有所回暖。然而，在清理隐性债、审计督查的高压之下，从 2018 年一直到 2019 年四季度，PPP 的市场状况仍然每况愈下。到 2019 年底，有关各方（特别是民营企业）大部分丧失了对 PPP 的信心。在这种情况下，大岳基础设施研究院针对 PPP 项目的运作流程如何优化这一有助 PPP 发展的专题组织了第三期高级别 PPP 政策沙龙，并在此基础上撰写了《新建项目 PPP 运作流程优化探讨》《中国式 PPP 愿景分析》两篇重磅文章，其中核心观点以《PPP 愿景：在“公平 + 效率 + 活力”中克难前进》为题发表在《中国经济导报》上，并获国家发改委中国发展网、PPP 导向标和财政部 PPP 中心官方公众号“道 PPP”全文转载。

由此，在系统性观察、思考和研究的基础上我们形成了中国式 PPP 六论：

一论 PPP——从 PPP 到 PEP：政府和社会资本合作的本质探究。我们提出，要深刻理解 PPP 的本质，必须回答两个根本性的问题：中国当下的政府和社会资本合作（下称“政社合作”）与多年前我们引以为据的西方经典 PPP 有什么区别？在中国特定的历史发展阶段和国情之下，衡量政社合作成败的尺度是什么？我们认为，国有企业作为社会资本，其在政社合作项目中的风险管理和争议解决机制与经典 PPP 中的私人资本有本质区别，这导致国企参与的项目的运作逻辑与私人资本参与的项目出现显著差异。因此，中国的政社合作发展到今天更适合用 PEP（Public - Enterprise - Partnership）来概括，作为社会资本一方的“Enterprise”既包括了属于私人资本的民营企业和外资企业，也包括了央企和地方国企等国有资本，还包含了混合所有制企业。不同于 PPP 主要作为融资工具，PEP 的大规模和大范围应用决定了其已经成为一种宏观层面的经济政策。PEP 相较以往的政府投融资政策而言，在透明度、竞争性、效率性和决策科学性方面有显著进步，目前看来还没有更好的、更成熟的政策来替代它。完善 PEP 有助于立足我国国情，充分调动地方政府、国有企业和其他社会资本的资源，推动政府投融资体制改革和财政管理体制改革走入螺旋上升路径，而摒弃 PEP、囿于传统 PPP 的逻辑来讨论和运作政社合作则有很多问题难以解决。

二论 PPP——中国式 PPP 的使命与出路。我们提出，只有清醒地认识中国式 PPP 的本质，才能出台切实可行的管控政策。中国式 PPP 已经不再是一种单纯的投融资工具，而是上升为一种经济发展方式、一项经济政策。相应地，评价中国式 PPP 不能就 PPP 论 PPP，而应与近年国家推出的各项经济政策进行比较，例如土地财政、平台融资、政府购买服务、专项债等。决策者要选的不是一个毫无瑕疵的最优政策，而是负面作用最小的经济政策。PPP 受到社会各界的关注体现了我国公共政策决策过程的开放性和民主性，是社会进步的表现。但是，必须客观地看到，虽然 PPP 入库项目累计投资额一度接近 18 万亿元，但入库和实施是两个概念，实际进入执行期并顺利完成融资的项目每年不超过 1 万亿元，没有给地方政府带来隐性债务的风险。可见，把 PPP 看作是隐性债务是一种误判，只有公平、客观而不吹毛求疵地评价 PPP，PPP 才有出路。

三论 PPP——中国式 PPP 愿景分析。我们提出，2014 年以来的大规模发展已经使 PPP 上升为国家经济政策，未来其将进一步变成国家治理理念，具体体现在六个方面：一是 PPP 将成为实现国家治理现代化的重要推手；二是 PPP 将成为提供公共产品和服务的高质量发展方式；三是 PPP 将成为国有企业转型升级的动力源泉；四是 PPP 将成为金融业以市场化的方式服务基础设施投融资的助力器；五是 PPP 将成为提高政府专项债券使用效率的好帮手；六是 PPP 将成为相关行业全面提升专业能力的带动者。为了实现这六大愿景，PPP 还需要从以下四个方面进行完善：一是加强对国有企业的监管，二是实现市场充分竞争，三是保持政策弹性和稳定性，四是要加快价格和收费制度改革。

四论 PPP——新建项目 PPP 运作流程优化探讨。我们提出，PPP 项目的运作流程顺畅与否，在很大程度上决定了项目各方的权责能否理顺，对 PPP 的规范运作和效率具有重要意义。目前在新建项目 PPP 的运作过程中有两个很重要也很敏感的环节值得商榷，一是可研的审批通过是实施方案编制和审核的前置条件；二是 PPP 项目必须完成定量物有所值评价后才能进入采购环节。我们认为，对于 PPP 项目而言，项目不仅对政府方应该是可行的，更应该对项目业主（社会资本）是可行的。社会资本选择过程是社会资本和政府之间的博弈过程，能够起到优化项目建设方案、运营方案、融资方案的作用，是可行性研究工作必不可少的组成部分。因此，在前期立项阶段不可能完成真正的可行性研究，应由政府实施机构编制项目建议书或预可研报告，将社会资本投标时最关心的事项定下来，并作为后续实施方案和两评的依据，也作为社会资本编制投标文件的参考资料。在采购社会资本的阶段，由政府和社会资本合作来论证和评估项目实施的必要性、技术可行性和经济可行性，为最终完成可行性报告创造条件，因此，可研批复的时间点应在选定社会资本之后。在《十点建议》中我们建议定量物有所值评价不宜作为 PPP 的决策依据，2019 年英国已取消了 PPP 项目定量物有所值评价，实践中我国 PPP 项目定量物有所值的作用也非常有限，建议弱化定量评价的作用，可以将物有所值评价并入实施方案以简化项目流程。政府管控环节优化以后，项目参与方处于应变而产生的输送建设利润等环节就容易理顺，从而使 PPP 的运作程序更加合理。

五论 PPP——提质增效背景下 PPP 项目资本金制度的反思与重构。我们提出，中国的项目资本金制度是政府控制投资规模和投资风险的一种行政手段，在实践中没有严格执行，实际的项目资本金只有政策要求的几十分之一，即 1% 左右。如果现行的项目资本金制度严格适用于 PPP 项目，资本金需求将提高二三十倍，会造成项目资本金沉淀、退出机制不畅。监管层面禁止小股大债、限制央企的名股实债再叠加资管新规对资管产品投资于股权的严格限制，将导致资金的刚性需求被进一步强化，但资金的供给端却被迅速收紧。两重夹击下，PPP 将迅速萎缩，各种政府违规举债手段可能又将卷土重来，几年的改革前功尽弃，这将是中国经济的不可承受之重。为保证公共部门提供公共服务的能力，降杠杆的监管手段需要以科学化和精细化的标准来制定和实施，需要给地方政府提供公共产品留出合理的资金运作空间。科学合理地控制宏观杠杆率，要求监管在有效控制金融风险的前提下，适当减少实体领域的行政性手段，让市场主体通过管控各自风险来决定资本金等问题。

六论 PPP——政府基础设施投融资模式与 PPP。在本书组稿之际，《政府投资条例》出台。我们认识到，理顺 PPP 与政府投资模式之间的关系很重要。我们系统梳理了我国基础设施投融资主体的演变过程，分析了政府机构、事业单位、地方政府融资平台、当地公益类国企和不同所有制形式的社会资本及其使用的投融资模式的市场化水平和风险分担规律。重点分析了地方国有企业模式和 PPP 模式在底层逻辑和实践运作中的差异，揭示了 PPP 模式在投、建、营效率上优于传统的地方国企模式的根本原因。我们建议中央政府在积极推广专项债这一融资工具时，不应仅强调用行政手段配置资金而使专项债只能依赖于地方本级国企运作项目，而应当让市场在资金配置过程中发挥重要的作用，积极探索把专项债的应用扩大到 PPP，以避免出现投融资工具和投融资主体之间的低效率配置。通过专项债和 PPP 的结合，可实现各种基础设施投资模式的均衡发展，能够使地方政府在清晰的规则之下根据本地发展的需要选择投资模式及其组合，将专项债这一地方政府投融资工具和 PPP 的市场化主体和市场化运作模式结合，形成“一加一大于二”的合力效应，实现政府基础设施投资的物有所值。

大岳咨询高管团队作为 PPP 的一线参与者也一直在进行观察和思考。为了使项目取得好的效果，他们的思考和做法有很多更贴近项目实际。例如，2018 年，他们观察到中国 PPP 的发展已经逐渐进入“后 PPP 时代”，各方对 PPP 绩效管理、合同管理以及争议解决的需求快速增长。于是，大岳咨询在 2019 年 2 月启动了 PPP 项目绩效管理公益培训，全年在北京、武汉、成都、杭州先后举行了五期公益培训，向将近 2000 名政府官员、社会资本、金融机构从业人员传播了大岳咨询对 PPP 绩效管理的思考和解决方案，并分享了大岳咨询过去 20 多年间在项目管理、争议解决方面的实操经验，培训效果得到了学员的充分肯定。又比如，他们始终关注 PPP 咨询工作如何更好地开展才能为 PPP 保驾护航的问题。前几年 PPP 刚开始大规模推进的时候，政府没有对 PPP 咨询公司设置门槛，出现了劣币驱逐良币的现象，造成了大量劣质和烂尾 PPP 项目；近年又刮起了 PPP 咨询概念风，好像换个概念就能解决现实中的一切问题。实际上，不是这些概念不对，而是不能用概念来忽悠，咨询能否成功落地产生效果，不是靠咨询概念的简单转换，而是要看实际项目对咨询工作有没有需求、如何能提高咨询的质量。大岳高管最有意思的观察是关于 PPP 主管部门的问题，在一次大岳管委会会议上大家讨论的结果是：中央没有确定财政部还是发改委主管 PPP 是本轮 PPP 取得重大成就的重要原因，两大部门在五六年时间里一直努力研究 PPP 问题、推动 PPP 工作，涌现出孙晓霞、焦小平、韩志峰等一大批思想开放的专家级官员，他们重视调查研究、认真听取专家意见和建议、诚恳接受媒体监督，中央层面没有出现权力变现的现象，这种“竞争”使 PPP 充满了活力和正能量。

我们还积极引导青年学子观察和思考 PPP。2016 年大岳成立 20 周年时设立了“大岳 PPP 毕业论文引导计划”，每年资助 36 名来自全国主要研究 PPP 高校的学生撰写 PPP 论文，计划五年资助 50 多所院校的 180 人。引导计划实施以来，实际参与申报的超过 500 人，关注的学生超过 10000 人。

2015 年参加中英经济财金对话代表中方发言的最后，我说：PPP 是一场深刻的变革，必然会遇到很多问题，在遇到问题的时候，我们应该解决问题往前走，而不能往后退。马凯副总理总结时表扬了我。中国式 PPP 已经发展到普及阶段，这是世界上从来没有过的事情，因此对中国式 PPP 进行深度观察和思考是从业人员义不容辞的责任。我们的这些观察和思考只反映了中国式 PPP 的一个视角，不代表我们对政策的解读，也一定会存在不足之处，其中任何与现行政策不一致的政策建议仅供有关部门未来完善政策时参考。本次总结这些观察和思考并出版本书，希望能引起政府、社会资本、金融机构、学者和咨询业同行的思考，能够推动对中国 PPP 本质的全方位认识，使 PPP 在未来发展过程中行稳致远。我们相信，中国式 PPP 从引入时仅仅作为一种项目融资模式到目前已经成为国家宏观经济政策的组成部分，未来一定会在与其他经济政策的比较中显示出竞争优势而成为国家治理理念的一部分。

正如英国的 PPP 对我国 PPP 起到了借鉴作用一样，中国式 PPP 经验未来也会对其他国家的社会进步起到借鉴作用。当然，正如我们不赞成自己照搬英国的 PPP 一样，任何国家推进 PPP 都应考虑本国国情，我国企业到任何国家参与 PPP 项目也都不同于在国内做项目，需要适应当地的历史、文化、社会、政治、法律、经济等环境。我们愿意与 PPP 各方参与者一起继续观察 PPP、思考 PPP，共同为形成中国式 PPP 完善的政策体系和完整的理论体系添砖加瓦，推动世界 PPP 理论和政策迈上一个新的台阶。

金永祥

2020 年 5 月

评大岳 PPP 市场改革三论①

2019 年 6 月起，著名基础设施投融资学者张倩瑜教授来华，担任大岳基础设施研究院副院长。

本文是张倩瑜教授以学者的角度对大岳在 2017 ~2018 年发表的三篇研究论文（《中国式 PPP 的使命与出路》《从 PPP 到 PEP：政府与社会资本合作的本质研究》《提质增效背景下 PPP 项目资本金制度的反思与重构》）的战略意义和学术价值的述评。张教授认为，上述研究成果的作用在于增加国人对于中国 PPP 本质的认识，强化战略定力，并由实践的观点指引未来的学术研究方向。

张教授拥有台湾大学土木工程学学士以及土木工程研究硕士学位，以及伦敦大学学院（UCL）营建经济与管理博士学位，曾任 UCL 巴特雷基础设施中心（Bartlett Infrastructure Centre）主任（UCL 2019QS 全球排行第八，巴特雷学院学科全球排名第一）、中英基础设施学院（UK-China Infrastructure Academy）首任院长以及同济大学客座教授。

2014 年以来，中国 PPP 市场进入井喷阶段，巨量的落地项目良莠不齐，加上政策摇摆的影响，使消极氛围笼罩 PPP 发展前景。大岳自 1996 年成立以来一直站在中国 PPP 的最前线勠力不懈，长保市场份额鳌头。1500 个 PPP 项目所积累的实践经验，可以作为具有统计意义的有效样本，从中提炼代表性观点。大岳在 2017 ~2018 年召开过两次沙龙，分别讨论 PPP 的使命和 PPP 项目资本金问题，汇集各方意见，并由此总结出三篇时论，其作用在于增加国人对于中国 PPP 本质的认识，强化战略定力，并由实践的观点指引未来的学术研究方向。在易经哲学中，以三为众，这三篇文章在相当程度上囊括了中国 PPP 转型关头所面临的重要课题，故以大岳 PPP 市场改革三论名之。

---

① 张倩瑜. 评大岳 PPP 市场改革三论［EB/OL］. 大岳咨询，2019 -07 -22.

《中国式 PPP 的使命与出路》以中央部委在 2017 年出台的三大重要文件（《关于规范政府和社会资本合作（PPP）综合信息平台项目库管理的通知》《关于加强中央企业 PPP 业务风险管控的通知》《关于规范金融机构资产管理业务的指导意见》以下简称“资管新规（征求意见稿）”对中国 PPP 市场的影响为出发点，分析中国 PPP 的转型方向。文章认为 PPP 除了可以有效缓解政府融资平台所遗留的政府债务风险外，还有四大优点：其一，PPP 经过市场检验，可减少盲目投资，降低所谓“白象”（white elephant）项目的出现频率；其二，PPP 竞争机制有助于提效；其三，PPP 可促进国家治理现代；其四，PPP 可提高项目监管质量。其后文章对三大文件对 PPP 资本金进行规范后，对中国 PPP 市场可能造成的冲击进行了分析。

《关于规范政府和社会资本合作（PPP）综合信息平台项目库管理的通知》规定不得以债务性资金充当资本金，掐断债务性资金的直接来源。而《关于加强中央企业 PPP 业务风险管控的通知》则禁止央企以担保和承诺收益方式间接参与 PPP 股权投资，并禁止以劣后级身份参与结构化产品。两者一起希望能抑制央企明股实债的操作方式。资管业务征求意见稿则对资金期限错配进行规范，限缩以短支长的渠道（把短期资金作为 PPP 长期投资），以及规定央企 PPP 投资的累计金额不超过前一年度集团合并净资产的 50%。从制度设计的观点来看，三大文件的影响如图 0 - 1 所示。

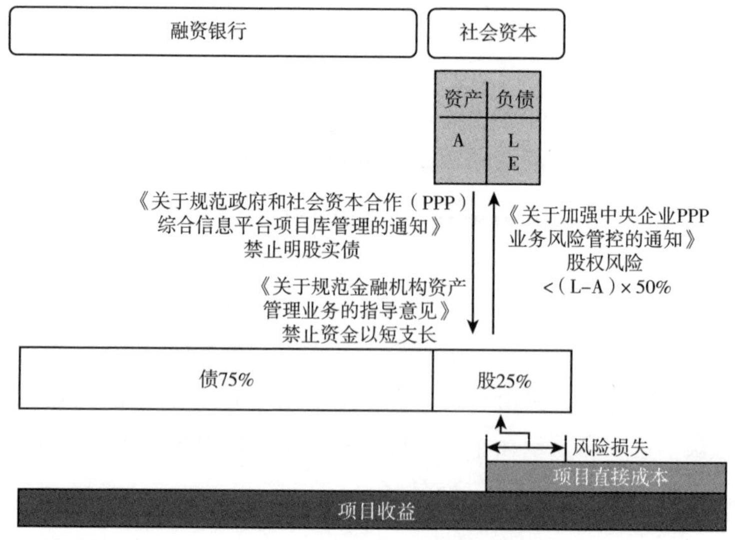

图 0 - 1　2017 年出台三大文件的影响

在实务上，PPP 多以项目融资模式进行，即项目可行性主要依据项目收益是否足以支撑项目的直接成本（对供货商支出）及融资成本（对融资方支出）而定。项目公司的股债配置（即资本结构）重在权衡融资成本以及风险承受能力，股权多可以提升风险承受能力，但代价是垫高融资成本。在机制设计上，股权投资扮演双重角色：在微观上，具有项目锚定功能，是项目落地的第一步；在宏观上，则具有风险止水阀的功能。原则上，风险损失首先由股权投资（25%）承受，这个功能体现在项目协议的融资结构中，名义杠杆率（nominal leverage ratio）是财务风险管控的重要指标。然而，如果不是实股，风险将外溢到社会资本，明股实债的比例越高，社会杠杆率就会快速飙高，如图 0 - 2 所示，越不利于去杠杆的调控效果。而避免以短支长一方面降低项目的长期融资成本风险（即再融资的利率风险）；另一方面减少产业投资人为满足财务投资人的到期还本压力而产生的短线心态（即只重视施工利润而轻视运营绩效）。两者合二为一，有助于 PPP 股权投资避虚趋实。管控对象除了股权资金流外，也包括对于股权投资的风险暴露水平，是存量与流量管理并重。这也意味着党的十八大以来央企 PPP 投资或已逼近其资产负债表所允许的风险承受力上限。文章对于央企遗留下的融资空缺无法获得填补，在短期上可能过分抑遏 PPP 发展感到忧心，并提出四点建议：完善规范 PPP、加快收费制度改革、健全 PPP 项目资本金制度、项目库不能为项目落地背书。通过这四点可以拼接出中国 PPP 的改革蓝图，如表 0 - 1 所示。

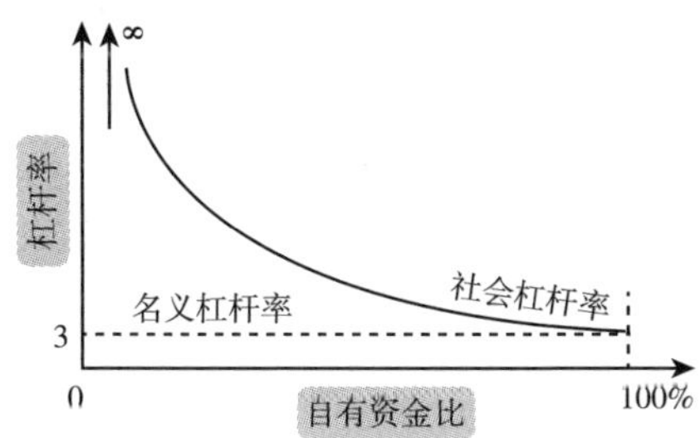

图 0 - 2　PPP 明股实债对宏观调控的影响

表 0 - 1　　中国 PPP 的改革蓝图

项目	对 PPP 改革的影响
完善 PPP 规范	以摸着石头过河所产生的本土 PPP 创新进行规范化，形成中国 PPP 标准的基础
加快收费制度改革	建立经济监管机制
盈利不暴利的调价机制	定价专业化

续表

项目	对 PPP 改革的影响
完善保障机制	避免低收入群体因 PPP 项目向使用者收费后影响其享受基本公共服务的权利
加强人人的项目审批角色	强化投资审批制度
健全 PPP 项目资本金制度	建立 PPP 投资人退场机制，吸引长线投资人进场
项目库不能为项目落地背书	打破风险承担“大锅饭”，创造风险管理必要性的关键一步

改善各类公用事业产品与公共服务定价效率是中国基础设施系统改革的重中之重，也是健全 PPP 发展的磐石，要同时兼顾效率与社会公平性，不引入科学化手段无法达成。英国自从 20 世纪 80 年代推动私有化（privitisation）以来，逐渐完善经济监管制度（economic regulation），已经形成高度专业化的管理体系。有了合理的收益来源，中国 PPP 才能走向真正的项目融资模式，也才能促进项目风险与投资主体剥离。目前中国 PPP 项目风险外溢现象明显，多透过国有融资机构，将或有负债（contingent liabilities）以隐性保险的方式转嫁到国家宏观风险池，而在党的十八大期间内放款决策依托于项目库的作法，具有信息经济学（economics of information）中的信号传递效应（signaling effect），国家的隐性保险一方面有助简化风险评价程序，加快项目落地速度；另一方面降低市场对于 PPP 投资的风险溢价（risk premium），减少融资成本，是适应中国特殊国情所衍生出的低交易成本模式。然而，国有体系“风险大锅饭”现象会折损 PPP 对于项目方案的过滤功能，同时很难避免信息经济学中的道德风险（moral hazard）问题。滤网孔过大会导致许多劣质方案依然得到通过，自然会减少政府主办机构发起项目的审慎度。在经济快速成长阶段，财富累积可确保国家风险池逐渐扩大，通过宏观调控，可确保存量低于安全水位。但中国经济已由高速增长阶段进入新常态阶段，中国人口红利消失后，超额外资净流入的红利也将消失，中国的长期资金成本已进入上升轨道。这意味着不当投资的后果越来越难获得资金大潮的掩护，最后提效一定是必由之路。

与一般施政一样，PPP 制度行远必自迩。作为移植性制度在中国生根后，PPP 已融入中国特色。当橘逾淮为枳，必先正本清源才能洞察问题内涵。第二篇文章《从 PPP 到 PEP：政府与社会资本合作的本质研究》针对中国式 PPP 模式提出一套名词分类体系，认为如果延用西方 PPP 名词则易造成混淆，就其宗旨而论，颇有曹魏时王弼“辩名析理”的风格。以国企为投资主体的中国 PPP 模式建议改称 PSP（Public-SOE-Partnership），与 PPP 并立，同下属 PEP（Public-Enterprise-Private）的大框架。PSP 具有以下特点：1. 运用国企较高的风险承受力；2. 采购大幅简化；3. 以沟通协调解决争议；4. 可作为宏观政策工具。就经济学角度而言，PSP 在两个方面确实具有效率优势：第一，国企自身雄厚的经济实力提供了成本低廉的风险承受能力，加上建设类央企又能控制施工风险，国企参与因此可大幅降低 PPP 的长期风险处置成本；第二，PPP 属于长期资本投资，在西方 PPP 的合同中，项目生命周期的风险源需要依靠精细的合同条款加以分配。然而在中国追求落地速度的驱使下，风险处置化繁为简，多数情况下许多风险来源并不细分，于是形成以是否入库作为政府托底程度的重要参考指标。入库项目融资方与投资方对于风险均存而不论，以加快签约过程，满足地方领导的政治要求。而当风险实际发生时，国企投资人因为有足够的实力与地方政府协商，不会吃亏。中国特殊的行政级别系统所产生的权力结构参照性，事实上提供了类似科斯定理（Coase Theorem）中无摩擦议价（frictionless bargaining）机制的功能，当双方拥有相当的议价能力（bargaining power）时，事前一次性定价就可改为动态定价，这自然减少事前文件所需的精细程度。精简采购使 PPP 投资能快速落地，成为宏观调控的可用工具之一。由于 PSP 的特殊性，将其区分开来、分别命名将有助于沟通。如果仍采用西方词汇，在进行国际对标时，易陷入以型态相似度作为臧否制度得失的误区。该文进一步建议将 PSP 与适用于本国私企（Public-Chinese Private-Partnership，PCPP）或是外企（Public-International Private-Partnership，PIPP）的市场进行区分。双轨制乃至于多轨制一直是中国改革开放过程中，向市场经济过渡的重要手段。在目前的 PPP 市场条件下，民企与外企在成本上大多无法与国企竞争，处于明显劣势，但这两者的创新力国企或不可及。因此，为引进新技术或是新式管理系统，可以有针对性地另行设计规则。

第三篇文章《提质增效背景下 PPP 项目资本金制度的反思与重构》是第一篇的延续，专论 PPP 资本金制度。其中第二节聚焦资本金的本质问题，指出资本金是政府控制投资风险的行政手段。从理论角度来说，资本金除了有上述影响风险冲击杠杆的金融角色外，同样重要的是它的经济角色。项目融资的核心概念在于特许公司是独立的风险承受体，赔本的生意没人做，事前如此，过程中也是如此。事前只有靠足够的预期利润才能吸引投资人进场，而过程中也需要足够的诱因（在经济学中称为准租金（quasi-rent））厂商才会坚持到最后。厂商不出场的原因一方面是为了实现预期的经济利润；另一方面是避免损失以资本金形式投入的沉没成本（sunk cost），两者加总相当于项目公司的风险承受能力（risk-bearing capacity）。对于政府而言，降低资本金会导致风险承受能力下降，增加合同破裂（contract breakup）的发生率，影响项目的稳定性，这也是各国政府为何会对资本金设有下限的主因（多为总投资金额 20% ~25%）。但过犹不及，资本金太高则会增加项目的加权融资成本（weighted average cost of capital，WACC），影响物有所值。该文提出现有体制缺乏灵活度，靠减资解决资本金沉淀问题，交易成本过高。出表需求加上资金积压的双重因素作用下，应运而生小股大债和明股实债两种变通方式。财务投资人的参与多以产业投资人提供增信为前提（如股权回购、差额补足、流动性支持以及远期认缴等），累积的远期支付责任会形成国企体系的不稳定因子。为增加资金流转，活络市场，该文对于中国 PPP 未来的资本金制度提出三大建议：1. 降低资本金要求；2. 完善资本金出资来源的认定机制；3. 地方政府回购财务投资人股份。文中特别以英国 PFI 项目股权占比 10% 为例，解释中国 PPP 资本金或有下调空间。当初英国 PFI 资本结构优化事实上采用了逆向设计：1. 为了能让 PFI 满足物有所值原则，英国政府尽可能压低厂商综合融资成本，将股—债压缩到 1∶9，权益部分多以现金与劣后债各半的形式提供；2. 为克服超高财务杠杆所产生的不稳定性，PFI 共有四大配套：（1）健全财政可承受力评价，消除政府付款违约风险；（2）运用风险管理工具（如利率调期、保险）降低长期财务风险；（3）在财务方案中以覆盖率（cover ratio）进行项目现金流塑形（cash flow sculpting），精密计算合理回报的时机点（如开始配发股息的时间）；（4）赋予融资人介入权（step-in right），使其有机会在危机初期挽救项目。反观，党的十八大以来的 PPP 项目，多为混合型，兼具 BOT 与 PFI 的特性，回报机制同时包括政府付费与使用者付费，不可预测性高，同时项目设计与合同内容的细腻度均有不足。由英国经验可知，如果降低资本金，会有牵一发而动全身的效果，需要全盘考虑参与各方的诱因结构，同时推出完整的配套体系才不会导致触发系统性风险。

大岳作为中国最老牌的 PPP 咨询企业之一，经常接收市场的最新脉动，通过大岳研究院的梳理形成政策建议提供给政府高层参考，并且由点（个别建议）结集成册后发展成线《城市基础设施投融资的市场化改革——PPP 的理念与实践》，最终希望能扩展成面，促进中国 PPP 本土理论与实践的诞生，完成一个社会学习环路（social learning loop）。大岳的经验让我想起了最近在念的诗经，子曰：不学诗，无以言？诗经入人之深可见一斑。诗经事实上搜集了风雅颂三类诗歌，风乃市井传唱的民谣，雅颂为士大夫享宴或朝会所奏之乐。虽说在创作时有社会阶级高下之分，但真正留传后世产生巨大影响的却是国风，这一切的关键都在于是否接地气。大岳 PPP 市场改革三论可视为中国 PPP 实践经验知识化的重要一步，对于学术选题具有启发性，如果能与学术研究接轨，中国 PPP 的海量实践经验定将成为世界 PPP 理论发展的宝库。

目录
CONTENTS

一论 PPP：从 PPP 到 PEP：政府和社会资本合作的本质探究 ········ 1

政社合作和 PEP ········ 10

PEP 开始凝聚共识
——第三届中国 PPP 学术高峰论坛 PEP 专场沙龙实录 ········ 12

二论 PPP：中国式 PPP 的使命与出路 ········ 15

第一期 PPP 政策沙龙会议纪要
——监管新规对 PPP 影响的评估 ········ 23

PPP 的本质及管控建议 ········ 29

大岳咨询金永祥：从经济政策视角正确理解中国式 PPP ········ 34

三论 PPP：中国式 PPP 愿景分析 ········ 37

PPP 愿景：在“公平 + 效率 + 活力”中克难而进 ········ 50

四论 PPP：新建项目 PPP 运作流程优化探讨 ········ 55

第三期 PPP 政策沙龙会议纪要
——新建项目 PPP 运作流程优化专题 ········ 63

第三期 PPP 政策沙龙大岳官方报道 ········ 75

五论 PPP：提质增效背景下 PPP 项目资本金制度的反思与重构 ······ 79

第二期 PPP 政策沙龙会议纪要
——PPP 项目资本金专题沙龙 ········ 87

第二期 PPP 政策沙龙大岳官方报道 ········ 94

提质增效背景下 PPP 项目资本金制度的反思与重构 ········ 95

六论 PPP：政府基础设施投融资模式与 PPP ········ 100

各方期盼专项债与 PPP 有机结合 ········ 116

第五届中国 PPP 发展（融资）论坛之“资金统筹模式”
分论坛会议记录 ········ 120

探索地方政府专项债与 PPP 结合，加快供给侧结构性改革，
助力战疫情、稳增长 …… 136

附录Ⅰ 年终感言

2015 PPP：马副总理需要什么样的 PPP 专家？ …… 141
2016 PPP：已走过顺风顺水的阶段，政府、社会资本都将遇到新问题…… 143
2017 PPP：完善政策与攻坚克难 …… 149
2018 年 PPP 将成为长盛不衰的政策选择 …… 151
2019，把“前门”PPP 开大一点 …… 153

附录Ⅱ PPP 政策建议与杂谈

关于当前形势下做好 PPP 工作的建议 …… 156
金永祥：“PPP 青年”的呐喊 …… 162
浅说 PPP 咨询工作 …… 166
对中国式 PPP 的几点认识
——金永祥在 2018 年中国融资建设风险防控峰会上的发言 …… 168
放弃固有舒适区主动对接市场机遇，解决时代难题迎接环保产业大发展
——大岳咨询董事长金永祥在 2019 环境上市公司峰会《国企进场与产业新格局》论坛上的发言 …… 170
2019 的老金与 PPP …… 172
疫情不会对 PPP 产生过大不利影响 …… 175
地方政府重视发挥 PPP 在疫后六稳中的关键作用 …… 178

附录Ⅲ PPP 绩效管理

PPP 项目绩效管理将成为 PPP 实施阶段的重点任务 …… 180
PPP 的下半程
——绩效为王 …… 184
PPP 绩效管理迎来了新的发展机遇 …… 187
操作指引出台后如何做好 PPP 项目绩效管理工作 …… 191
合同管理协同绩效管理共同推进 PPP 提质增效 …… 196
快评《政府和社会资本合作（PPP）项目绩效管理操作指引》 …… 199

鸣谢 …… 202

一论 PPP：从 PPP 到 PEP：政府和社会资本合作的本质探究①

自 2013 年底以来，政府和社会资本合作在中国已经大规模推广了 4 年。时至今日，国外的理论已经无法指导中国政府和社会资本合作的实践，而中国内生的理论尚属空白，缺乏稳固理论支撑的 PPP 实践容易迷失。站在政策调整的关键时点，我们有必要深入思考：中国当下的政府和社会资本合作与 4 年前我们引以为据的西方经典 PPP 有什么区别？在中国特定的历史发展阶段和国情之下，衡量政府和社会资本合作成败的尺度是什么？这是两个很重要的认识问题，事关我们还能不能简单套用经典 PPP 的尺度来衡量中国政府和社会资本合作的成败，并决定政府和社会资本合作的政策走向和实施效果。要回答这两个问题，需要根据国际经验和国内实践提升到中国式 PPP 理论层面回答我国大力推进的政府和社会资本合作的本质究竟是什么。

回顾世界 PPP 的发展历程，PPP 在西方国家并不是一成不变的静态工具。以英国为例，其 PPP 经历了 PFI 到 PF2 的升级优化，近年来 LEP（Local Enterprise Partnership）又开始超越 PF2 成为地方政府基础设施投融资和城市更新的主力。法国作为特许经营模式最为成熟的国家，也吸取了英国 PFI 的经验，建立了与 PFI 类似的伙伴关系合同（CP）。可见，PPP 的适用过程需要不断总结经验和教训，从而进行制度优化。同理，中国也应对过去 4 年来推广政府和社会资本合作的实践进行深入总结，并对政府和社会资本合作的本质进行提炼，从而为政策制定者进行决策提供认识基础，为学术研究者开展学术活动提供基本架构，为政府和社会资本的发展提供更大、更规范的发展空间。

我们认为，国有企业作为社会资本对政府和社会资本合作项目的风险分配和

---

① 金永祥，宋雅琴，满庆鹏，周林洁．从 PPP 到 PEP：政府和社会资本合作的本质探究［EB/OL］．经济观察报，2018－05－10.

争议解决与经典 PPP 中的私人资本有本质区别，这导致国企参与的项目的运作逻辑与私人资本参与的项目出现显著差异。政府和社会资本合作发展到今天更适合用 PEP（Public-Enterprise-Partnership）来概括，作为社会资本一方的“Enterprise”既包括了属于私人资本的民营企业和外资企业，也包括了央企和地方国企等国有资本，还包含了混合所有制企业，而多年来试图将国有企业说成也是“Private”并不成功。根据社会资本的所有制性质不同，PEP 可以分为 PPP 和 PSP（Public-SOE-Partnership），其中，PPP 又可以进一步分为 PIPP（Public-International Private-Partnership）和 PCPP（Public-Chinese Private-Partnership）。PEP 的大规模和大范围应用决定了其已经成为一种宏观层面的经济政策。PEP 相较以往的政府投融资政策，在透明度、竞争性、效率性和决策科学性方面具有显著的进步，目前看来还没有更好的、更成熟的措施来替代它。

完善 PEP 有助于立足我国国情、充分调动地方政府、国有企业和其他社会资本的资源，推动政府投融资体制改革和财政管理体制改革走入螺旋上升路径，而摒弃 PEP、囿于 PPP 的逻辑来讨论和运作政府和社会资本合作则有很多问题难以解决。本文仅研究政府和社会资本合作的内在规律，并不探讨政策层面对外资、民资和国资参与合作的倾向性。

一、经典 PPP：项目层面的精耕细作

西方语境下的经典 PPP，有一个庞大的家族谱系，从早期的 BOT 到 TOT、BOO、BOOT、LOT、O&M 等，涵盖了政府与私人资本在投资、建设和运营各个环节各种基于合同的合作模式。整体而言，经典 PPP 具有以下特征。

一是社会资本的民营属性鲜明，对项目风险更为敏感。PPP 中的第二个“P”，本义是私人资本（Private）。在发达国家，政府和市场的边界相对清晰，私人资本通常是纯市场化的主体；而在中国以外的发展中国家，由于国内资本相对匮乏，私人资本中很大比例是境外资本。在上述两种情况下，私人资本是产权明晰、具有自我约束机制的市场竞争主体，它们高度重视项目风险识别的充分性和风险分担的确定性。对于不可预测、不可控制的风险，私人资本要么选择放弃项目，要么提高项目的回报要求。

二是项目结构复杂，前期准备工作深入、周期长。经典 PPP 项目多采用项目融资方式，私人资本的回报与项目建设运营内容、绩效指标息息相关。以营利为

目的的私人资本希望通过 PPP 合同尽可能地减少风险带来的不确定性。对于贷款方而言，PPP 项目的贷款金额高、项目期限长，项目融资方式意味着贷款方要承担比常规项目更大的风险。因此，在经典 PPP 项目中，项目风险的识别广泛而细致，风险分配方案复杂，导致项目结构复杂。这意味着项目需要很长的谈判时间和高额的前期成本。以伦敦地铁 PPP 项目为例，该项目用于 PPP 咨询的费用高达 1.5 亿英镑，中国早期的广西来宾 B 电厂项目的咨询费也高达 4700 万元，相应的项目准备周期往往长达数年。大岳咨询作为牵头顾问的北京地铁 4 号线 PPP 项目的前期准备工作也耗时 3 年多，北京第十水厂 PPP 项目的社会资本方递交的投标文件曾需要用两辆卡车来运输。

三是项目执行缺乏弹性。经典 PPP 讲究项目内容的确定性、招标过程的合规性、合同变更的有限性和争议解决的对抗性。这些特点与西方国家成熟、清晰、稳定的法制环境有关，有助于降低项目风险，打消私人资本的后顾之忧。然而，PPP 作为一项长期合同，在合同执行期内项目条件发生变化是大概率事件。由于 PPP 项目留给各方进行合同调整、再谈判的空间有限，项目条件的重大变化极有可能导致项目提前中止甚至彻底失败，这也是 PPP 模式在国内外受到诟病的主要原因之一。这一特点决定了 PPP 的应用受限，很难进行大规模推广。

四是项目体量较小，在行业内呈点状分布。经典 PPP 的前述特征，决定了这一模式很难遍地开花。据统计，发达国家中 PPP 推广较为成功的澳大利亚、英国和芬兰等国，PPP 占公共投资的比例约在 10% ~15%；而发展中国家中 PPP 推广较为成功的墨西哥，PPP 占公共投资的比例约为 15%。经典 PPP 尚未成为公共投资的主导力量，与 PPP 相关的决策主要限于项目层面的精耕细作，很难上升为宏观经济政策工具。

二、从 PPP 到 PEP：中国政府和社会资本合作的演进路线

PPP 在中国兴起于 20 世纪 80 年代中期，到目前已经历了五个发展阶段。20 世纪 80 年代中期到 1993 年是探索阶段，这个阶段 BOT 项目开始零星引入中国。1994 年国家计委选择了广西来宾 B 电厂项目、成都第六水厂项目等五个 BOT 试点项目先行先试，PPP 正式受到政府重视，进入试点阶段。这一时期，我国政府注重国际经验的引进、消化并开始本土化，社会资本以外商为主，PPP 项目完全

按照经典 PPP 的特征来进行操作。2003 年建设部发布《关于加快市政公用行业市场化进程的意见》，PPP 进入推广阶段。这一阶段市场经济的特征非常明显：一是破除了所有权的藩篱，外企、民企同台竞争，国企开始参与；二是项目竞标过程公开透明，效率大幅度提高。与此同时，PPP 规则的本土化也逐步完成。2008 年金融危机发生后，随着“四万亿救市计划”的出台，PPP 的市场格局出现了重大变化，央企开始成为 PPP 项目中的社会资本一方。央企成为主角改变了 PPP 的规则，外资开始撤退。

2013 年以来，中央政府以化解地方债务风险、解决新型城镇化建设融资问题、推动财政体制改革以及推动国家治理现代化为主旨来推动 PPP，PPP 进入全面普及的第五阶段。目前的社会资本格局呈现出新的特点：外资守住原有的存量项目，没有进行业务扩张，市场份额逐渐萎缩；民营资本一边观望一边参与，占有一定的市场份额；国有企业特别是央企积极参与，获得了半数以上的成交项目和七成以上的成交额。

与经典 PPP 的交易逻辑不同，国企作为社会资本参与项目的方式更为灵活，而民营企业的风格则介于外资和国企之间。国企成为社会资本的主力军使得政府和社会资本合作与经典 PPP 相比已经呈现出新的特征。

一是国企作为社会资本对项目风险具有更强的承受意愿。国企熟悉体制情况和国情，很多外资眼中的风险，对国企而言都不是风险，这在风险识别和评估阶段就减少了需要分配的风险数量。此外，中共中央国务院下发的《关于深化国有企业改革的指导意见》要求国有企业要成为自觉履行社会责任的表率，国有企业也有义务、有意愿承担社会责任。因此，与外资相比，在风险分配环节国企可以多承担一些风险。国企参与政府和社会资本合作项目是与地方政府共同担责，部分风险采用模糊处理，如果风险发生再谈判，具有一定灵活性。央企、地方国企与地方政府均属于“国家队”。对地方政府来说，与央企合作的风险小，特别是当面临中央层面的政策调整时，央企往往能够接受配合地方政府进行整改，而不是像经典 PPP 项目中的私人资本那样会轻易选择对抗性的诉讼或仲裁程序。央企与地方政府之间的合作方式，是介于纯市场化合同和纯行政性监管之间的一种形态，整体而言市场化色彩更浓一些，但仍然带有一定的行政烙印。

二是项目结构和前期工作均大大简化。国企自身的信息渠道广泛，便于获取信息。国企与地方政府都有行政级别或对等机制降低了双方的信息沟通成本，进而降低了整个交易成本。相较于民营企业，央企更容易和地方政府之间达成默契——对于项目中诸多难以预测或难以分割的风险，暂且搁置争议、留有弹性，以待将来处理。我国的银行也大多是国有的，相比外资银行，国内银行除关注项目本身外，更关注地方政府、社会资本方的信誉和实力。同时，国内银行较为了解国情，对风险分配的要求相比经典 PPP 中的私人商业银行也较低。这种合作默契显然有助于降低项目结构的复杂性和对合同完备性的要求。本土化以后的合同文本，相较经典 PPP 项目而言，在风险分配安排、债权人的介入权、利益冲突、争议解决等方面都根据实际情况有了简化和调整。

三是沟通协调成为争议解决的主渠道，较少使用诉讼和仲裁。国企的参与有效解决了经典 PPP 中的一个难题——PPP 招标采购与合同的刚性如何适应漫长合作期限内项目环境可能发生的剧烈变动。许多 PPP 项目的失败，都是来源于刚性的 PPP 合同造成了 PPP 执行过程中的矛盾，而诉讼和仲裁的对抗性又进一步加剧了政府和私人资本之间的紧张关系。国有企业与政府合作在一定程度上为合同增添了柔性约束力，国有企业为了维护与政府的长期关系往往愿意与政府进行重新谈判。较高的重新谈判成功率，有效地缓解了传统 PPP 存在的“一言不合就解约”的问题，从而更有助于维护基础设施和公共服务项目运营的稳定性，防止合同层面的纠纷影响公共服务受众的体验，也为中国式 PPP 的大规模应用创造了条件。

四是从项目工具上升到国家宏观经济政策。4 年以来，政府和社会资本合作的适用范围从传统的市政公用、交通、环保等领域全面扩展到农林、教育、文体、城市综合开发、旅游、能源等领域，有意愿采用政府和社会资本合作模式的项目超过 14000 个，累计投资额接近 18 万亿元；其中已经采用政府与社会合作模式落地的项目超过 6000 个，成交金额超过 9 万亿元。政府和社会资本合作的应用范围之广、规模之大，意味着，在中国，政府和社会资本合作相对国外 PPP 发生了从量到质的变化，不再仅仅是一种项目层面的融资工具，而是上升到国家的宏观经济政策，与国家经济增长、经济结构调整、区域协调发展、控制发展风险等一系列宏观政策目标紧密关联在一起，其推动的力度、速度、深度和广度均取决于宏观调控节奏，而不仅仅是单个项目的得失。

这些特征是国有企业在社会资本中占比超过一定比例后形成的。以前国有比例不高时，问题不明显，国企可以参考外资或民资 PPP 的标准和规则；但当这一比例高到一定程度时，规则就发生了变化，即使国企不能主导全部规则，也形成了其独具特色的规则。这种规则在有利于国企的同时，对外企产生了抑制作用，研究不同资本适用不同规则就显得非常必要了。

从把 PPP 被翻译成政府和社会资本合作的那天起，国企是不是“Private”就一直困扰着中国 PPP 从业者，伴随着社会资本中国企份额的上升，这一矛盾越来越突出，以至于使从业者迷失、使很多实践中的问题无解。2017 年 11 月以来的政府和社会资本合作项目整改，就是这种困惑的集中爆发。若继续用原 PPP 逻辑，PPP 人将很难走出困境。

基于合作者属性、决策模式和政策目标的重大变化，我们认为，PPP（即第二个 P 是私人资本）已经无法概括和解释中国正在发生的事情，用 PEP 能够更为恰当地把握这一概念。“Enterprise”包含了各种所有制的企业，相较“Private”更符合中国的实际情况，也更容易解释中国政府和社会资本合作中的特殊现象。PEP 成为 PPP 的上位概念，PEP 包括 PPP 和 PSP（Public-SOE-Partnership），社会资本为私人资本的 PPP 又可以进一步区分为 PIPP（Public-International Private-Partnership）和 PCPP（Public-Chinese Private-Partnership）。每一种 PEP 类型又进一步细分为若干种具体模式，不同类型下的类似模式适用的规则有所差别。PEP 的概念体系如图 1－1 所示。

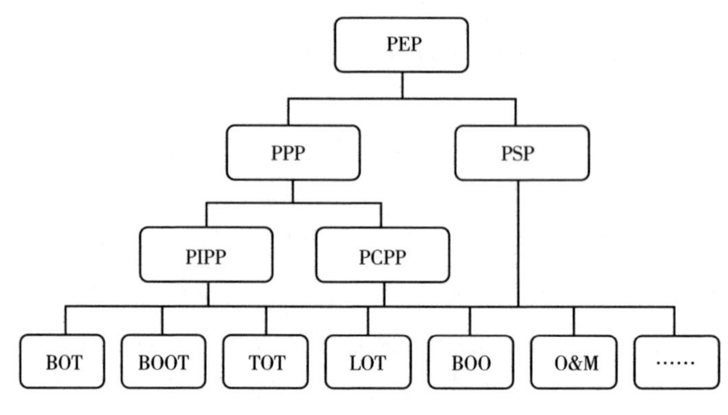

图 1－1　PEP 的基本体系

三、PEP：符合中国国情的政策选择

当我们将中国式的政府和社会资本合作从 PPP 上升到 PEP 层面之后，站在 PEP 的角度对政府和社会资本合作的得失进行评判，将更加全面和客观。相比 PEP 之前的土地财政、平台公司融资、专项金融债、政府购买服务等投融资方式，PEP 对中国的贡献，更有利于推动中国的国家治理现代化，并对政府投融资

体制改革和财政管理体制改革产生积极作用。

一是 PEP 在一定程度上矫正了地方政府的非理性投资决策，提高了政府投融资决策的质量。在平台公司为主要融资工具的年代，地方政府项目决策受当地领导意志影响很大，有条件无条件都要上。PEP 模式引入后，地方政府的投资项目要顺利落地需要经过社会资本和金融机构两道关卡，没有社会资本响应、没有金融机构提供贷款的项目，地方政府只能留待时机成熟后再启动，这样就减少了决策失误。各方一再诟病的 PEP 项目落地难问题，其实恰恰说明这种模式有效地抑制了地方政府非理性的投资冲动。在 PEP 模式下，政府和市场各归其位，市场在资源配置中起到决定性作用的同时，也更好地发挥了政府的作用。我国的体制优势是可以集中力量做大事，最大的风险是要做的事在决策环节出现失误，PEP 可以在一定程度上为完善我国的政府治理机制发挥作用。

二是 PEP 提高了基础设施领域的投资运营效率。PEP 的大规模推广整合了地方政府、企业和金融机构的资源，以市场化的方式将资源导入基础设施和公共服务领域。PEP 强调以竞争性的方式选择社会资本，竞争可以降低政府方成本，为社会资本提供了进入原本封闭的地方基础设施市场的通道。过去由地方性企业运营的污水、供水、垃圾处理、河道治理等项目，开始逐渐由全国性的企业集团投资运营。大型集团进入基础设施投资运营领域，有助于企业通过规模效应有效降低投资和技术进步的边际成本。同时，基础设施项目专业化后，可以通过提升管理水平来提高效率。我们观察到，环保类企业在市场份额迅速扩大之后，开始引入国际先进的污水处理技术；有的施工类企业在获得几十条地下综合管廊项目合同的同时，加大研发以实现管廊工程技术的升级和优化；地产类公司则借助园区开发、特色小镇类项目向城市综合运营方面进行业务拓展。PEP 的推广使一批世界级的中国基础设施企业正在崛起。借助 PEP 带来的规模化和专业化效应，中国基础设施的建设运营效率在短时间内实现了质的提升。

三是 PEP 提升了政府和社会资本之间合作的规范性。在“四万亿”时代，地方政府和央企往往凭借一纸战略合作协议就能开工建设，而在 PEP 时代，尽管合同的完备性距离经典 PPP 仍然有距离，但相较以往，项目的规范性已经有了质的提高。在财政、金融、国资的多重监管之下，PEP 项目合同的规范性与过去的土地财政、平台公司融资、专项金融债、政府购买服务相比已是天壤之别。PEP 合同通过建设内容、回报水平、绩效指标、风险分配的基本框定，有效控制政府投资规模。

四是PEP已成为政府投融资体制改革和财政管理体制改革的有效工具，是推动国家治理现代化的重要抓手。透明的PEP模式可以使政府心中有数，有利于政府宏观调控和监管。政府投融资体制改革要解决的根本问题不是钱从哪里来，而是如何提高资金使用效率。评价一种政府投融资工具的价值，不能仅仅观察资金的成本，还要评价这一工具对市场资源的整合效率和对政府决策的优化程度。在这几个方面，PEP都具有不可取代的优势。对于财政管理体制改革而言，PEP改变了公共财政的投入方式，从补建设到补运营，从事后被动接受到事前主动计算财政承受能力。此外，PEP通过项目库信息公开、政府采购信息公开，有效提高了项目的信息公开水平，为政府有效控制项目的政府付费压力提供了决策依据。整体而言，PEP时代，政府的角色将从重建设转为重运营，从按投入付费转为按绩效付费，从亲自操办转为强化监管，PEP将推动国家治理现代化改革不断前行。

五是PEP为中国实现新型城镇化不可逆转的政策选择。新型城镇化是中国既定的发展方针，过去地方政府推动城市化的时候主要有两条融资渠道，分别是土地财政和利用政府信用的平台举债，现在这两条路基本都不通。PEP的实践证明，与传统的土地财政、地方融资平台、政府购买服务等政府投融资方式相比，PEP是负面作用最小的政策。当前一方面社会上有大量资金无处投资；另一方面基础设施建设又亟须资金，要盘活资本搞新型城镇化，通道就只有PEP，这是不可逆转的政策选择。如果PEP的发展通道不畅，那么地方政府面临彻底偃旗息鼓不再搞基础设施建设的风险，还可能重回各种违法违规融资模式的老路子，导致债务风险的暗中积累。有专家呼吁加大发行市政债的力度，可市政债不能改变政府债务的本质。

四、完善PEP：寻求改革的螺旋上升路径

在中国，政府和社会资本合作源于PPP，但已经根据中国的国情演变为更具有包容性的概念，PEP是中国过去4年来伟大社会实践的成果。中国PEP的内涵比PPP更宽泛，不能简单地拿国外PPP的标杆来衡量中国的PEP，只要PEP模式比过去的政府投融资模式有进步，就应该在总结经验教训的基础上不断完善并推广，而不是纠结于使PEP回到以前的PPP。

我们认为，PEP将在国家治理现代化过程中发挥重大作用，但在技术上需要

持续不断地进行优化。完善 PEP 可从三个大的方面着手。

一是加强 PEP 的理论研究。中国的政府和社会资本合作是以经典 PPP 理论为基础发展起来的，随着国外 PPP 理论的不断演变和中国实践的丰富，中国的 PEP 亟须一套扎根中国国情的理论来指导，政府和社会资本研究工作应该在 PEP 架构下展开，形成符合中国国情的 PEP 理论体系。我们希望 PEP 概念和体系的建立能够起到抛砖引玉的作用，激发学术界就 PEP 的理论展开更加深入的研究，进而能够服务于决策体系。

二是完善 PEP 的采购规则。PEP 的生命力在于竞争，这种竞争既包括不同类型社会资本之间的竞争，也包括同类社会资本之间的竞争。PEP 从不排斥民营资本参与竞争，而是强调要接受国企和民企之间存在差异这一客观现实，强调采购制度应给予不同类型的社会资本同台竞争的空间，让社会资本根据自身的条件，界定能够接受的风险程度，并相应地给出报价。由于不同类型的社会资本对风险要求不同，当一个项目各种所有制的社会资本都适用时，可考虑竞争性磋商方式；当一个项目主要适用于某种社会资本时，使用招标方式更合适。

三是完善 PEP 的配套政策。目前在项目可行性决策、采购政策、税收政策、预算管理、价格体系等各个层面都存在与 PEP 发展不相匹配的结节性问题。在大的政策方向达成共识之后，需要政府各部门强化研究，通力合作，解决实践层面的政策梗阻。改革应该是一个螺旋式上升的过程，而不应是左右摇摆、低水平重复的过程。当我们站在 PEP 的角度来审视中国政府和社会资本的合作，当前的很多困惑都会容易解决。从 4 年来的实践可以看到，PEP 正走在符合中国国情的道路上，我们应锲而不舍、攻坚克难，集中力量攻克 PEP 推动过程中的体制性障碍，用 PPP 和 PSP 架构起更高层级的 PEP，用中国成功的 PEP 发展模式为世界 PPP 理论和实践贡献中国智慧。

政社合作和 PEP[①]

PPP 传入中国以后的中文翻译及简称在很长一段时间里都没有统一，甚至目前仍有些混乱，影响了有关 PPP 的交流和效率。本文简单做些分析和归纳，供业内同仁参考。

2013 年以前官方文件很少用到 PPP 及其中文名称，中文叫法限于学术界及非正式场合使用，说法也不统一。据我的观察，对 PPP 的中译有多个版本，例如公私合作、公商合作、政企合作、公私合营、私有化等，其中公私合作的使用范围较为广泛一些。

2014 年财政部在推动 PPP 制定政策时遇到了 PPP 的中文翻译问题，英文单词 PPP 是不能在正式政策和法规中出现的。由于中国的市场主体是国有企业，再将 PPP 译作“公私合作”就不合适了，经过研究讨论确定用“政府和社会资本合作”。从此，中央政府各部门及各级地方政府制定政策时都使用这种译法。

“政府和社会资本合作”的简称是什么呢？在正式政府文件中没有出现过。学术界和 PPP 有关各方使用简称时多数仍然沿用 2013 年以前 PPP 的各种中文译法，与中文法定称谓无关。一方面这种做法不够规范；另一方面也无法反映 PPP 在中国的发展实践。“简称”意思是简单地称呼，一般由原词语中有代表性的词语组成。我认为，将“政府和社会资本合作”简称为“政社合作”较为合适，既来源于中文原词，又字数适中、易于理解。

2014 年以来，政社合作在中国经历了大规模发展，由于国有企业是社会资本的主体，中国政社合作的规律已经明显不同于英法等国的 PPP。中国的政社合作既包括政府和民营企业的合作（PPP），也包括政府与国有企业（SOE）的合作（PSP），因此，有关各方在认识不一致情况下对中国 PPP 的发展方向产生了分歧。目前，若将“政府和社会资本合作”翻译回英文，用 PPP 可能不会被国

---

① 蔡建升．政社合作和 PEP［EB/OL］．大岳咨询，2020－08－03.

外学术界认可，因为他们 PPP 的概念和理论已经形成了特定的内涵，很难适用于 PSP。

如何将政社合作译回可被接受的英文呢？大岳研究院写过一篇文章，认为政社合作的本质是 Public Enterprise Partnership，包括 PPP 和 PSP（Public SOE Partnership）两部分。这种说法比较符合 PPP 在中国发展的现实，因此，我建议将政社合作的英文翻为 Public Enterprise Partnership，简称 PEP。PEP 不同于 PPP 进入中国时的中文译法“政企合作”，后者对应的是 PPP。这种处理可以解决 PPP 的国际交流问题，也可以解决我国企业参与国际 PPP 的问题。我国的任何企业都不是外国政府所属的企业，到国外做项目都必须遵守 PPP 规则。国外政府处理与其所属国企的关系（如有）则可以借鉴我国的 PSP 经验。

综上所述，我们建议将“政府和社会资本合作”简称为“政社合作”，将“政社合作”翻译回英文时用 Public Enterprise Partnership，简称 PEP（包括 PPP 和 PSP 两部分）。PSP 理论是中国 PPP 参与者需要深入研究的重要课题。

PEP 开始凝聚共识

——第三届中国 PPP 学术高峰论坛 PEP 专场沙龙实录[①]

2018 年 5 月 19 日 ~20 日，第三届中国 PPP 学术高峰论坛在大连理工大学举行。在第二日的“中国式 PPP：公公合作与公私合作比较”分论坛中举办了“PEP 专场沙龙”，邀请学术界和实务界专业人士共同就“中国式 PPP 暨 PEP”这一概念展开讨论。

PEP 概念的提出者、大岳咨询董事长金永祥担任沙龙的主持人。金永祥首先介绍了 PEP 概念提出的背景。金永祥指出，在中国的 PPP 实践中，出现央企担任主力、民企和外资遇冷的现象，背后有其理性的原因。央企以及其他市场化的国有企业在风险识别和风险分配环节有自身的优势，对风险的对价要求低；在争议解决环节，能够更加灵活地处理政策及政府方原因造成的合同变更，妥善处置公共利益与商业利益之间的关系，这造成央企和市场化国企在某些领域比民营企业更适合参与 PPP。在这种情况下，中国的政企合作与西方市场环境下的政府与私人资本合作（也就是经典 PPP）有显著的差异。学术界应该重视并研究这种差异，形成符合中国国情的政企合作理论，进而指导中国政企合作的政策制定。如果始终囿于经典 PPP 的思维定式，中国的政企合作必然举步维艰。正是基于这个思考，大岳从概念层面提出了 PEP（Public Enterprise Partnership），希望从概念层面正本清源。

清华大学杨永恒教授在沙龙环节首先发言。杨教授认为，国企参与政企合作有其天然的优势，一是企业和政府都追求社会价值，双方之间容易形成价值趋同；二是企业和政府之间遵循相近的政治规则，容易建立信任。同时，杨教授还指出，央企之间也存在差别，运营类的央企，在运营层面确实有强大的优势，这

① 大岳咨询．PEP 开始凝聚共识——第三届中国 PPP 学术高峰论坛 PEP 专场沙龙实录［EB/OL］．2018 - 05 - 24.

种优势带来了地方基础设施运营和政府治理效率的大幅提升。

建纬律师事务所曹珊律师认为，从国务院法制办立法采用《政府与社会资本合作条例》来看，用 PEP 来定义中国的政企合作在概念上更准确。但是，对于这一概念在政策层面如何适用，还需要做很多深入的研究工作。

大岳基础设施研究院副院长宋雅琴博士指出，用 PEP 来统领中国的政企合作，肯定央企和市场化国企参与政企合作的价值，对于政策制定有重要的意义。政企合作项目所确立的是一个长期的、不确定的、复杂的合作关系，国企在这类合作关系中确实有相应的优势。认识并认可这一点，在社会资本选择制度、合同监管制度中给予政企合作关系一定的灵活性，才能提升政企合作的质量，而不恰当的制度刚性反而会使政企合作关系处于长期不稳定状态。

天津理工大学杜亚灵教授对国有企业和民营企业担任社会资本的效率差异进行了充分的研究。国有企业在技术复杂、不易操作的大型项目中充当社会资本效率更高；而民营企业在技术简单、容易操作的小型项目中充当社会资本效率更高。原因在于：一是国企在技术、资金、人才方面有优势；二是国企和地方政府之间的信任关系有效降低了交易成本。杜教授认为，现阶段用 PEP 来概括中国的政企合作关系是合理的，毕竟中国的经济社会条件有别于英美等国，但随着民企做大做强，中国最终还是会过渡到真正的 PPP。

锦天城律师事务所刘飞律师认为，PPP 的本质是实现风险转移。从这一点来看，央企参与的“公公合作”能够实现风险转移，而本地政府全资控股的国企参与的“公公合作”则无法实现风险转移。因此，刘律师非常赞同 PEP 的核心观点，即能够实现风险转移的 PSP（Public SOE Partnership）比传统的投融资模式要好；同时，刘律师也强调待私人资本成熟之后，真正的 PPP 还是优于 PSP，但这需要较长时间才能实现。

同济大学熊伟博士认为，央企参与政企合作，确实能够通过规模经济提高地方基础设施的投资、建设和运营效率，但央企参与的政企合作仍然有很大的优化空间。央企需要持续性地提升公司治理水平，加强项目风险管控，从总量上减少风险。

清华大学王守清教授非常赞同用 PEP（而非 PPP）来概括中国的政企合作现实，因为 PPP 中的第二个“P”（私）不能反映中国目前的 PPP 政策与实践。王教授认为，财政部主导的中国政企合作基金，也是回避了“私”的意思，本质上也是中国 PEP 基金的内涵。同时，王教授也指出，PEP 究竟能不能实现提高效率、控制政府债务、去杠杆等一系列 PPP 政策的初衷，很值得观察和深入的研究。

天津理工大学尹贻林教授指出，央企在事前效率（项目开发）和事后效率（合同调整与争议解决）上确实有优势，但同时央企也存在风险边界不清晰、预算软约束的问题。尹教授认为，PEP 概念要在中国取得更加广泛的共识，还需要进一步把央企的约束机制完善，要作出央企参与政企合作的公司治理机制的优化路径图。

大连理工大学宋金波教授最后发言。宋教授发现，学者之间对 PEP 概念的理解并没有很大的分歧，对于国企参与政企合作的天然优势，各方是没有争议的。宋教授用首都机场高速公路的降价和深圳某隧道项目的回购做了对比。首都机场高速公路的社会资本是一家国企，在民意要求政府降低首都机场高速的收费价格时，政府与国企之间容易达成一致；而深圳隧道项目的社会资本是港资，沟通与协调较为困难，谈判陷入僵局，最终政府不得不多花了几十亿元修建竞争性设施。宋教授进一步指出，关于 PEP 的深化研究，最重要的是甄别 PSP 或 PPP 分别在什么条件下更优。一个基本的假设是，在市场不完善、制度不完备、合同很复杂的情况下，国有企业作为社会资本是效率更优的选择。这一假设的论证，还需要理论界和实务界共同合作、共同研究。这一点，极有可能成为中国的政企合作实践对世界的重要贡献。

在热烈的讨论中，“PEP 专场沙龙”成功结束，PEP 概念在理论界和实务界形成初步的共识。接下来，大岳咨询还将通过大岳毕业论文 PPP 引导计划鼓励青年学子就 PEP 相关的理论和实证问题展开深入研究，推动中国政企合作理论不断达到新的高度。

二论 PPP：中国式 PPP 的使命与出路①

《关于规范政府和社会资本合作（PPP）综合信息平台项目库管理的通知》和《关于加强中央企业 PPP 业务风险管控的通知》的接连出台，给 PPP 市场带来了巨大震动。在当前形势下，必须清醒地认识中国式 PPP 的本质，才能出台切实可行的管控政策。对于当下中国而言，PPP 不是一个单纯的学术问题，仅研究 PPP 本身的利弊是不够的。PPP 政策事关中国经济走向，必须把 PPP 与其他可选的政策进行横向对比，决策者要选的不是一个毫无瑕疵的最优政策，而是相比其他政策而言负面作用最小的政策。

一、以往政策工具积累了政府债务风险

近年来，为化解地方政府债务风险，政府出台的经济政策工具有土地财政、“四万亿计划”、政府平台融资、政府购买服务和 PPP 等。随着其他工具接连出现问题，一扇又一扇门关闭了，PPP 成了地方政府进行基础设施和公共服务投资的主要通道。

土地财政把土地和城市发展统筹考虑，盘活了政府手中的土地资源，成就了中国近年来的高速城市化，但也造成了中国城市的高房价。如今政府陷入两难境地，高房价地区土地供应有限，低房价地区土地需求不大，土地财政模式终究缺乏可持续性。

地方融资平台承担着为地方政府基础设施投资建设进行融资的职责，很多时候也是土地财政的“实际操刀手”。在宏观层面上，地方融资平台带来了数十万

---

① 大岳咨询．中国式 PPP 的使命与出路［EB/OL］．2017－12－18．

亿元的政府债务和政府或有债务风险的聚集，一旦土地出让收入下行，许多融资平台就可能崩盘；在微观层面上，居于垄断地位的融资平台很难有足够的内在动力提升投资建设运营水平，地方政府和融资平台很难按照清晰的规则来运转。自《国务院关于加强地方政府性债务管理的意见》发布以来，地方融资平台压力日益增大，但是地方政府对融资平台的天然偏好和金融机构对融资平台背后政府隐形担保的依赖却始终存在。有的平台公司仅是在表面上去掉了政府融资职能转变为社会资本，与当地政府签署协议后重新开始做政府项目。但这种合作关系下，政府既未能转移风险，也没有使社会资本之间形成实质性的竞争，至于入库透明管理、按照运营绩效付费更无从谈起。

政府购买服务原本与基础设施投资建设不相关，但一些地方政府和金融机构为了规避 PPP 严格的社会资本主体要求和强制性竞争规则，借道政府购买服务这一相对宽松的渠道，通过单一来源采购等非竞争性方式选定社会资本承接政府基础设施投资项目，这其中一部分社会资本为平台公司。起初，政府购买服务是为专项金融债落地铺路，后来某些地方政府开始大规模地使用政府购买服务方式实现基础设施融资目的，导致规避 PPP 的政府购买服务项目在一年之内累积了 7 万亿元。

上述经济政策及同时期其他经济政策的一个共同假设就是政府是无风险的，银行对商业风险是无所谓的。无论是银行还是企业都把风险推给了政府，这实质上是在制造风险和放大风险。依托于政府的融资往往会进一步依赖地方政府自己的平台公司来运作基础设施投资，不愿意让市场机制发挥作用。上述各种政策工具在十多年时间里，使地方政府债务达到了难以承受的数额，这已经引起了政府高层的关注，进而使得去杠杆成为当下的主要工作。事实上，不仅是债务问题，在没有竞争压力的环境下，处于垄断地位的地方融资平台不可能有足够的激励自发地提高投资、建设和管理的效率。

二、PPP 是负面作用最小的经济政策

首先，PPP 有效地控制了政府支出风险。PPP 目前最大口径是财政系统的全国入库项目，合计 14220 个，累计投资额 17.8 万亿元；但这些项目中完成两评的只有 6778 个，投资额 10.1 万亿元；签约项目只有 2388 个，投资额 4.1 万亿元。进一步地，融资到位已经开工的项目仅 914 个，4 年累计投资额应在 2 万亿

元之内。17 万亿元项目入库，说明地方政府推动 PPP 的积极性高；2 万亿元项目实际落地，说明 PPP 的遴选和控制机制能够有效地控制地方政府盲目投资的冲动。实际能落地的是经过了社会资本方和金融机构按照市场机制检验的好项目，未落地项目正在各方共同努力下，按照市场机制向前推进。政府信用系统、国企风险控制系统、上市公司风险控制系统、金融风险控制系统共同对 PPP 发挥作用，全方位控制了政府非理性投资的冲动。全社会共同努力通过 PPP 模式提高了政府决策的科学性。

其次，PPP 有效的竞争机制提高了投资效率。PPP 模式从根本上重构了政府和企业在提供基础设施和公共服务上的关系，政府重新回归公共利益的代表者和监管者的角色。政府负责执行与社会资本之间的合同，而不再承担与监管者身份无关的担保责任。相应地，项目的融资也无法再依赖于政府的主体信用，金融机构只能按照社会资本的能力和项目自身的品质决定是否贷款。而在平台公司为主要投资主体的模式下，政府和下属企业之间不可能形成可预期的、稳定的合同关系。在这种模糊的政企边界之下，政府和企业之间无法建立起以绩效考核为依据的付费体系。而这都是 PPP 模式的核心优势所在。在 PPP 模式下，政府和市场各归其位，各方主体的权利义务和风险分担回到市场均衡水平，市场真正地开始在资源配置中发挥决定性的作用。此外，PPP 还有助于规模效应的实现，社会资本在全国范围内比较集中地拿到了多个同类项目，有助于企业向专业化的方向进一步努力，行业研发水平和管理水平都会大大提高。

再其次，PPP 是推动国家治理现代化的重要工具。在中国，PPP 是一种推动社会变革的工具，其使命是利用市场机制优化政府决策机制，厘清政府和企业之间的边界，充分利用我国的社会资源推动新型城镇化。PPP 推广 4 年来，政府非理性决策的问题得到了市场的有效矫正，央企借助 PPP 实现了从建设到投资运营的转型。由于历史原因，我国民企实力较弱，盘活央企资源对我国经济发展具有战略意义。中国的 PPP 和国外的 PPP 不一样，不能拿国际 PPP 的标杆来衡量中国的 PPP，只要这种模式比 BT、平台等模式有进步，就应该在总结经验教训的基础上不断完善并推广。在 4 年发展过程中，PPP 在中国演变出新的特定的使命，PPP 的发展在大方向上没有错，在技术上可以持续不断地进行优化。PPP 传进中国变成了政府和社会资本合作，后者无法在英语环境下再翻译成 PPP。因此中国的 PPP 是中国式 PPP，其本质上是政企合作（Public Enterprise Partnership，PEP），已经不仅是一种公共产品的提供方式而变成了一种宏观经济政策工具。不可否认，国有资本的参与是中国式 PPP 的基本特征。

最后，PPP 是目前监管最为有效的模式。相比其他政策工具，PPP 模式推行 4 年以来，发改委和财政部在项目监管层面作出了巨大的努力。目前，财政部全国 PPP 综合信息平台在推动项目信息透明度、项目信息综合统计方面卓有成效。项目库的相关信息为社会资本和金融机构提供了辅助决策功能，入库作为项目获得社会资本和金融机构青睐的必要而非充分条件，相关机构可以入库为参考条件，做进一步的合规审查和商业风险判断。有关各方应该认识到，透明度高的特点使得 PPP 的各种问题暴露了出来，我们不能因此认为 PPP 的问题比其他“不透明”的政策工具更严重。相反，应当从正面认识到透明度高是 PPP 的优势，有助于增强政府监管的可预期性。同时，必须承认我国经济面临很多问题，PPP 本身不能解决所有体制层面的问题，而 PPP 本身出现的问题需要容忍并用更为现实的态度来对待。

PPP 是一个负面作用最小的政策，但却会触动某些既得利益。与任何其他改革一样，既得利益的反弹可能会成为 PPP 遭遇困境的根源。

三、各方政策对 PPP 市场的实际影响

《关于规范政府和社会资本合作（PPP）综合信息平台项目库管理的通知》《关于加强中央企业 PPP 业务风险管控的通知》以及一行三会等五部委公布的《关于规范金融机构资产管理业务的指导意见（征求意见稿）》的政策初衷是让 PPP 更加规范。如果不严格执行这些“规范”政策，“规范”就不能称之为规范；但是三个“规范”政策叠加到一起，如果严格执行，可能给 PPP 市场带来很大的打击，市场不是整顿后提升完善，而可能直接冰封熄火。

三个规范影响最大的是 PPP 项目资本金。《关于规范政府和社会资本合作（PPP）综合信息平台项目库管理的通知》提出，PPP 项目不得以债务性资金充当资本金，对于该债务性资金到底是项目公司债务还是社会资本方股东的债务，没有明确的说法。要求债务性资金不得是项目公司债务，符合项目资本金制度的宗旨，也有明确的政策依据。然而，如果将债务性资金解读为社会资本方股东的债务，则意味着企业不能以发债资金作为资本金来源，也意味着低风险偏好的金融机构也无法通过社会资本方股东担保增信的方式为 PPP 项目提供资本金。考虑到 PPP 项目具有规模大、资金需求高的特点，这样的解读将导致 PPP 直接面临资本金的全面断流。

即便将“债务性资金”解读为项目公司的债务性资金，《关于加强中央企业PPP业务风险管控的通知》也直接禁止央企为资金方的股权出资提供担保和承诺收益，也禁止央企以劣后级身份参与结构化产品。这样一来，央企未来要参与PPP项目，可能要拉上民营企业或地方国企。然而雪上加霜的是，资管业务征求意见稿对资产管理产品的嵌套、结构化和期限错配都做了严格的限制，这将终结以银行资管资金为资本金融资主要来源的现状，未来要么银行资管资金直接投资作为一层资管产品的PPP项目公司，要么PPP项目就要接受成本急剧升高的真股权投资资金。而后者在期限上受制于期限错配的限制也将进一步收短。即便有好的PPP项目，项目的融资成本也将大幅提升。

如果按照几个部门的要求，真的对名股实债和小股大债进行全面清理，那么，第一，已经完成融资并实际投资的1万亿元项目将面临全面重新谈判，其中一部分谈判失败将转向BT等传统模式；第二，社会资本垫资或赊欠下游分包商的已开工未完成融资的项目不仅要重新谈判而且大部分无法在PPP模式下完成融资，也将被迫转型为BT等模式，大岳咨询公司估计此类项目规模也有1万亿元；第三，签约后未完成融资也未开工的项目，可能直接转型为BT等传统模式，也同样面临重新谈判和谈判失败的问题；第四，准备采用PPP模式的项目可能也面临重重困难，政府方、社会资本方和金融机构将用现有资源力保已开工项目，能用于未开工项目和新项目的资源将十分有限，未来PPP的推进将十分艰难。

除此以外，《关于加强中央企业PPP业务风险管控的通知》对央企的限制也会极大地遏制PPP发展。根据该文关于央企集团累计对PPP项目的净投资原则上不得超过上一年度集团合并净资产的50%以及资产负债率高于85%的子企业不得单独投资PPP项目的规定，央企再投PPP的空间是十分有限的。各方寄希望于民营资本，其受资本金融资能力限制远超央企，基本没有能力补上央企留下的空间。

有一个问题我们必须面对：目前用于规范PPP项目的资本金要求是否合理？该要求套用永续经营企业投资的资本金要求，对PPP项目资本金进行管理。对于一个PPP项目而言，商业贷款还清后，会有大量资金沉淀在项目公司里无法用于新的投资，这不仅造成了巨大的社会资源的浪费，还是小股大债和名股实债现象产生的根源，也是很多项目无法落地的原因。各方就该政策进行改革的呼声一直没有得到有关政府部门的回应，以不合理的制度对PPP实践进行规范，这是PPP在夹缝中求生存、出现各种异化的一个重要原因。

四、进一步优化 PPP 的政策建议

现阶段，经济增长还要保持稳定，民生问题还要逐一解决，必须坚定不移地推动 PPP。如果仅因为技术性缺陷就否定 PPP，只会把地方政府重新推回土地财政、平台融资、国企运营的老路上去。PPP 目前确实存在一些制度上和技术上的问题，但是 PPP 推动开放、竞争、绩效管理的大方向没有错，PPP 的问题要通过稳妥的方式进行改革，改革的过程要充分考虑市场各方的承受能力，合理设置政策的过渡期，控制好政策力度，要给市场稳定的预期和正面的信号。

我们建议政府部门在下一步的规范工作中暂缓有关项目资本金的内容；为避免政策叠加效应，建议国资委暂停《关于加强中央企业 PPP 业务风险管控的通知》的执行；建议人民银行最终发布的资管新规为 PPP 项目资本金融资留出余地。除此以外，我们认为必须要在以下方面迅速启动改革措施，为 PPP 的良性发展保驾护航。

（一）完善现行 PPP 政策并据此规范项目

在过去 4 年 PPP 的发展过程中，有关各方突破政策约束进行了大量创新，出现了很多新的做法，其中的有些做法被列入了本次“规范”的范围，但业内普遍认为缺少论证。我们建议根据 4 年来 PPP 的实践，对现行政策进行完善，然后再用完善的政策对 PPP 项目进行规范，让市场在 PPP 发展过程中发挥决定性作用。

（二）加快价格和收费制度改革

价格机制是影响 PPP 项目成败乃至行业发展潜力的关键因素。对于 PPP 项目而言，如果建设运营成本没有直接体现在使用者的付费上，那将主要体现在一般性的税收上，个别使用者的成本就会被一般公众来分担。目前，在供水、污水处理、垃圾焚烧发电、轨道交通等涉及价格的领域，PPP 项目的回报机制多设置了与项目运营成本挂钩的调价机制，未来一旦调价失败，多数情况下政府都需要承担按照影子价格与社会资本结算的风险。如果公用事业和公共服务的价格调整

机制不能到位，PPP 项目的长期可持续发展将面临极大的风险。我们建议，一是应按照社会资本方盈利而不暴利的原则积极而稳妥地推动公用事业和公共服务的价格机制改革，向社会资本释放明确的市场预期，调动社会资本参与公用事业的积极性，提高 PPP 模式的可持续性；二是建立完善的社会保障机制，确保社会救助和保障对象的补贴与价格上涨机制联动；三是进一步强化地方人大在 PPP 项目决策机制中的作用，以防止地方政府盲目投资、通过价格上涨转移政府不当决策导致的付费压力。只有价格改革真正到位了，政府用于 PPP 财政支付的压力才能真正降低，政府才有财力实施确需政府付费的项目，原本没有收益的项目才能转变为对社会资本和金融机构有吸引力的项目，PPP 才能实现真正的项目融资。届时股权投资者将不请自来，繁荣的资产证券化市场也将指日可待。

（三）研究制定适用于 PPP 的项目资本金制度

过去在政府直接投资的情况下，项目资本金来自财政拨款，不需要回收，不用考虑资本金回收的问题。在 PPP 模式下，PPP 项目公司后期会沉淀大量资本金，又无法用于项目以外的投资，必须降低 PPP 项目资本金的比例要求并给资本金留出合理的退出通道。小股大债这一方便社会资本方后续灵活退出的方式被禁止之后，项目公司只能通过频繁减资或者购买理财产品解决沉淀资金时间成本的问题，这种解决方式是扭曲的。PPP 项目资本金应区别于永续经营公司的资本金，PPP 项目资本金比例适宜由社会资本和金融机构通过协议来解决，没必要通过政策干预。项目资本金比例过高是小股大债和名股实债的根源，也是 PPP 项目融资难的核心影响因素。

（四）发改委和财政部的 PPP 项目库不能为项目落地背书

项目库应采用“宽入库、严落地”的原则，强化 PPP 运作程序的规范性，进一步提高 PPP 项目的竞争性，控制政府风险。进一步优化 PPP 的运作机制，推动 PPP 回归项目融资的初衷。入库仅仅是政府管控 PPP 支持体系的一部分，而不能作为市场主体判断项目质量的依据，应避免过度行政化。建议对社会资本和金融机构明确这一定位，将落地与否的问题交给市场，按市场规则各负其责。政府不对入库项目进行背书，没有入库的项目只要满足政策条件仍然鼓励市场主体参与。

五、小结

就 PPP 论 PPP，2014 年以来的 PPP 项目与 2013 年以前的 PPP 项目是存在差别的，更无法与英国等发达国家的 PPP 相比。但 2014 年以后的 PPP 是中国式 PPP，盘活了以央企为主体的国有资本及其他社会资本的资源，使 PPP 规模化，提高了我国经济建设决策的科学性和全社会效率，促进了经济发展方式转型，在我国经济发展的总盘子中占据重要位置。

从本质上讲，中国式 PPP 已经不是起源于国外的那种 PPP，而是政企之间的合作（即 PEP）。它是一种经济发展方式，或者说是一项经济政策，与之相对应的是土地财政、平台融资、政府购买服务等。评价中国式 PPP（即 PEP）不能就 PPP 论 PPP，而应与近年国家推出的各项经济政策进行比较。可以肯定的是，PPP 不是政府债务和高杠杆的推手，而是负面作用最小的经济政策。

经过 4 年的发展，今天的 PPP 成就完全超出了 4 年前中国 PPP 从业者（无论是政策制定者、操盘手还是学者）的认知。如此大规模的 PPP 实践没有瑕疵是不可能的，如何解决这些问题，将考验中国 PPP 从业者的智慧。我们认为：第一，应该认真总结 PPP 发展过程中的经验，修改完善 PPP 政策，再用完善的规则对 PPP 项目进行规范，最大限度地承认市场创造的成果，让市场在 PPP 发展过程中发挥决定性作用；第二，下决心攻克新阶段 PPP 发展的各道难关，加快价格和收费制度改革、研究制定适用于 PPP 的项目资本金制度、正确定位政府 PPP 项目库的功能。

我国的经济社会现实决定了我国的 PPP 不能按照外国的方式发展。若想做纯粹“符合国际标准”的 PPP，总体规模不会太大，没有必要举全国之力推进。如果我们认真研究过去 4 年 PPP 的实践，不刻意否认 PPP 某种程度上具有融资功能或者是比其他经济政策更好的融资工具，重新为中国式 PPP 进行定位，赋予中国式 PPP 在中华民族伟大复兴历史洪流中更志存高远的使命，那么就应该尊重我国特定市场机制下形成的 PPP 规则，正视我们面临的经济社会现实环境，使 PPP 具有一定规模且宽容一定程度的瑕疵，坚定地走中国式 PPP 发展道路。

第一期 PPP 政策沙龙会议纪要

——监管新规对 PPP 影响的评估

时间：2017 年 12 月 1 日下午 2 点

地点：北京大岳咨询有限责任公司车公庄办公区会议室

主题：近期 PPP 政策文件的解读及对市场的影响

主持人：金永祥　大岳咨询有限责任公司总经理

参会人：阚晓西　财政部金融司处长

刘宝军　财政部金融司副处长

李泽正　国家发展改革委投资研究所 PPP 中心副主任

杨　涛　中铁股份财务部副部长

王　跃　中铁股份财务部处长

王　伟　中冶集团投资管理部副部长

杨晓敏　中国交建投资事业部处长

金　浩　中建投资基金管理有限公司副总经理

辛松梅　中建股份公司投资部高级经理

谢玉梅　中交投资基金管理有限公司董事长

李茂年　华夏幸福基业股份有限公司副总裁

苗纪江　龙元名城投资管理有限公司总裁助理

沈海峰　中国工商银行总行投行部经济政策首席分析师

曹　勐　中国建设银行资管中心基金投资负责人

谭国彬　人保资本投资管理有限公司投资总监

嵇绍军　国寿投资公司创新部副总经理

李　敏　国寿投资公司投资经理

李德超　中国农业银行总行资管部投资经理

徐清宇　深圳建合投资管理有限公司常务副总经理

何　涛　深圳平岳投资基金管理有限公司副总经理

会议要点

1. 如何评价过去 4 年 PPP 的发展情况？

关于对过去 4 年 PPP 发挥的作用的评价，与会者一致认为，PPP 是到目前为止对政府投融资约束最强、最好的机制。从项目质量上，PPP 公开、透明、竞争充分，真正让市场机制在资源配置中发挥了决定性的作用。PPP 也正是因为透明，才受到了这么多关注。

从规模上，根据建行总行某专家提供的数据，4 年来银行为 PPP 累计实现投资 1 万亿元，而我国每年基础设施建设固定资产投资一直维持在 17 万亿 ~20 万亿元，PPP 占比不大。同期，违规的政府购买服务项目落地至少 5 万亿元，其他以政府信用为基础的投融资产品至少落地 5 万亿元，合计 10 万亿元以上。PPP 做了 4 年融资落地了 1 万亿元，其他与政府投融资改革方向相悖的、扰乱 PPP 的方式落地了 10 万亿元。PPP 的杠杆效应并没有想象中的那么大。

金永祥认为，除了银行投入的 1 万亿元外，项目垫资或赊欠下游款开工的 PPP 项目应该还有一定的规模，形成的投资可能也有 1 万亿元。评价 PPP，不能就 PPP 来论 PPP，应该把 PPP 跟过去这 10 年里面用到的重大经济政策进行对比，例如土地财政、“四万亿”、地方融资平台、专项金融债、政府购买服务。名股实债、小股大债受到限制以后，必须要建的项目又会回到老路上去，政府的债务风险会以不透明的方式继续累积。

2. 三项政策叠加对 PPP 影响如何？

与会者一致认为，财政部《关于规范政府和社会资本合作（PPP）综合信息平台项目库管理的通知》、国务院国有资产监督管理委员会《关于加强中央企业 PPP 业务风险管控的通知》，以及 2017 年中国人民银行、银监会、证监会、保监会、外汇局《关于规范金融机构资产管理业务的指导意见（征求意见稿）》三项政策叠加效应明显，后两个文件的影响要大于前者。

杨涛认为，根据《关于加强中央企业 PPP 业务风险管控的通知》关于央企集团累计对 PPP 项目的净投资原则上不得超过上一年度集团合并净资产的 50% 以及资产负债率高于 85% 的子企业不得单独投资 PPP 项目的规定，央企再投 PPP 的空间几乎没有了。杨晓敏表达了同样的观点。建行总行某专家认为，根据资管新规征求意见稿对资金池、多层嵌套的限制，银行理财产品也基本退出了 PPP 资本金融资的市场。目前市场上作为项目资本金主力的名股实债和小股大债不是是否违反《关于规范政府和社会资本合作（PPP）综合信息平台项目库管理的通知》的问题，而是没有长期限资金来源了。谭国彬和某保险投资人士均认为，险资虽然与 PPP 项目期限较为匹配，但对 PPP 项目运营经验缺乏，所以纯股权投资难度较大。如果上述政策执行到位，已签约 PPP 项目也面临重新谈判，有些项目的融资会遇到障碍，而新增 PPP 项目的规模也会大规模减少。

在本次沙龙之前，建行、政企基金和建合投资组织过一次金融机构沙龙，根据各大金融机构提供的数据，到目前，全国投入 PPP 的项目资本金大约 3000 亿元，其中真正股权不到5%。按照1∶5 的杠杆比例，真股权带动的 PPP 项目总投资不到 1000 亿元的规模。剩下资本金如果变成真股权投资，股权需要更高的收益，这块如果不来自使用者付费，将导致政府支付更多的支出。如果按目前严监管政策执行力度大，除了小股大债外，名股实债也被清除了，真股权性质的投资机构无法短期内补位，那么 PPP 资本金融资就几乎没有了，3 年多来推广 PPP 项目股权融资的努力几乎归零。

深度参与 PPP 的地方政府、实业资本和金融机构，刚刚适应了从看重政府的信用、看重央企的信用转到看重项目公司本身，此时出台相关政策对市场信心打击很大。

3. PPP 受到限制后，地方政府是否有更好的模式来进行基建投资?

金永祥认为，《国务院关于加强地方政府债务管理的意见》以来，各种融资通道都堵死了，PPP 是仅有的通道，不能否认 PPP 具有融资功能。如果严格限制 PPP，那么平台公司和 BT 等传统模式将改头换面、重新复苏。平台公司表面上去掉了政府融资职能转变为社会资本，与当地政府签署协议后重新开始做政府项目，但这种合作关系下，政府既未能转移风险，也没有使社会资本之间形成实质性的竞争，至于入库透明管理、按照运营绩效付费更无从谈起。某央企投资部门专业人士认为，现在地方上已经有类 BT 的项目出现，施工企业为了生存也开始承接这类合同。政府投融资改革有走回头路的趋势，政府债务风险有可能放大。

4. 名股实债和小股大债是否具有现实中的合理性，是否适合以强制性政策的方式来调控?

名股实债主要是施工企业与金融机构之间的关系，只要不涉及政府回购，就与地方政府无关。名股实债结构的合理性在于，金融机构没有能力参与项目管理，相应的对项目回报要求不高；施工企业接受名股实债的安排符合风险定价原则；而地方政府则以较低的价格获得了资金。谢玉梅认为，一旦禁止名股实债，金融机构即便能够经历漫长的转型转为项目的主动管理人，那么真股权投资的回报率也将显著高于名股实债，PPP 项目的融资成本和管理成本将大幅提高。

小股大债则涉及项目资本金制度的合理性。金浩认为，过去在政府直接投资的情况下，项目资本金来自财政拨款，不需要回收，不用考虑资本金回收的问题。在 PPP 模式下，PPP 项目公司后期会沉淀大量资本金，又无法用于项目以外的投资，必须给资本金留出合理的退出通道。部分央企投资部门人士认为，小股大债这一方便社会资本方后续灵活退出的方式被禁止之后，项目公司只能通过频繁减资或者购买理财产品解决沉淀资金时间成本的问题，这种解决方式增加了成本和难度。金永祥认为，PPP 项目资本金应区别于永续经营公司的资本金，PPP 项目资本金比例，适宜由社会资本和金融机构通过协议来解决，没必要通过政策干预。项目资本金比例过高是小股大债和名股实债的根源，也是 PPP 项目融资难的核心影响因素，应该研究制定 PPP 项目资本金制度。

5. 应如何科学合理地设置过渡期和过渡政策，在实现政策初衷的同时，稳定市场预期，维护 PPP 的可持续发展，避免走极端？

李茂年和杨晓敏均提出，新政对于规范 PPP 市场有一定积极作用，但需要进一步宣传贯彻《关于规范政府和社会资本合作（PPP）综合信息平台项目库管理的通知》有利于规范 PPP 的适用范围，提高 PPP 基础资产的质量，维护 PPP 的可持续发展。对 PPP 项目库进行分级管理，就是提高政策的针对性和管控的精准性。目前该政策还需要进一步的宣传贯彻，例如，对于招商引资项目的解读、对涉及国家安全和重大公共利益项目的解读，否则容易造成地方政府和市场的过度解读。

苗纪江认为，新政策不应该溯及既往，已经落地的项目应维持原来的条件，因为这些都是项目核心的商务条件。新的项目可以按照新的政策来执行，这样各家社会资本会根据新的条件提出新的对价。辛松梅也提出，均通过了财政论证，取得了合法合规手续，社会资本在投项目的时候基于对政策和政府的信赖而签约，如果新政策溯及既往会对整个 PPP 赖以维系的信任基础造成破坏。

金浩认为，应该对《关于规范政府和社会资本合作（PPP）综合信息平台项目库管理的通知》中的禁止第三方代持作出进一步解释。刘宝军认为，该文禁止的是社会资本未经公开竞争性政府采购程序自行指定第三方代持股份，目的是保障采购程序的严肃性，减少项目实施的不确定性。对于采购文件事先明确基金等作为联合体投标的情况，不在政策禁止范围。

6. 顺利推动 ABS 和项目融资需要满足哪些条件?

杨涛认为,《关于加强中央企业 PPP 业务风险管控的通知》有利于厘清 PPP 的报价机制。该文规定央企投资 PPP 项目的投资回报率原则上不应低于相近期限债务融资成本,有利于改变央企把施工利润和经营投资合在一起算的做法。未来 PPP 项目将进一步控制好概算,使项目收益率回到相对合理的水平,这一方面有助于财务融资;另一方面也有助于下一步资产证券化(ABS)。

李茂年认为,如果解决不了出表的问题,ABS 也没有太多的优势,很难成为 PPP 项目融资的主流工具。何涛则认为,未来还是有可能通过技术手段解决 ABS 的出表问题。另外,通过 REITs 和公募基金 ABS,可以实现 PPP 融资的非标产品和标准化产品的双轮驱动。

金永祥认为,无论是 ABS 融资,还是项目融资,最终均需要提供 PPP 底层基础资产的质量,这需要国家对公共产品的费价机制调整到位,完全依赖于政府付费的 PPP 项目,即便没有新政,也早晚会因为触碰财政承受能力上限而枯竭。何涛同意这一观点,他认为,未来幸福产业这类项目会越来越受欢迎,医院项目如果愿意把一部分运营权拿出来,大多数项目都是会被抢的,不像钢筋水泥这种一眼看到底的项目。

7.《关于规范政府和社会资本合作(PPP)综合信息平台项目库管理的通知》中某些条件规定的合理性问题。

苗纪江认为,相较央企和国企,民营企业与地方政府博弈的能力更弱。施工类企业做 PPP 项目的总体利润在 10% ~20%。建安成本 30% 与绩效挂钩后,一旦绩效指标中主观指标过多或指标制定不合理,最终付费的主动权和话语权全在地方政府手里,民营企业参与 PPP 的顾虑会大大增加,相应的风险溢价会体现在项目报价中。辛松梅认为,央企也有同样的顾虑,企业是综合考虑施工利润和综合收益才做这个项目,项目施工利润没有 30% 的空间,30% 挂钩意味着一旦地方政府有意违约,社会资本方有可能通过施工利润也收不回来建设成本。多数与会者认为,《关于规范政府和社会资本合作(PPP)综合信息平台项目库管理的通知》中很多条件的设置可以更多考虑现实合理性及政策执行效果,应该由市场决定的,政府无须过多干涉。

8. 政策执行力度的问题。

金永祥分析,如果真的对名股实债和小股大债进行全面清理,那么,第一,已经完成融资并实际投资 1 万亿元的项目将面临全面重新谈判,其中一部分谈判失败将转向 BT 等传统模式;第二,社会资本垫资或赊欠下游分包商的已开工未完成融资的项目不仅要重新谈判而且大部分无法在 PPP 模式下完成融资，也将被迫转型为 BT 等模式；第三，签约后未完成融资也未开工的项目，可能直接转型为 BT 等传统模式，也面临重新谈判和谈判失败的问题；第四，准备采用 PPP 模式的项目可能也面临重重困难，政府方、社会资本方和金融机构将力保已开工项目，能用于未开工项目和新项目的资源将十分有限，未来 PPP 的推进将十分艰难。

金永祥建议发改委、财政部、国资委和人民银行共同研究适应我国经济现状的 PPP 项目资本金制度，加快公共服务价格改革，认真总结近 4 年来 PPP 实践中的有效做法，真正推动 PPP 的可持续发展。

中国式 PPP 不能用西方式 PPP 的规则去规范，只要这种模式比 BT、平台等模式有进步，就应该在总结经验教训的基础上不断完善，承认市场的创造力和市场机制下形成的规则，让市场在 PPP 发展过程中发挥决定性的作用，走出一条中国式 PPP 的发展道路。

PPP的本质及管控建议[①]

财政部、国资委、中国人民银行等部门相继印发《关于规范政府和社会资本合作（PPP）综合信息平台项目库管理的通知》《关于加强中央企业PPP业务风险管控的通知》《关于规范金融机构资产管理业务的指导意见（征求意见稿）》，对PPP市场进行规范。PPP不是一个单纯的学术问题，PPP政策事关我国政治经济大局。在当前形势下，必须清醒地认识PPP的本质，把PPP与其他可选的政策进行横向对比，决策者不是要选一个毫无瑕疵的政策，而是选择一个最适宜且最能推动当前经济社会发展的政策。

一、PPP是无公害政策

近年来，我国采用的主要经济刺激措施有土地财政、政府直接投资、政府融资平台、政府购买服务、专项金融债和PPP等。随着其他工具接连出现问题，一扇又一扇门关闭了，PPP成了地方政府进行基础设施和公共服务投资的主要通道。

首先，PPP有效地控制了政府支出风险。PPP目前最大口径是全国入库项目，合计14220个，累计投资额17.8万亿元；但这些项目中完成两评的只有6778个项目，投资额10.1万亿元；签约项目只有2388个，投资额4.1万亿元；进一步地，融资到位已经开工的项目仅914个，投资额应在2万亿元以内（约为政府购买服务金额的1/3，专项金融债金额的1/5）。17万亿元项目入库，说明地方政府推动PPP的积极性高；2万亿元项目实际落地，说明PPP的遴选和控制机制能够有效地控制地方政府盲目投资的冲动，实际能落地的是经过了市场机制

① 金永祥，赵克进，宋雅琴．PPP的本质及管控建议［J］．中国财政，2018（6）：53－55.

检验的好项目。目前，在实践中，政府信用系统、国企风险控制系统、上市公司风险控制系统、金融风险控制系统共同对 PPP 发挥作用，能够全方位控制政府非理性投资的冲动。

其次，PPP 有效地实现竞争机制。PPP 模式从根本上重构了政府和企业在提供基础设施和公共服务上的关系，政府重新回归公共利益的代表者和监管者的角色，执行与社会资本之间的合同，而不再承担与监管者身份无关的担保责任。相应地，项目的融资也无法再依赖于政府的主体信用，金融机构只能按照社会资本的能力和项目自身的品质决定是否贷款。而在平台公司为主要投资主体的模式下，政府和下属企业之间不可能形成可预期的、稳定的合同关系。在这种模糊的政企边界之下，政府和企业之间很难建立起以绩效考核为依据的付费体系。而这都是 PPP 模式的核心优势所在。在 PPP 模式下，政府和市场各归其位，各方主体的权利义务和风险分担回到市场均衡水平，市场真正地开始在资源配置中发挥决定性的作用。

再其次，PPP 是推动国家治理现代化的重要工具。在我国，PPP 是一种推动社会变革的工具，其使命是利用市场机制优化政府决策机制，理清政府和企业之间的边界，本质上是政企合作。PPP 推广 3 年以来，政府非理性决策的问题得到了市场的有效矫正，央企借助 PPP 实现从建设到投资运营的转型。我国的 PPP 和国外的 PPP 不一样，只要这种模式比 BT、平台等模式有进步，就应该在总结经验教训的基础上不断完善。

最后，PPP 是目前监管最为有效的模式。相比其他政策工具，PPP 模式推行 3 年以来，财政部在项目监管层面作出了巨大的努力。目前，财政部全国 PPP 综合信息平台在推动项目信息透明度、项目信息综合统计方面卓有成效。项目库的相关信息为社会资本和金融机构的决策提供了辅助决策功能，入库作为项目获得社会资本和金融机构青睐的必要而非充分条件，相关机构可以以入库为门槛条件，进行进一步的合规审查和商业风险判断。

PPP 是一个无害的政策，但却触动了许多既得利益。金融机构和央企不愿意承担 PPP 项下的风险；地方政府官员不愿意将权力交给市场的竞争；地方平台和国企如今要么不能插手，要么只能跟外来的市场主体进行惨烈的竞争。既得利益的反对，是 PPP 遭遇困境的根源。

二、各方政策对 PPP 市场的实际影响

《关于规范政府和社会资本合作（PPP）综合信息平台项目库管理的通知》《关于加强中央企业 PPP 业务风险管控的通知》以及《关于规范金融机构资产管理业务（征求意见稿）》的政策初衷是让 PPP 更加规范。但是三个规范叠加到一起，对 PPP 市场造成影响最大的是 PPP 项目资本金投融资问题。《关于规范政府和社会资本合作（PPP）综合信息平台项目库管理的通知》提出，PPP 项目不得以债务性资金充当资本金，对于该债务性资金到底是项目公司债务还是社会资本方股东的债务，没有明确的说法。债务性资金不得是项目公司债务，符合项目资本金制度的宗旨，也有明确的政策依据。然而，如果将债务性资金解读为社会资本方股东的债务，则意味着企业不能以发债资金作为资本金来源，也意味着低风险偏好的金融机构无法通过社会资本方股东担保增信的方式为 PPP 项目提供资本金。考虑到 PPP 项目具有规模大、资金需求高的特点，这样的解读将导致 PPP 直接面临资本金的全面断流。即便将“债务性资金”解读为项目公司的债务性资金，《关于加强中央企业 PPP 业务风险管控的通知》也直接禁止央企为资金方的股权出资提供担保和承诺收益，禁止央企以劣后级身份参与结构化产品。央企未来要参与 PPP 项目，可能要联合民营企业或地方国企。然而，资管业务征求意见稿对资产管理产品的嵌套、结构化和期限错配都做了严格的限制，这将终结以银行资管资金为资本金融资主要来源的现状，未来要么银行资管资金直接投资作为一层资管产品的 PPP 项目公司，要么 PPP 项目就要接受成本急剧升高的真股权投资资金。而后者在期限上受制于期限错配的限制也将进一步收短。即便有好的 PPP 项目，项目的融资成本也将大幅提升。

如果真的对名股实债和小股大债进行全面清理，那么，第一，已经完成融资并实际投资的 1 万亿元项目将面临全面重新谈判，其中一部分谈判失败将转向建设—移交（BT）等传统模式；第二，社会资本垫资或赊欠下游分包商的已开工未完成融资的项目不仅要重新谈判而且大部分无法在 PPP 模式下完成融资，也将被迫转型为建设—移交（BT）等模式；第三，签约后未完成融资也未开工的项目，可能直接转型为建设—移交（BT）等传统模式，也面临重新谈判和谈判失败的问题；第四，准备采用 PPP 模式的项目可能也面临重重困难，政府方、社会资本方和金融机构将力保已开工项目，能用于未开工项目和新项目的资源将十分

有限，未来 PPP 的推进将十分艰难。

除此以外，《关于加强中央企业 PPP 业务风险管控的通知》对央企的限制也会极大地遏制 PPP 发展。根据该通知关于央企集团累计对 PPP 项目的净投资原则上不得超过上一年度集团合并净资产的 50% 以及资产负债率高于 85% 的子企业不得单独投资 PPP 项目的规定，央企再投 PPP 的空间几乎没有了。

三、进一步优化 PPP 的政策建议

经济增长必须保持稳定，民生问题还要逐一解决，必须坚定不移地推动 PPP。因此，建议财政部门在下一步的规范工作中暂缓有关项目资本金的内容；为避免政策叠加效应，建议国资委暂停《关于加强中央企业业务风险管控的通知》的执行；建议人民银行最终发布的《关于规范金融机构资产管理业务的指导意见》为 PPP 项目资本金融资留出余地。除此以外，我们认为近期必须要在以下方面迅速启动改革措施，为 PPP 的良性发展保驾护航。

一是要强化项目必要性论证。PPP 的流程并不对项目本身的必要性进行论证，这是项目可行性研究审批要解决的问题。但必要性不足的项目会在后续的 PPP 市场测试程序、竞争程序和融资程序中举步维艰。有必要进一步强化项目可行性研究审批的流程，切实提高可行性报告中有关项目收益预测的科学性，以提高 PPP 项目的运作效率。通过切实筛选出有必要性、可行性的项目，为 PPP 环节提供真正优质的项目。

二是要加快价格和收费制度改革。价格机制是扼住 PPP 项目成败乃至行业发展潜力的关键因素。对于 PPP 项目，如果项目的建设运营成本没有直接体现在使用者的付费上，必然将体现在一般性的税收上，个别使用者的成本就会被一般公众来分担。目前，在供水、污水处理、垃圾焚烧发电、轨道等涉及价格的领域，PPP 项目的回报机制多设置了与项目运营成本挂钩的调价机制，未来一旦调价失败，多数情况下政府都需要承担按照影子价格与社会资本结算的风险。如果公用事业和公共服务的价格调整机制不能到位，PPP 项目的长期可持续发展将面临极大的风险。因此，应按照社会资本方盈利而不暴利的原则积极而稳妥地推动公用事业和公共服务的价格机制改革，向社会资本释放明确的市场预期，调动社会资本参与公用事业的积极性，提高 PPP 模式的可持续性；建立完善的社会保障机制，确保社会救助和保障对象的补贴与价格上涨机制联动；进一步强化地方人大

在 PPP 项目决策机制中的作用，以防止地方政府盲目投资、通过价格上涨转移政府不当决策导致的付费压力。只有价格改革真正到位了，政府用于 PPP 财政支付的压力才能真正降低，原本没有收益的项目才能转变为对社会资本和金融机构有吸引力的项目，PPP 才能实现真正的项目融资，股权投资者将不请自来，繁荣的资产证券化市场也将指日可待。

三是要进一步明确 PPP 适用的公共服务领域的界限，防止 PPP 被滥用。现实中，需要明确的问题包括招商引资项目与商贸基础设施项目的区别，基础设施项目涉及的土地一级开发能否进行 PPP，经营、运营与维护之间的关系等技术性问题。

四是要优化财政承受能力论证机制。应建立起既符合地方政府基础设施和公共服务支出的实际逻辑，又有利于中央层面进行管控的财政承受能力论证机制。根据中共十九大报告确定的原则，赋予省级及以下政府更多自主权，应由地方政府客观、合理地设置政府性基金预算的承受能力论证比例，以防止政府性基金预算成为新的债务风险聚集点。同时，可以考虑对财承上限作出差异化规定，引入地方经济发展现状与规划前景、地方政府债务水平、地方政府信用水平等多重指标，综合的、差异化的确定各省的比例，并由各省根据地方政府发展需求和发展能力对财承指标进行进一步分配。

五是要加强对 PPP 项目库的管理，采用“宽入库、严落地”的原则，强化 PPP 运作程序的规范性，进一步提高 PPP 项目的竞争性，控制政府风险。进一步优化 PPP 的运作机制，推动 PPP 回归项目融资的初衷。

六是要研究制定适用于 PPP 的项目资本金制度。过去在政府直接投资的情况下，项目资本金来自财政拨款，不需要回收，不用考虑资本金回收的问题。在 PPP 模式下，PPP 项目公司后期会沉淀大量资本金，又无法用于项目以外的投资，必须给资本金留出合理的退出通道。小股大债这一方便社会资本方后续灵活退出的方式被禁止之后，项目公司只能通过频繁减资或者购买理财产品解决沉淀资金时间成本的问题，这种解决方式是扭曲的。PPP 项目资本金应区别于永续经营公司的资本金，PPP 项目资本金比例，适宜由社会资本和金融机构通过协议来解决，没必要通过政策干预。项目资本金比例过高是小股大债和名股实债的根源，也是 PPP 项目融资难的核心影响因素。

大岳咨询金永祥：从经济政策视角正确理解中国式 PPP①

2018 年中国环境上市公司峰会于 12 月 1 日在广东省肇庆市举行，大岳咨询董事长金永祥参加了峰会。峰会上，在谈到当下 PPP 的现状时，金永祥认为咨询机构对我国 PPP 的发展功不可没。

"2017 年 11 月到现在，PPP 在 4 年高速发展之后经历了一年的调整，无论正确与否其原因都是监管层对 PPP 的认识发生了变化"。金永祥表示，与几位民企专业人士交流时感觉到他们对未来怎么参与 PPP 信心明显不足，这无疑也是基于对 PPP 的认识和判断。过去 20 多年，PPP 咨询机构与第一代 PPP 社会资本一起同行，也参加过几个时期 PPP 政策制定，谈下对 PPP 的认识，以此来和业内加以交流探讨。

第一，中国的 PPP 有问题吗？

肯定有。目前，在 PPP 方面，国内的法制环境还不健全、契约精神也不太好，做项目时"长官意志"还存在、新入行的"假咨询"误导过很多地方政府。我国 PPP 项目尚不规范，与英国等发达国家相比差距还很大。

但中国式 PPP 最大的特点是规模大。例如，大岳咨询一年做的 PPP 项目比英国几十年 PPP 项目的总和还多。我国 PPP 的体量使我们不能再从融资模式的视角来看 PPP，而是要用经济政策的视角来看待，这样才能正确理解中国式 PPP。这与发达国家的情况完全不同。

第二，如果没有 PPP，会有中国的环保产业吗？

无论是桑德还是博天，无论是首创股份还是北控水务，如果没有 PPP 它们就没有主营业务，是 PPP 在过去 20 年推动了它们的发展壮大。有了这些公司，中国的污水处理行业和垃圾处理行业才得到了高速发展，我国的环境才得到了整

---

① 金永祥. 从经济政策视角正确理解中国式 PPP［EB/OL］. PPP 导向标，2018－12－05.

治。如果污水处理费维持在 20 年前传统体制下 2 元/吨左右，则我国的环境问题将成世界难题。

第三，这 20 多年，特别是过去四五年，中国式 PPP 发挥的重要作用是什么？

使地方政府的决策更加科学，减少了决策失误。社会资本对市县主要领导的制约非常有效，这使得完全为了地方生产总值（GDP）而上的项目大量减少。

充分竞争直接提高了效率，规模化和专业化提高了管理水平和研究水平，并进一步提高效率。例如，以前每个市都有一个污水处理公司，管理水平和研究水平偏低。通过推动 PPP，现在仅北控一家的处理能力就超过了 3000 万吨/天，相当于 300～500 个原来的水务公司，即使其管理和研发还不能与威利雅和苏伊士比，但与传统体制相比效率高出 10 倍是不夸张的。

增加了公开性和透明度，为政府监管提供了重要抓手，推进了国家治理现代化的落地。只要打开财政部 PPP 项目库就可以查阅有多少 PPP 项目一清二楚。PPP 不仅数量清楚，而且都有清晰的流程和明确的协议约定，这也是与传统经济政策的明显差别。

第四，民营企业的困局是 PPP 造成的吗？

当下民企的困局是全局性的，不是某个行业或某个特定领域的个别现象。大部分民营上市公司都很困难，民营房地产企业也一样。相比而言，民营环保类上市公司不是最差的，甚至算比较好的。

据笔者观察，这种困境与我国经济转型期的宏观经济政策、经济环境有关。参加 PPP 投资的民营机构要走出困境，应该从检讨自身管理和经营开始，宏观环境我们无力控制，加强自身管理则可以防范风险。在投资决策时，需要有严格的程序和较强的专业能力，很多时候是需要咨询公司帮助的。例如，在一个每天只有 200 吨垃圾的城市建一座 1000 吨的垃圾处理厂是重大的投资失误，应该是可以避免的，与是否做 PPP 没有关系。再如，对员工偏激的奖励制度，会使其谎报真实的项目信息，当员工拿了奖励离职之后，公司便一塌糊涂，这也与 PPP 无关。

政府拿出项目推动 PPP 是为民企提供了机会，能否抓住机会则是企业的能力问题，要不然为什么桑德等老牌公司在本轮基本未受到伤害呢？也许经过这次洗礼，我国的民企会越来越强。

第五，做好 PPP 的政策调整，PPP 才有未来。

“一刀切”的财政承受能力 10% 要求适用于不同城市是不合理的，更大的问题则是来自资本金的要求。

政府要求20% ~30%的项目资本金，在以前金融监管不严、不规范操作广泛存在的时候，资本金比例非常低，有的项目甚至没有资本金，这在业内不是什么秘密。

现在监管严了，要求必须20% ~30%，资本金融资就遇到了困难。说明原来的规定有不合理的因素。

那怎么办？必须面对现实，走极端是会有问题的。真实的情况是资本金从实际的1% ~2%提高到20% ~30%，提高了十几倍。如此大的冲击投资市场是难以承受的，我们必须评估20% ~30%的要求是否合理。若把比例降到合理的水平，由市场主体，特别是金融机构，去决定具体项目的资本金比例，那么企业的困难就会小得多。

用政策规范市场是正确的，但这些政策本身也需要规范。只有用合理的政策去规范市场，市场主体才能承受得住，预期的政策效果才能达到，经济才能真正高质量发展。

金永祥强调说，中国式 PPP 是中国国情下的 PPP，是不同于发达国家的 PPP，它不是简单的融资模式，而是一项有竞争力的经济政策，可以说它比我国以前的很多经济政策都要优越。选择有生命力、有前途的经济政策永远不会错。“总之，建议大家对 PPP 不要悲观，只要方向是对的，推进 PPP 进程中遇到的任何问题都是可以逐步解决的”。

三论 PPP：中国式 PPP 愿景分析[①]

PPP 在中国兴起于 20 世纪 80 年代中期，到目前已经历了五个发展阶段。自最初的探索、试点到 2003 年建设部大力推广，PPP 迎来首个上升期，并呈现出明显的市场经济业态；2008 年金融危机发生，“四万亿”救市计划的出台对 PPP 造成了极大冲击；PPP 再一次迎来高潮出现在党的十八大以后，2014 年以来，中央政府以化解地方债务风险、解决新型城镇化建设融资问题、推动财政体制和投融资体制改革以及推进国家治理现代化为主旨来推动 PPP，PPP 进入全面普及的第五阶段。经过近 4 年全国范围内广泛铺开，截至 2017 年末，全国 PPP 综合信息平台管理库项目一度达到 7137 个，落地项目 2729 个，落地投资额 4.6 万亿元；但 2018 年以后，伴随着《关于规范政府和社会资本合作（PPP）综合信息平台项目库管理的通知》《关于加强中央企业 PPP 业务风险管控的通知》《关于规范金融机构资产管理业务的指导意见》对 PPP 项目入库、投资、融资端的全面收紧，PPP 再次遇冷。在 2018 年下半年有关政府部门对相关政策的制定和执行情况进行反思，PPP 又得到了政策支持，但有关各方畏缩不前。加之 2019 年地方政府专项债得到大力推广，PPP 又一次面临生存危机。

PPP 在我国 30 多年的发展可谓一波三折，PPP 政策及其执行变化较大。对于地方政府及国有企业来说，它们会天然偏向于舒适的传统投融资体制带来的便利。随着相关部门不断增强对 PPP 的行政性约束，PPP 的复杂性与不稳定性加深了政府与市场对于 PPP 的疑虑，对 PPP 产生了伤害。在 PPP 发展高峰时期，我们已经观察到传统国有企业在受到市场改革压力之下，主动改革的积极性提高在央企层面，企业注意到市场对于强运营的需求，开始考虑成立专业化的全国性基础设施建设运营企业集团深耕行业；在地方国企层面，地方融资平台公司在被切断政府融资职能之后开始思考转型的方向。然而，后来政策的变化再次激活了地

---

① 金永祥，宋雅琴，章喻婕．中国式 PPP 愿景分析［J］．施工企业管理，2020（1）：38－40.

方融资平台对政府的依赖，市场在无法判断政策导向的时候选择驻足观望，而PPP 市场的萎缩把地方政府重新推回土地财政、专项债融资、用平台投资、当地国企运营的老路上去，各种政府违规举债手段又卷土重来，伴随着新的隐性债务风险，造成中国经济更大的不确定性。

在当前形势下，必须清醒地认识到，任何政策手段都无法全面应对纷繁复杂的社会需求，但发挥政策优势，弥补政策短板，让政策的执行具有可持续性和可预测性，要比在政策取得一定成效但仍需攻坚克难时不断更换经济政策工具更有利于我国经济持续健康稳定发展。PPP 不是一个毫无瑕疵的最优政策，但几十年的实践证明，相比其他政策而言，它是负面作用最小的。有关各方对 PPP 愿景的认识还不清晰，导致缺少坚持推动 PPP 的战略定力，其结果就是相关政策频繁摇摆，对 PPP 产生了伤害，并影响 PPP 在推进国家治理现代化方面发挥应有作用。因此，深刻认识中国式 PPP 的愿景与使命，并坚定不移走中国式 PPP 发展道路是我国经济高质量发展之必然选择。大岳咨询在《从 PPP 到 PEP：探究政府和社会资本合作的本质》一文中，提出中国式 PPP 已经不同于西方的 PPP，本质上是 PEP（Public-Enterprise-Partnership），包括 PPP 和 PSP（Public-SOE-Partnership）两个部分，如图 3 –1 所示。考虑到学术界和实务界对于 PPP 的研究已经很多，本文重点研究 PSP 的愿景，以解决全面认识中国式 PPP 的问题。

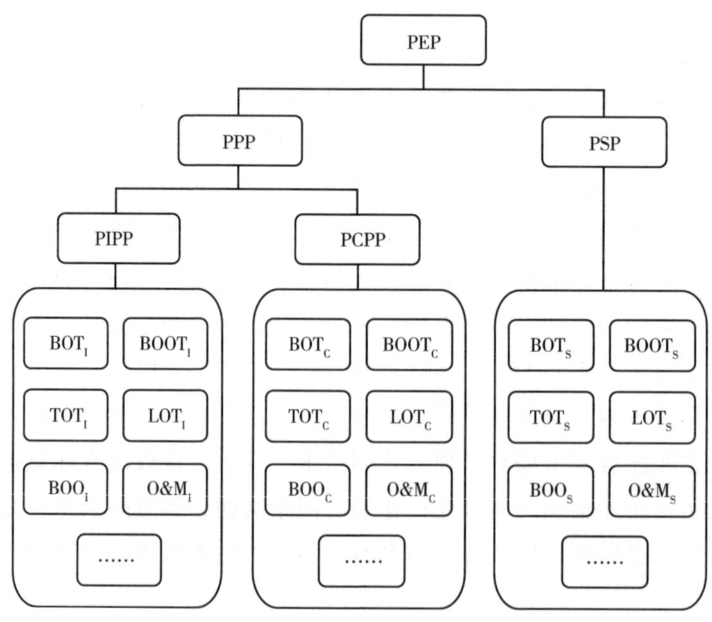

图 3 –1 PEP 的基本体系

一、传统模式下政府及国有企业面临的发展困境

在当前基础设施投资增速回落，经济下行压力加大，地方政府债务风险攀升的背景下，“稳增长，防风险，确保经济持续健康发展”的目标对各级政府及其国有企业提出了更高的要求。但在传统政府投融资模式及当地国有企业运营体制下，政府及国有企业正面临以下发展困境。

一是政府财政资金吃紧，债务压力繁重，存在大量基建投资资金缺口。基础设施投资是改善民生和政府拉动当地经济发展的重要工具，而在降杠杆的背景下，政府基础设施投资需求与财政资金紧张之间的矛盾愈演愈烈。在融资平台公司、政府购买服务受到严格限制之前，地方政府通过融资平台公司及政府购买服务等方式举借了大量政府债务，导致地方政府债务风险不断放大且还债压力日渐繁重，因此防范化解地方政府隐性债务成为当下要务，政府融资渠道被进一步缩紧。但与此同时，为确保地方经济运行在合理区间，地方政府又亟须聚焦基础设施领域短板，保持有效投资力度。近年来推行的专项债政策解决了部分融资问题，却无法解决效率和治理问题，而且其自身执行过程中的“一般债化”也存在隐性债务风险。总之，平衡稳增长与防风险的关系，成为各地政府投融资工作的难点。

二是融资平台公司的政府融资职能被依法叫停，地方融资平台公司的转型迫在眉睫。为了防范地方政府债务风险进一步攀升，《国务院关于加强地方政府债务管理的意见》明确要求剥离融资平台公司政府融资职能，这给成立初衷为肩负政府融资举债功能的地方融资平台公司带来了巨大的冲击。多数融资平台公司事业化属性明显，从公司人事任免到业务决策都与行政事业单位一脉相承。地方政府为了大力扶持平台公司发展，通过向平台公司注入土地、公益性资产等方式做大资产规模，再通过直接授权的方式向平台公司持续供应基础设施及公共服务投资建设项目，并将投资建成的资产再次注入平台公司，以实现平台公司投融资业务闭环，成就高杠杆融资。但“饭来张口，衣来伸手”完全依靠政府扶持的平台公司先天缺乏独立经营能力，很容易出现预算软约束、僵而不死、无法破产等问题，很多平台公司的公司治理能力几乎是空谈。时至今日，上万家融资平台公司一旦脱离地方政府的保护伞，公司经营将难以为继。

三是施工企业特别是央企面临转型压力，亟须通过市场拓展提升核心竞争

力。我国的体制决定了央企手中集聚了全社会的各种优势资源，包括资金、人才以及公共市场。这些资源如果能够得到充分整合，则我国体制优势就能够充分发挥出来，但如果这些宝贵的资源都沉积在央企内部、低效运转，则会造成资源的巨大浪费。国企的作用和发展问题，是中美贸易战的焦点之一，解决好国企发展问题、发挥好国企的作用已经成为国家的战略问题。随着我国房地产市场的方向日趋明确，房地产相关的建筑工程量已经逐步趋稳甚至有所萎缩，施工企业特别是央企面临从单纯的施工企业向长期运营企业转变的压力，亟须通过新的市场业态和运营模式向产业链上下游延伸，为企业转型注入活力，提升核心竞争力。

二、地方政府及国有企业如何通过 PPP 突破困境

政府及国有企业在当前形势下，有必要转变治理理念与治理方式，调整公共服务供给方式及企业战略与经营模式，我们将通过 SWOT 分析法研究推动 PPP 将为政府及国有企业带来的优势（S）、劣势（W）、机会（O）及威胁（T），寻求政府及国有企业突破上述困境的战略路径。

1. 政府。

如图 3－2 所示，政府优势在于通过制定规则和政策，掌握市场开放的节奏，集中力量办大事，充分调动社会资源弥补自身不足，并通过宏观调控、行政监管防止市场失灵，维持社会持续健康稳定发展。但一旦政府行为不受限制，在基建带动地区经济发展的政治任务下，政府很难抑制其盲目投资的冲动，这很可能导致大量项目自完工之日起便被束之高阁，进而造成资源浪费。此外，在建设和运营方面，政府具有不专业、效率低的特点，且行政性垄断易造成市场割据、规模分散，进而建设运营成本失控，运营质量难以保证。为打破传统政府投融资模式下的恶性循环，走出政府财政困境，可通过 PSP 帮助政府用好国企资源，创新公共服务供给方式，降低政府财政压力，提高基础设施及公共服务供给能力与供给质量。

具体而言：

一是通过 PPP 抑制政府盲目投资冲动，提高政府科学决策水平。自 2014 年以来全国 PPP 累计落地项目数 5811 个，总投资额 8.8 万亿元（截至 2019 年 6 月底），实际完成投资约 6 万亿元，平均每年实际投资约 1 万亿元。相比其他政府投资工具，PPP 因落地慢、落地难一直饱受诟病，但在重大基础设施投资决策环

优势（S）：	机会（O）：
• 制定规则和政策 • 掌握市场开放的节奏 • 集中力量办大事 • 宏观调控能力 • 行政监督能力	• 降低政府财政压力 • 资源优化配置 • 用好国企资源 • 提高基础设施及公共服务供给能力和供给质量
劣势（W）：	**威胁（T）：**
• 盲目投资，资源浪费 • 自身建设运营能力不足 • 缺少市场机制	• 政府财政资金紧缺 • 政府隐性债务风险 • 降杠杆、补短板艰难

图 3－2　政府 SWOT 模型

节，“又好又快”往往是个伪命题。实际上，这种“慢”的背后，是在项目没有政府信用担保的情况下，社会资本和金融机构对项目必要性、合理性、可行性进行了层层论证和审核，这恰好说明 PPP 能够利用市场机制将社会资本和金融机构引入决策机制中，从而有效抑制地方政府非理性的投资冲动，过滤掉大量非理性决策的形象工程，减少了政府决策失误的可能性，有效防范财政支出风险。

二是引入社会资本的资源，有效扩大公共产品的供给数量，形成新的供给方式。适度超前的公共基础设施对经济、社会和民生的保障作用是显著的。PPP 一方面能够有效地引入央企和国企以及与之相配套的金融机构的资源，弥补当期预算资金的不足，形成新的基础设施和公共服务的供给方式；另一方面又通过财政承受能力论证有效控制 PPP 的投资规模，使其不会超越政府未来的财政支付能力，避免了政府债务风险累积。此外，外部资金的介入，有助于解决理顺公共产品价格等体制问题，将公共投资的外部效益适度内置化，使有限的公共财力向弱势群体倾斜，推进公共服务的可持续发展。

三是充分调动市场主体的市场化、专业化、规模化优势，提高基础设施及公共服务的供给质量与供给效率。依靠市场化的竞争机制，PPP 有助于打破地方行政性市场垄断，改变事业性质的落后管理方式；有助于消除政府与企业合作过程中在服务定价和风险分担方面的信息不对称，充分挖掘市场主体的潜力，争取更有利于政府的合作条件；依靠合作方的专业化优势，充分调动社会资本创新能力，开发项目新型经营模式，实现资源优化配置与项目效益的最大化利用；利用央企和跨区域竞争国企的规模化优势，可及时共享行业发展信息并实现技术进步，有效降低单个项目的建设运营成本。

四是充分发挥政府优势，转变政府职能，提升政府治理能力现代化。在 PPP 模式下，政府与市场的边界进一步明晰，政府不再是项目投融资—建设—运营的直接负责单位，而是重归公共利益的代表者和监管者角色，将更多的精力放在项目决策、投资人选择、合同管理、绩效考核、项目监管之上，政府自身的治理能力也将相应的提高。同时，政府管理国有企业方式也从传统的行政管理转变为契约管理，契约精神成为 PPP 为政府带来的根本性改变。依靠契约这一工具，政府将有能力整合各类资源，有效保证当地基础设施及公共服务的高质量供给，通过在当地成立项目公司保证当地就业与税收，有机结合政府宏观调控与市场调节的双重效能，打造现代化行政管理模式，管出公平、管出效率、管出活力。

2. 融资平台。

如图 3－3 所示，地方政府融资平台的核心优势是其与地方政府之间存在天然的信任关系，地方政府融资平台对地方政府的需求与决策模式有深刻的理解，但同时这种关系也是一种“双刃剑”，容易导致融资平台在决策、经营、承担责任和风险方面全部依赖地方政府，缺乏独立经营的能力，缺乏相应的市场竞争能力。PPP 有助于帮助地方政府融资平台实现转型。

优势（S）：	机会（O）：
• 与地方政府之间天然的信任关系 • 对地方政府的需求与决策模式有深刻的理解 • 易得到其他地区政府的理解，特别是下级政府的信任	• 夯实企业项目管理能力 • 提高企业经营管理能力 • 提升企业整体竞争能力 • 作为社会资本参与本级政府以外的PPP项目 • 参与外地项目的机会
劣势（W）：	**威胁（T）：**
• 过度依赖当地政府 • 缺乏独立决策和经营能力 • 专业性不足，缺乏竞争力	• 转型失败的风险 • 当地市场开放造成自身竞争力下降

图 3－3 融资平台 SWOT 模型

一是被动转型，切实履行政府出资人代表的职责。本级政府通过 PPP 开放了本级基础设施投资市场之后，融资平台公司不能做本级政府 PPP 项目的社会资本方，留给融资平台的只剩下本级政府出资人代表的职能，这在某种程度上截断了融资平台传统的“政府授权—依托政府信用融资—负债做大资产”的发展路径。

要承担起政府出资人代表的职能，要求融资平台一是要协助政府做好项目的前期工作，履行好政府方在项目执行过程中应尽的义务，例如征地拆迁等；二是要把握好与社会资本合作的关系，一方面要确保 PPP 项目实现既定的公共目标；另一方面作为股东和投资人代表从社会资本身上学到其项目管理、公司治理、合同管理和项目运营等多方面的能力，并进一步转化为自身业务转型的动力。

二是主动转型，到本级政府以外的 PPP 市场寻找机会。PPP 为融资平台关闭了本级本地政府市场的同时，又为其提供了担任本级政府以外 PPP 项目社会资本的机会。融资平台可以充分挖掘自身的传统优势，通过与其他企业组成联合体、内部重组、对外并购的方式增强自身投资、建设、运营实力。在这方面，北京基础设施投资有限公司、深圳水务有限公司、上海城投有限公司、天津创业环保集团股份有限公司、绿色动力环保集团股份有限公司等都是成功转型的例子。

3. 央企。

如图 3－4 所示，在我国经济体制之下，央企具有较强的融资能力与资源优势，并经过长期发展积累了大批专业人才。但央企业务形态较为单一。在当前施工业务紧缩的形势下，央企可通过 PPP 开拓业务市场，借助 PPP 带来的规模化和专业化效应，向提升国家基础设施的建设运营效率，增强企业核心竞争力。

优势（S）：	机会（O）：
• 融资能力 • 人才积累 • 资源利用 • 与地方政府关系密切 • 对边界不清晰的地方政府项目有一定包容性	• 运营需求增加有利于拓展业务市场 • 提高公司核心竞争力，向上下游延伸 • PPP成为有效的经济政策，有利于打开公共市场 • 国家竞争力提升要求央企做大做强
劣势（W）：	**威胁（T）：**
• 管理体制僵化 • 长于建设，但投资运营能力低 • 经营业务单一 • 产业链短	• 缺乏核心竞争力 • 政策的不确定性 • 施工市场下滑，城市发展从建设阶段进入管理阶段

图 3－4　央企 SWOT 模型

首先，通过 PPP 拓展业务领域，推动央企规模化和国际化，实现公司战略转型。其一是扩大企业经营业务。单一的经营业务在当前施工业务紧缩、经济下行的背景下已不足以支撑国有企业稳定持续发展，国有企业可借助 PPP 实现从项目施工至项目全生命周期管理的转型，使国有企业从以往单一承接施工业务向前延伸至投融资板块，向后至运营板块，有效拉长业务链条，拓宽盈利增长来源，实现可持续发展。其二是扩大企业规模。在 PPP 模式推广之前，我国各地区污水、供水、垃圾处理、河道治理等基础设施及公共服务项目多数由当地企业承揽，整体而言，技术落后、信息封闭、管理低效。而 PPP 模式有效打破了地方割据，为社会资本提供了进入原本封闭的地方基础设施市场的通道，央企或地方国企一旦把握好这一市场红利，从它们当中极有可能涌现出世界级的基础设施巨头，这将为央企积极参与一带一路事业、走向国际化奠定坚实的基础。

其次，通过 PPP 提升企业专业化水平，增强央企核心竞争力。央企融资能力强是其参与 PPP 项目的绝对优势，但要提升企业的综合竞争能力，实现企业的战略转型，仍需要提升主营业务能力以获取市场信任。央企通过 PPP 承揽各地基础设施及公共服务项目已逐渐形成规模化态势，一旦企业获得充足的市场资源，就有足够的动力加大融资模式创新、技术研发创新和管理创新，因为其规模效应能够大大提升研发和创新的边际效应。此外，当一家央企有数十个甚至上百个同类型的项目在运营时，运营管理的成功经验能够更加快速地在企业内部进行扩散，从而实现企业经营效率的整体提升。对于央企来说，只要大力发挥专业人才优势，充分调动可用资源，实现技术创新升级，达到从量变到质变的转换，就能够实现项目全生命周期管理能力的提升并获得更好的投资收益。央企的成功将直接推动高质量发展和国家治理现代化等战略目标的实现（见图 3－5）。

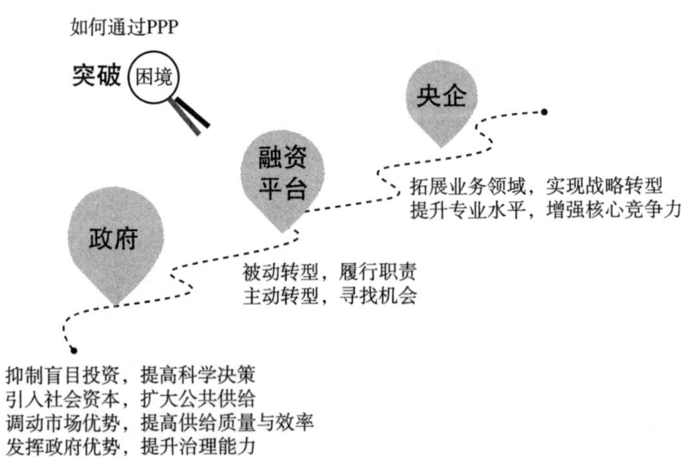

图 3－5 如何通过 PPP 突破困境

三、中国式 PPP 的愿景

PPP 经过多年推广，适用范围从传统的市政公用、交通、环保等领域全面扩展到农林、教育、文体、城市综合开发、旅游、能源等领域，累计在库项目 9000 余个，投资额 13.6 万亿元左右。PPP 的应用范围之广、规模之大，意味着，在中国，政府和社会资本合作发生了从量到质的变化，不再仅仅是进入中国时的一种项目层面的融资工具，近年来已经上升到国家的宏观经济政策，未来 PPP 仍将继续前行，并且在前行的过程中逐渐巩固国家治理理念，将来，政府的各项事业无论是否以“PPP”的面貌呈现，近几年经过 PPP 训练的各种专业人才包括公务员都将把 PPP 蕴含的运作方式、监管体系、契约精神贯彻下去，使 PPP 对我国国家治理体系、治理结构、治理能力与治理方式带来深远的影响。

第一，PPP 成为实现国家治理现代化的重要推手。PPP 自进入中国后到 2013 年这一阶段是一种投融资模式，2014 年以来的大规模发展使 PPP 上升为经济政策，未来其将进一步变成国家治理理念，并将全面深刻地影响我国的投资体制、预算管理体制、采购管理体制以及行业监管体制。在投资体制改革方面，PPP 真正实现了在公共基础设施投资领域让市场在资源配置过程中发挥决定性作用，对传统的政府投资决策模式进行了重大优化；在预算管理体制改革方面，PPP 改变了公共财政的投入方式，从补建设到补运营，从事后被动接受到事前主动算准财政承受能力；在采购管理体制改革方面，PPP 将传统的政府采购从货物、工程、服务的采购延展到投资人的选择，将绩效付费引入政府采购领域，为政府有效控制项目的付费压力提供了决策依据；此外，在行业监管层面，PPP 让行业主管部门从重建设转为重运营，从按投入付费转为按绩效付费，从亲自操刀转为强化监管。这些成就已从市场经济和科学管理方面重塑了公务人员的价值体系和方法论，使经济政策更接地气，必将对政府运作产生广泛而深刻的影响，将推动国家治理现代化改革不断前行。

第二，PPP 成为提供公共产品和服务的高质量发展方式。高质量发展要求以供给侧结构性改革为主线，推进发展模式从高速增长转为高质量发展。在供给侧，PPP 以市场化为导向，通过建立全国统一的开放市场，引入社会资本和金融机构等市场化力量的竞争，打破了原有的行政垄断壁垒，扩大基础设施和公共服务的有效供给。在需求侧，PPP 充分发挥市场在配置资源中的决定性作用，抑制地方政府盲目投资冲动，通过市场选择倒逼地方政府提升项目决策论证质量以及公共产品的建设和运营质量，有效控制成本。与此同时，PPP 充分利用我国国有企业为主体的优势，充分利用国企对地方政府的包容性，引入社会资本的市场化、专业化和规模化，从整体上提升了基础设施领域的市场竞争程度，促进了市场主体的技术研发水平和综合管理水平，提高了政府基础设施及公共服务供给质量，更好满足广大人民群众的需要，促进经济社会持续健康发展。

第三，PPP 成为国有企业转型升级的动力源泉。党的十九届四中全会审议通过《中共中央关于坚持和完善中共特色社会主义制度、推进国家治理体系和治理能力现代化若干重大问题的决定》，决议提出要毫不动摇地巩固和发展公有制经济，具体包括："探索公有制多种实现形式，推进国有经济布局优化和结构调整，发展混合所有制经济，增强国有经济竞争力、创新力、控制力、影响力、抗风险能力，做强做优做大国有资本。深化国有企业改革，完善中国特色现代企业制度。" PPP 为国有企业的上述改革方向提供了全面的实现路径。对于地方国企而言，面对 PPP 提供的转型机会，要么转型承担政府出资人代表的职能，要么主动出击，彻底转型为市场化国企，在广阔的 PPP 市场之中扎根立足。无论走哪条路线，都是从根本上理顺了地方政府与本级平台公司和当地国有企业的关系。对于央企而言，PPP 为央企打开了进入地方基础设施投资、建设、运营的大门。PPP 为央企基于全国市场实现规模化、全产业链化乃至国际化的战略转型提供了肥沃的土壤，并为后基础设施时代央企的长期可持续发展创造了条件。假以时日，中国将培育出一大批世界级的基础设施企业。此外，PPP 还为探索国企的混合所有制改革开辟了一条路径。在 PPP 实践中，联合体参与 PPP 项目竞争是常态，而多数联合体都是由不同所有制企业所组成，因此，PPP 项目公司很多都是混合所有制企业，这种混改的模式有效实现了各方的强强联手、优势互补，具有顽强的生命力。

第四，PPP 成为金融业以市场化的方式服务基础设施投融资的助力器。长期以来，政府信用是金融机构判断基础设施项目风险的决定性条件，造成了我国金融市场主体信用与项目信用间的不平衡发展，金融机构既没培养出判断项目风险的能力，也没建立起了解项目真实信息的途径。这种金融体制尽管在某个阶段曾发挥过一定的作用，但这种扭曲的关系和积累的债务已经成为政府和金融机构共同的系统性风险隐患，严重影响我国经济长期健康发展。PPP 在切断政府违规担保的同时，建立起项目信息公开平台，为金融机构收集项目信息创造条件。PPP 较其他经济政策工具在信息公开层面已大幅提升，项目信息全面覆盖项目的全生命周期，公开及时、真实全面。PPP 鼓励项目融资，这迫使金融机构必须管控风险，加强自身能力建设，不再依赖政府信用进行决策，而是有效整合项目信息判断项目盈利能力及还款能力，主动识别、管理项目风险，实现从政府信用到项目信用的转变，真正通过市场机制强化金融业风控，减少系统性金融风险发生的可能性。只有如此，中国的金融企业才有能力参与激烈的国际竞争，中国才能出现不仅大而且强的世界级金融机构。

第五，PPP 成为提高政府专项债券使用效率的好帮手。目前，PPP 与地方政府债包括专项债是地方政府基础设施投融资仅存的合规方式。与 PPP 的项目决策机制受制于社会资本和金融机构不同，专项债的决策，只有政府自己，很难形成约束机制。PPP 在过去 6 年间积累的丰富经验能够为专项债改革提供强有力的支撑。一是 PPP 的管理方式具有借鉴意义。PPP 建立起一套完善的项目监管体系，包括对项目前期工作的重视、对项目执行过程的标准化流程管理、按效付费的绩效管理制度以及全生命周期的信息公开等，专项债制度建设过程中可以借鉴。二是 PPP 和专项债可以实现有效的结合。目前，专项债发行主要依靠省级财政信用担保以及借新还旧的制度托底，债券投资人罕有关注项目现金流预测的真实性和准确性，这使得专项债在实操中出现“一般债化”的问题，极易形成新的隐形债务。PPP 对接真实的市场主体，一旦专项债和 PPP 结合，将专项债资金用于 PPP 项目的政府方出资或通过政府转贷的方式用于 PPP 项目的融资，那么专项债对项目现金流的预测就必须得到社会资本、项目融资方的共同认可，否则专项债部分的测算失误就会危及整个项目的运转。这能倒逼专项债资金的使用更加合规、高效。三是 PPP 已经为政府投融资领域培养了一大批人才，包括政府公务人员、社会资本、金融机构和中介机构，这些机构经历过了政策的调整，经受住了市场化波动的震荡，当他们为专项债业务提供服务的时候，会更敬畏市场并具有长远的目光。

第六，PPP 成为相关行业全面提升专业能力的带动者。PPP 的成功离不开诸多专业领域咨询机构的协同发展，也离不开各种分包公司的积极参与。PPP 项目的全生命周期涉及诸多咨询服务机构，从前期的规划顾问、工程技术咨询顾问、财务顾问、造价顾问、法律顾问、采购代理机构到后期的监理单位、审计机构、合同管理顾问、绩效管理顾问等。PPP 监管的高标准、透明化也将对相关第三方机构的专业能力和服务质量提出更高的要求，推动他们提升专业水平，改进服务质量。只有能帮助政府和社会资本实现其参与 PPP 愿景的第三方机构才能生存和发展，才是市场上真正需要的第三方机构。这样的专业咨询机构将与 PPP 形成良性互动关系，实现共生共发展（见图 3 -6）。

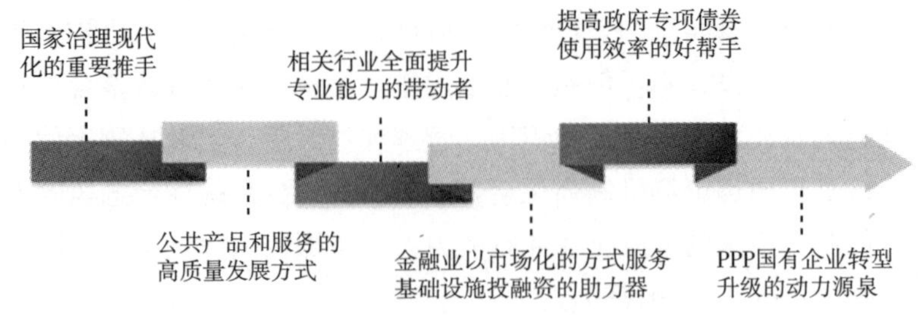

图 3-6 中国式 PPP 的愿景

四、PPP 的完善与优化建议

为达成 PPP 愿景，充分发挥 PPP 优势，需要正确认识 PPP、真正理解 PPP，按照 PPP 的逻辑去执行 PPP 项目。结合当下中国 PPP 实践，我们认为，PPP 的实施还应当从以下四个方面去完善。

一是加强国有企业监管。一旦国有企业通过 PPP 形成区域垄断或者行业垄断，将可能滥用垄断地位扰乱市场正常秩序，破坏合同规则，提高市场定价，排挤民营企业，造成政府成本上升，有效投资不足，经济发展疲软。因此，在促进我国国有企业做大做强的同时，有必要进一步强化公平竞争的选择机制，加强对服务质量、服务普惠性和服务价格的监管，完善项目合同格式条款，加强项目信息公开，并落实反垄断监督职责，力求为 PPP 创建一个稳定、公平、透明、开放的营商环境。

二是实现市场充分竞争。众多 PPP 项目实践证明，只有竞争才能带来效率。而市场上出现的一些高成本的 PPP 项目根源就在于缺乏竞争。对于政府来说，应当消除地方保护，给予国有企业、民营企业、外资企业同台竞争的空间，结合项目需求，合理选择政府采购方式，综合考虑企业专业资质、技术能力、管理经验和财务实力等因素合理设置社会资本的资格条件及评审因素，通过市场竞争实现 PPP 的初衷。

三是保持政策弹性和稳定性，因地制宜。目前我国仍采用 10% 的财政承受能力作为统一红线，其初衷在于防范财政支出风险，但 10% 的上限是否能使各地区财政支出风险与 PPP 投资增长间的平衡达到最优值得商榷。另外，通过刚性的资本金比例来约束 PPP 的规模，效果也并不理想。总体来说，我们认为 PPP 政策的制定应尽量避免“一刀切”式的粗放行政管理，要赋予政策执行的弹性，给予 PPP 参与者因地制宜优化的空间，发挥市场的机制和作用；政策制定者要保证政策的稳定性，并明确建立“法不溯及既往”的政策执行原则，以维护合理的市场预期；同时，政策的执行者也应当灵活理解政策条文，始终把握好政策执行力度，以政策目的为导向指导项目实践。

四是要加快价格和收费制度改革。PPP 项目多为公益性项目，具有效益外溢的特征，将一部分外部效益内置化是改革的必然方向，否则 PPP 将陷入不可持续的困境。目前，价格机制是扼住 PPP 项目成败乃至行业发展潜力的关键因素。对于 PPP 项目，如果项目的建设运营成本没有直接体现在使用者的付费上，必然将体现在一般性的税收上，个别使用者的成本就会被一般公众来分担。我们建议，应按照社会资本方盈利而不暴利的原则积极而稳妥地推动公用事业和公共服务的价格机制改革，向社会资本释放明确的市场预期，调动社会资本参与公用事业的积极性，提高 PPP 模式的可持续性。唯有如此，原本没有收益的项目才能转变为对社会资本和金融机构有吸引力的项目，PPP 才能实现真正的项目融资，股权投资者将不请自来，繁荣的资产证券化市场也将指日可待。与此同时，随着价格改革到位，政府有限的财力可以向不能收费的项目和弱势群体倾斜，这样既可以推动社会进步和经济发展，提高全民生活质量，又能兼顾弱势群体的承受能力，实现全社会的共同进步。

PPP 愿景：在“公平＋效率＋活力”中克难而进[①]

PPP 在中国兴起于 20 世纪 80 年代中期，到目前已经历了五个发展阶段。自最初的探索、试点到 2003 年建设部大力推广，PPP 迎来首个上升期，并呈现出明显的市场经济业态；2008 年国际金融危机发生，对 PPP 造成了极大冲击；PPP 再一次迎来高潮出现在党的十八大以后，2014 年以来，中央政府以化解地方债务风险、解决新型城镇化建设融资问题、推动财政体制和投融资体制改革以及推进国家治理现代化为主旨来推动 PPP，PPP 进入全面普及的第五阶段。

2018 年，伴随着《关于规范政府和社会资本合作（PPP）综合信息平台项目库管理的通知》《关于加强中央企业 PPP 业务风险管控的通知》《中国人民银行关于规范金融机构资产管理业务的指导意见》对 PPP 项目入库、投资、融资端的全面收紧，PPP 再次遇冷。2018 年下半年，PPP 又得到了相关政府部门的政策支持，但有关各方不积极推进，使得 PPP 面临生存危机。

在当前形势下，必须清醒地认识到，PPP 不是一个毫无瑕疵的最优政策，但几十年的实践证明，相比其他政策而言，它是负面作用最小的。因此，深刻认识中国式 PPP 的愿景与使命，并坚定不移走中国式 PPP 发展道路是我国经济高质量发展的必然选择。

一、PPP 模式有四大优势

在笔者看来，PPP 模式有助于创新公共服务供给方式，降低政府财政压力，提高基础设施及公共服务的供给能力与供给质量。

---

① 金永祥，宋雅琴．PPP 愿景：在“公平＋效率＋活力”中克难而进［EB/OL］．中国经济导报－中国发展网，2020－01－01，道 PPP，2020－01－02，PPP 头条，2020－01－03．

一是通过 PPP 抑制政府盲目投资冲动，提高政府科学决策水平。相比其他政府投资工具，PPP 因落地慢、落地难一直饱受诟病。但在重大基础设施投资决策环节，这种“慢”的背后，是在项目没有政府信用担保的情况下，社会资本和金融机构对项目必要性、合理性、可行性进行了层层论证和审核，这恰好说明 PPP 能够利用市场机制将社会资本和金融机构引入决策机制中，从而有效抑制地方政府非理性的投资冲动，过滤掉大量非理性决策的形象工程，减少了政府决策失误的可能性，有效防范财政支出风险。

二是引入社会资本的资源，有效扩大公共产品的供给数量，形成新的供给方式。适度超前的公共基础设施对经济、社会和民生的保障作用是显著的。一方面，PPP 模式能够有效引入央企和国企以及与之相配套的金融机构的资源，弥补当期预算资金的不足，形成新的基础设施和公共服务的供给方式；另一方面，通过财政承受能力论证可有效控制 PPP 的投资规模，使其不会超越政府未来的财政支付能力，避免了政府债务风险累积。

三是充分调动市场主体的市场化、专业化、规模化优势，提高基础设施及公共服务的供给质量与供给效率。依靠市场化的竞争机制，PPP 有助于打破地方行政性市场垄断，有助于消除政府与企业合作过程中在服务定价和风险分担方面的信息不对称，充分挖掘市场主体的潜力，争取更有利于政府的合作条件；依靠合作方的专业化优势，充分调动社会资本创新能力，开发项目的新型经营模式，实现资源优化配置与项目效益的最大化利用；利用央企和跨区域国企的规模化优势，可及时共享行业发展信息并实现技术进步，有效降低单个项目的建设运营成本。

四是充分发挥政府优势，转变政府职能，提升政府治理能力现代化。在 PPP 模式下，政府与市场的边界进一步明晰，政府不再是项目投融资—建设—运营的直接负责单位，而是重归公共利益的代表者和监管者角色，将更多的精力放在项目决策、投资人选择、合同管理、绩效考核、项目监管之上，政府自身的治理能力也将相应得到提高。依靠契约这一工具，政府将有能力整合各类资源，有效保证当地基础设施及公共服务的高质量供给，有机结合政府宏观调控与市场调节的双重效能，打造现代化行政管理模式，管出公平、管出效率、管出活力。

二、PPP 模式的契约精神将得到传承

PPP 经过多年推广，适用范围从传统的市政公用、交通、环保等领域全面扩展到农林、教育、文体、城市综合开发、旅游、能源等领域，累计投资额达到 13.6 万亿元左右。PPP 的应用范围之广、规模之大，意味着我国政府和社会资本合作发生了从量到质的变化，不再仅仅是进入中国时的一种项目层面的融资工具，近年来已经上升到国家的宏观经济政策，未来 PPP 仍将继续前行，并且在前行的过程中逐渐巩固国家治理理念。

将来，政府的各项事业无论是否以“PPP”的面貌呈现，经过近几年 PPP 训练的各种专业人才包括公务员都将把 PPP 蕴含的运作方式、监管体系、契约精神贯彻和传承下去，PPP 模式对我国国家治理体系、治理结构、治理能力与治理方式将带来深远的影响。

第一，PPP 成为实现国家治理现代化的重要推手。PPP 自进入中国后到 2013 年这一阶段是一种投融资模式，2014 年以来的大规模发展使 PPP 上升为经济政策，未来其将进一步变成国家治理理念，并将全面深刻地影响我国的投资体制、预算管理体制、采购管理体制以及行业监管体制。

第二，PPP 成为提供公共产品和服务的高质量发展方式。在供给侧，PPP 以市场化为导向，通过建立全国统一的开放市场，引入社会资本和金融机构等市场化力量的竞争，打破了原有的行政垄断壁垒，扩大基础设施和公共服务的有效供给。在需求侧，PPP 充分发挥市场在配置资源中的决定性作用，抑制地方政府盲目投资冲动，通过市场选择倒逼地方政府提升项目决策论证质量以及公共产品的建设和运营质量，有效控制成本。

第三，PPP 成为国有企业转型升级的动力源泉。PPP 为央企基于全国市场实现规模化、全产业链化乃至国际化的战略转型提供了优质的土壤，并为后基础设施时代央企的长期可持续发展创造了条件。

第四，PPP 成为金融业以市场化方式服务基础设施投融资的助力器。PPP 鼓励项目融资，这迫使金融机构必须管控风险，加强自身能力建设，不再依赖政府信用进行决策，而是有效整合项目信息判断项目盈利能力及还款能力，主动识别和管理项目风险，实现从政府信用到项目信用的转变，真正通过市场机制强化金融业风控，减少系统性金融风险发生的可能性。

第五，PPP 成为提高政府专项债券使用效率的好帮手。目前，PPP 与地方政府债券包括专项债是地方政府基础设施投融资仅存的合规方式。PPP 和专项债可以实现有效结合，PPP 对接真实的市场主体，一旦专项债和 PPP 结合，将专项债资金用于 PPP 项目的政府方出资或通过政府转贷的方式用于 PPP 项目的融资，那么专项债对项目现金流的预测就必须得到社会资本、项目融资方的共同认可，这能倒逼专项债资金的使用更加合规、高效。

第六，PPP 成为相关行业全面提升专业能力的带动者。PPP 项目的全生命周期涉及诸多咨询服务机构，从前期的规划顾问、工程技术咨询顾问、财务顾问、造价顾问、法律顾问、采购代理机构到后期的监理单位、审计机构、合同管理顾问、绩效管理顾问等，PPP 监管的高标准、透明化也将对相关第三方机构的专业能力和服务质量提出更高的要求。

三、对 PPP 完善与优化的建议

为达成 PPP 愿景，充分发挥 PPP 优势，需要正确认识 PPP、真正理解 PPP，按照 PPP 的逻辑去执行 PPP 项目。笔者认为，结合当下中国 PPP 实践，PPP 的实施还应当从以下四个方面去加以完善。

一是加强国有企业监管。国有企业相较于民营企业而言，在地方政府面前更容易得到偏爱，更享有议价权。因此，在促进我国国有企业做大做强的同时，有必要进一步强化公平竞争的选择机制，加强对服务质量、服务普惠性和服务价格的监管，完善项目合同格式条款，加强项目信息公开，并落实反垄断监督职责，力求为 PPP 创建一个稳定、公平、透明、开放的营商环境。

二是实现市场充分竞争。众多 PPP 项目实践证明，只有竞争才能带来效率。对于政府来说，应当消除地方保护，给予国有企业、民营企业、外资企业同台竞争的空间，综合考虑企业专业资质、技术能力、管理经验和财务实力等因素合理设置社会资本的资格条件及评审因素，通过市场竞争实现 PPP 的初衷。

三是因地制宜保持政策弹性和稳定性。目前我国仍采用 10% 的财政承受能力作为统一红线，其初衷在于防范财政支出风险，但 10% 的上限是否能使各地区财政支出风险与 PPP 投资增长间的平衡达到最优值得商榷。总体来说，PPP 政策的制定应尽量避免“一刀切”式的粗放行政管理，要赋予政策执行的弹性，给予 PPP 参与者因地制宜优化的空间，发挥市场的机制和作用；政策制定者要保证政策的稳定性，并明确建立“法不溯及既往”的政策执行原则，以维护合理的市场预期；政策的执行者也应当灵活理解政策条文，始终把握好政策执行力度，以政策目的为导向指导项目实践。

四是要加快价格和收费制度改革。PPP 项目多为公益性项目，具有效益外溢的特征，将一部分外部效益内置化是改革的必然方向，否则 PPP 将陷入不可持续的困境。目前，价格机制是扼住 PPP 项目成败乃至行业发展潜力的关键因素。笔者建议，应按照“社会资本方盈利而不暴利”的原则积极而稳妥地推动公用事业和公共服务的价格机制改革，向社会资本释放明确的市场预期，调动社会资本参与公用事业的积极性，提高 PPP 模式的可持续性。唯有如此，原本没有收益的项目才能转变为对社会资本和金融机构有吸引力的项目，PPP 才能实现真正的项目融资。

四论 PPP：新建项目 PPP 运作流程优化探讨

PPP 项目的运作流程合理与否，在很大程度上决定了项目各方的权责能否理顺，对 PPP 的规范运作具有重要意义。在新建项目 PPP 的运作过程中，按照国家有关部委的规定，可研的审批通过为实施方案编制和审核的前置条件，且实施方案、招投标文件、合同的主要内容应与经批准的可研报告保持一致，否则需要报请审批机关重新履行项目审批程序。这种安排会导致 PPP 项目在执行过程中面临一系列难以解决的问题。因而需要探究 PPP 的流程完善和优化，为 PPP 立法提供理论和实践经验支撑，促进 PPP 的健康发展。考虑到目前 PPP 项目涵盖行业广泛、项目类型多样，本文仅针对项目产出明确的新建项目 PPP 运作流程进行探讨，对于产出不明确的、需要政府强化过程监管的项目，改扩建项目以及 TOT 项目的运作流程，应另行讨论。

一、目前 PPP 项目的运作流程

目前根据《关于印发政府和社会资本合作模式操作指南》《关于组织开展第三批政府和社会资本合作示范项目申报筛选工作的通知》《政府和社会资本合作项目财政管理暂行办法》《关于推进政府和社会资本合作规范发展的实施意见》，PPP 的运作流程如图 4－1 所示。

根据《传统基础设施领域实施政府和社会资本合作项目工作导则》《关于依法依规加强 PPP 项目投资和建设管理的通知》，PPP 的运作流程如图 4－2 所示。

图 4－1 和图 4－2 分别展示了目前根据财政部和国家发改委的要求运作 PPP 项目的流程。尽管两者在具体细节上有所不同，但均要求以批复的可研作为实施方案编制和批复的依据（如图中加粗字样所示），这种 PPP 项目运作流程安排给实践带来一些困惑。

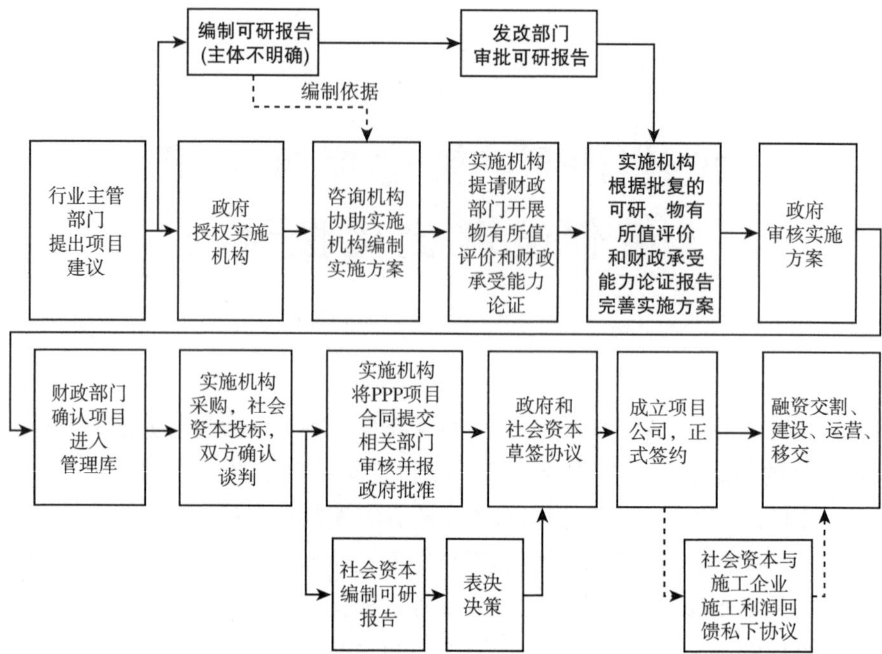

图 4－1 目前财政部规定的 PPP 项目运作程序

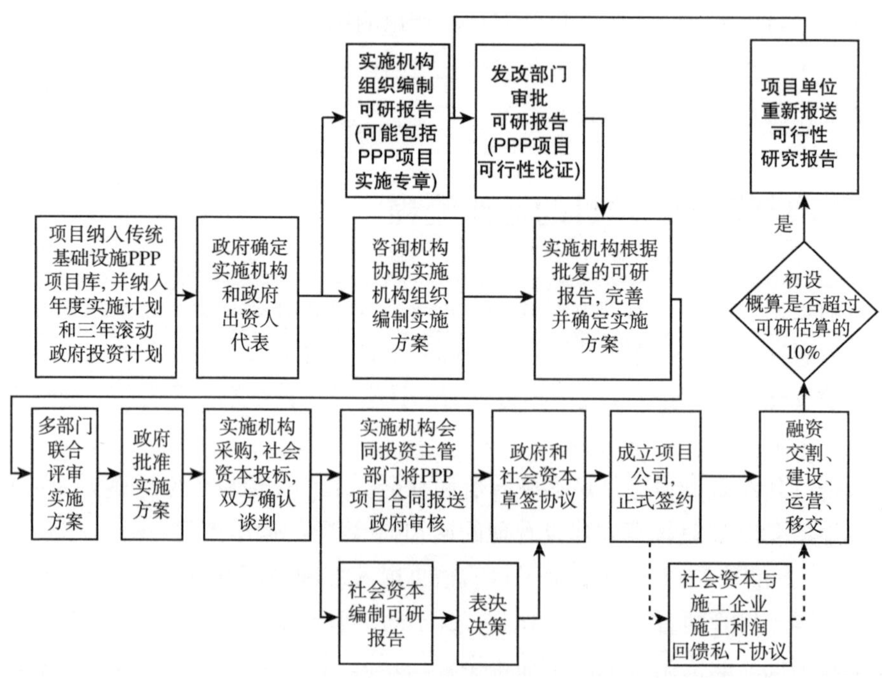

图 4－2 目前发改委规定的 PPP 项目运作程序

一是关于 PPP 项目可研编制主体的困惑。可研制度的初衷是由项目投资人对项目的可行性进行全面的评估。在 PPP 项目中，最终的投资人是社会资本，而不是政府。由政府行业主管部门或实施机构作为可研的编制主体，在社会资本选定之前即批复可研报告，与可研的初衷不一致。PPP 项目不仅对政府方应该是可行的，更应该对项目业主（社会资本）是可行的。如果可研报告不是由投资人编写、由投资管理部门在选定投资人之后批复，那么可研在逻辑上便没有意义。

二是关于 PPP 项目可研批复时间的困惑。现行制度以可研批复作为实施方案审核以及入库的前提条件，而此时技术方案等可研要件尚未确定，要到社会资本投标的时候正式提出来才能最终确定。可见，在选定社会资本前，可研尚不具备编制完成的条件。目前，一些地方政府往往以项目能顺利入库为目标，将可研形式化，为了满足入库标准而草率批复可研，可研从过去的“可批性报告”进一步变成了“可入库性报告”。

三是关于 PPP 项目可研的功能的困惑。可研的一个重要功能是进行投资控制，而在现行制度下，由政府方在前期编制报批可研，很容易在投资控制的问题上出现纠纷。根据现有的政府投资管理规定，初步设计概算超过可研估算的 10%，可研即需要重新批复。实践中，经常会出现两种极端情况。一方面，为了避免后期因投资规模调整重新批复可研，可研编制单位在前期倾向于做大工程造价，导致可研阶段投资虚高，在选择社会资本采购阶段投资难以控制，严重影响了 PPP 的实施效果。另一方面，一旦前期可研对投资额估算偏低，后期则会出现项目后续执行中要重新对可研进行批复，造成“拉抽屉”的问题，引发政府和社会资本对设计变更、投资变更风险产生争议。这种情况下，社会资本将面临两难境地：如果在可研没有重新调整完毕的情况下继续施工，面临合规性风险；如果停工，则各方均无法承担停工的损失。

四是关于可研与 PPP 项目中社会资本创新性之间关系的困惑。目前，可研批复的刚性限制了采购过程中社会资本提出创新方案，不符合 PPP 的基本原则。例如，某项目的社会资本在投标时完全修改了政府可研中的技术方案，通过优化项目选址，将水厂地点从河的上游改到下游，将上游的好地块卖了好价钱，也利用重力流节省能源消耗。北京第十水厂项目中，外国投资人在投标时将水池的方案从平面改为主体叠加，省了 200 多亩地，大大降低了投资和水价。可见，社会资本在招标过程中提出的技术方案对 PPP 的效果影响很大，而可研对技术方案的过早批复会限制社会资本的创新空间。

此外，图 4－1 和图 4－2 中的关于施工利润输送的虚线部分尽管并非官方文件中的项目运作程序，但属于目前 PPP 运作过程中存在的实际问题。由于政府方和社会资本方对项目的必要性、技术可行性和经济可行性会有不同的论证和评估标准。现行 PPP 实践中，社会资本都有一本真实的可研报告，对资本金的回报率要求要远远高于政府所了解的水平，出现了“两张皮”，用施工利润私下回馈项目公司的现象普遍存在，出现了“阴阳合同”，最终导致项目扭曲，项目运营得不到重视。

二、2013 年以前新建项目 PPP 的运作流程

在本轮 PPP 大潮之前，早期的 PPP 项目已经非常重视项目的前期工作和整体运作流程。当时国家层面并没有出台详细的规定，实务中大岳咨询协助地方政府从推动 PPP 项目顺利落地、顺利运营的角度，基本形成了一套流程，项目的前期运作流程如图 4－3 所示。

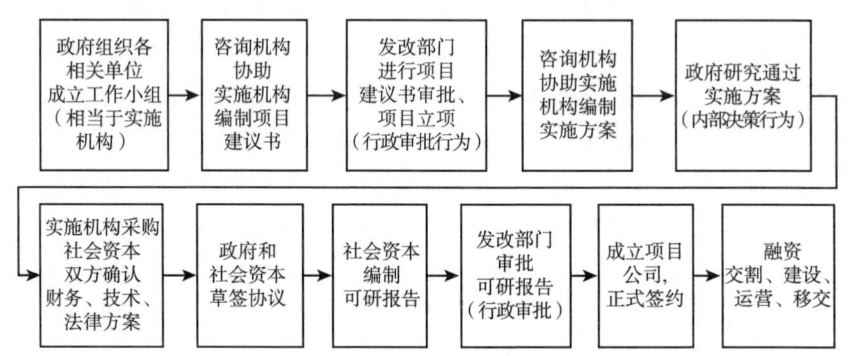

图 4－3　2013 年前 PPP 项目运作的流程

具体而言分为以下四步。

第一步，项目首先要完成立项批复，立项阶段文件是项目建议书还是预可研报告，其深度由政府方自行把握。发改部门对立项的批复是一种行政审批。

第二步，政府聘请咨询公司编制 PPP 实施方案，并提交政府办公会进行决策。实施方案是政府如何推进 PPP 项目的工作，相应地，政府研究通过 PPP 实施方案的行为属于政府的内部决策行为，由实施机构代表政府运作政府的项目。

第三步，项目进入采购程序。政府方向社会资本方提供跟项目有关的、政府所掌握的所有资料，包括政府编制的预可研报告。社会资本根据采购文件中政府的要求和参考资料，提交技术方案、财务方案和法律方案、可行性研究报告和投标保函，并最终与政府达成一致。随后，政府和社会资本完成草签。

第四步，由社会资本根据采购文件、投标文件和草签协议的核心内容，编制正式的可行性研究报告，并在实施机构的协助下提请发改部门审批。发改部门审批可研的行为属于行政审批行为。可研获批后，社会资本组建项目公司，之后政府与项目公司正式签约，项目完成融资交割，进入建设和运营环节。

上述运作流程实现了当时的政府投资项目管理体制与 PPP 项目运作需要的有机结合。编制可研报告的目的是要为项目的投资人和政府决策提供依据，政府初期编制预可研报告仅仅是作为项目的起点，需要经过政府和社会资本方的充分博弈和论证，才能够最终定下编写可研需要的技术方案等内容。需要注意的是，当时物有所值评价和财政承受能力论证尚没有提出明确的要求，因此项目决策过程中进行物有所值判断主要以定性判断为主，没有进行财政承受能力的相关论证。

三、英国 PPP 项目的操作流程

英国 PPP 项目一般采用竞争性磋商的方式选择社会资本。英国政府在进行 PPP 项目决策的过程中，不涉及可行性研究报告的行政审批问题，政府和社会资本会根据自身决策需要编制项目报告，政府方编制的叫作商务报告，社会资本方编制的多数叫作可研报告，商务报告大致相当于中国的两评一案以及政府方编制的预可研报告。地方政府要在项目的不同阶段完成《战略大纲》（Strategic Outline Case，SOC）、《商务报告概要》（Outline Business Case，OBC）《完整商务报告》（Full Business Case，FBC）三个阶段性文件，每个阶段的文件都要从战略、经济、财务、管理、商业五个维度对项目进行论证。选定社会资本后，政府根据项目成果形成 FBC，并最终报中央政府进行审批。社会资本方在正式与政府签约前要编写可研报告，并进行内部决策，不同社会资本内部决策略有不同。无论是政府方还是社会资本方都是在采购结束后完成最终报告的。

在英国，PPP 项目运作流程如图 4 -4 所示。

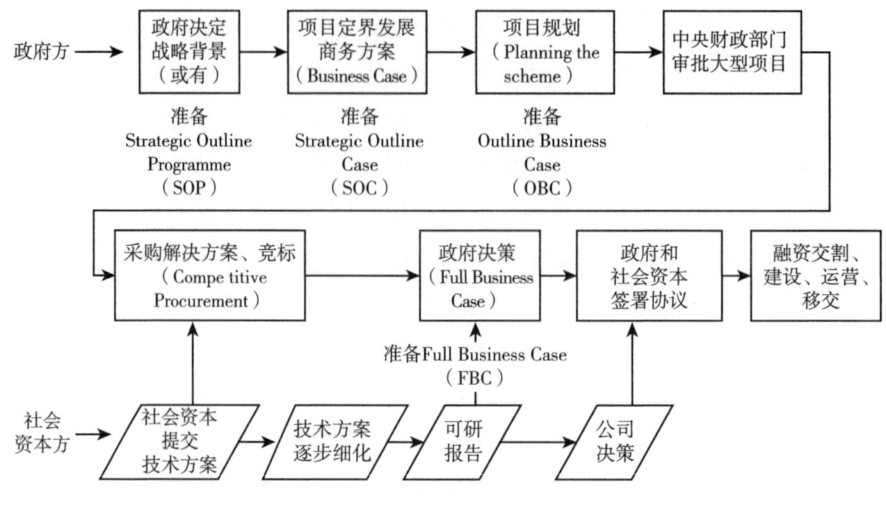

图 4－4 英国 PPP 项目决策流程

四、PPP 项目运作流程的优化建议

针对现有 PPP 项目运作过程中出现的问题，需要参考 2013 年前的流程和国际 PPP 的理论与实践，结合过去 5 年实践将财政部门规定的流程与发改部门规定的流程合二为一，对现有的 PPP 项目运作流程进行优化和完善，从而实现政府投资项目管理体制与 PPP 项目需要的有机结合。

可研和实施方案的功能、审批主体均不一样，不能相互替代。可研报告是政府和投资主体进行投资决策的依据，在 PPP 项目中，决定了项目本身的必要性和可行性，对双方都是干与不干的问题。可研的审批属于政府发改部门对固定资产投资项目进行整体统筹和控制的行为，本质上是政府对投资项目的行政审批。实施方案是 PPP 项目实施机构具体实施 PPP 项目的工作方案，主要解决操作问题，要定下来 PPP 项目的操作流程和条件。实施方案的审核主体是地方政府，本质是政府内部决策行为，实施机构是代表政府操作政府的项目。

优化新建项目 PPP 的运作流程应从优化项目库开始。有关政府部门应完善项目库的管理规则，建立两部委的项目库相互认证、信息共享的机制，减少地方项目反复入库带来的商业成本和管理成本，并随着项目的推进及时更新库内项目的信息。规划中的项目都可以进入项目储备库，政府在储备库中选择一部分项目制定 PPP 年度计划，实施机构从年度计划中选择一个项目按照图 4－5 所示程序进行操作。项目完成立项审批后，可转入管理库，随着项目推进，采购文件、合同文件、执行记录等都将录入项目管理库。

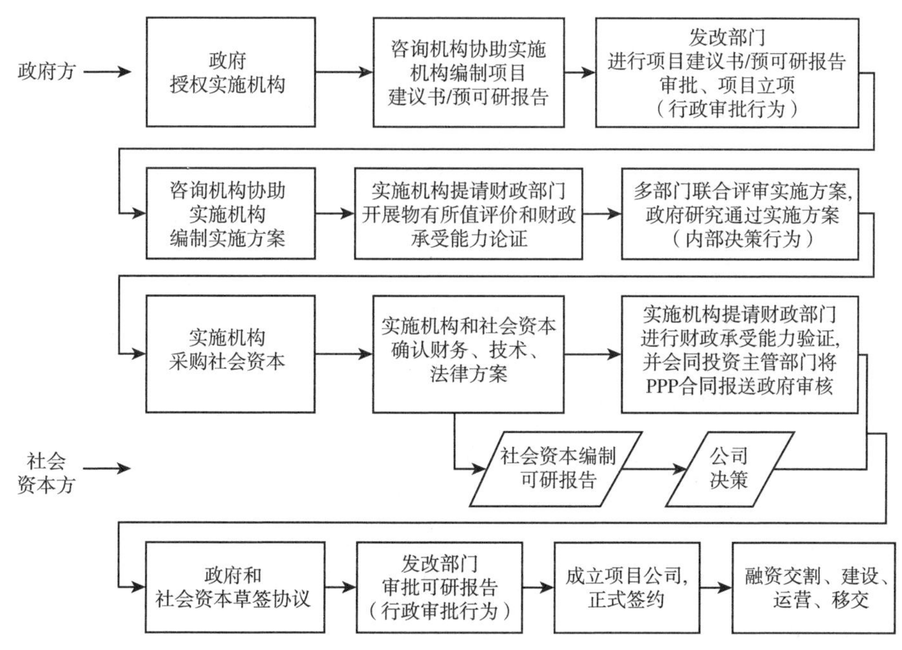

图 4－5　优化之后的 PPP 项目运作流程（建议）

上述流程有以下一些考虑。

一是分立项和可研两个阶段对项目进行审批。在立项阶段，政府实施机构编制项目建议书或预可研报告，将社会资本投标时最为关心的事项定下来，包括项目整体规划、政府对项目产出的整体要求等。立项阶段的工作成果作为后续实施方案和两评的依据，也作为社会资本编制投标文件的参考资料。在采购社会资本的阶段，给予社会资本对项目建设方案充分的创新、补充、优化的空间，并最终形成具有可研报告深度的建设方案。政府和社会资本合作论证和评估项目的必要性、技术可行性和经济可行性，体现了 PPP 项目政府和社会资本合作的本质。

二是由社会资本或实施机构代社会资本在采购结束之后编制可研报告并提交发改部门审批。在社会资本选择过程中，社会资本和政府之间的博弈过程起到了优化项目建设方案、运营方案、融资方案的作用，因此，可研编制和批复的时间点应在选定社会资本之后。同时，由社会资本方根据双方在采购和确认谈判中确定的项目建设方案、投资额编制可研报告，可以大幅减少由于可研内容深度不够导致的项目建设内容变更以及相应的投资变更，避免了实践中可研的重复报批。根据现行投资管理政策的相关规定，如果 PPP 采用核准的形式，那么核准的时间点也应该在社会资本选定之后。由此，无论 PPP 采用审批制还是核准制，在投资管控节点上都统一到社会资本选定之后。

三是在社会资本采购完成之后对财政承受能力进行验证。前期实施机构以发改部门批复的项目建议书或预可行性研究报告为基础编制两评一案，选定社会资本后，实施机构应根据采购结果对财政承受能力进行验证，并将验证结果与项目协议一道提交政府进行最后决策。

四是改进可研的审批制度。PPP 项目不同于一般基建项目，前期工作非常扎实，已经经过了政府主体和市场主体之间的充分博弈，在这一过程中发改部门一般会深度参与。此外，由于 PPP 项目的投资主体——社会资本或社会资本控股的项目公司，本质上是企业，因而政府对企业投资行为的行政管理可以不采取审批制，而是根据项目的属性采用核准或备案制。

五是取消物有所值的定量评价。目前，我国 PPP 项目的前期工作要对物有所值进行定性和定量评价。实践中，定量评价基本都是流于形式的。我国公共部门投资的真实成本并没有可靠的统计数据加以支持，尤其是公共部门所承担的项目风险很大程度上并没有反映在项目成本层面。2019 年英国取消了 PPP 项目定量物有所值，实践中我国 PPP 项目定量物有所值的作用非常有限，建议弱化或取消，将定性物有所值并入实施方案。

五、结语

PPP 的操作流程是制定 PPP 政策法规的基础性问题，合理的流程是提升 PPP 效果的基本保证。发达国家的 PPP 流程和相关法规都是在实践中不断总结经验教训逐步完善的。本文以部分业内人员的经验分享为基础，经过大岳基础设施研究院的研究后形成，难免会有偏颇之处。希望我们的尝试能够起到抛砖引玉的作用，进而引起有关部门对流程研究的重视及对我们这些初步成果的进一步研讨，修订完善现行法规政策，提高未来 PPP 立法的质量，为 PPP 从融资模式上升到经济政策后过渡到国家治理理念起到支撑作用。

第三期 PPP 政策沙龙会议纪要

——新建项目 PPP 运作流程优化专题

时间：2019 年 8 月 23 日星期五下午 2：00

地点：北京大岳咨询有限责任公司金融街会议室

主题：PPP 项目运作流程专题研讨

主持人：金永祥　北京大岳咨询有限责任公司董事长

与会嘉宾：

刘宝军　财政部金融司副处长

李泽正　国家发展改革委投资研究所 PPP 中心副主任

夏颖哲　财政部 PPP 中心处长

李开孟　中国国际工程咨询有限公司研究中心主任

翁燕珍　交通运输部科学研究院财政金融研究室主任

宋　嘉　交通运输部科学研究院

宋义武　江苏省财政厅原副厅长

刘　斌　陕西省发改委投资处副处长

陈渤海　天津市财政局债务处副处长

陈相相　北京市发改委投资处

金　浩　中建投资基金管理有限公司副总经理

李茂年　华夏幸福基业股份有限公司副总裁

王　沛　中交投资基金管理有限公司投资总监

刘　震　北控水务集团有限公司北京业务区总经理

王　强　中冶集团投资部经理

曹　勐　中国建设银行基金业务负责人

张倩瑜　大岳研究院副院长（原伦敦大学学院教授）

王守清　清华大学教授

袁家楠　君合律师事务所合伙人
宋雅琴　大岳研究院副院长
马　莉　陕西金控大岳公司总经理
徐清宇　深圳前海建合投资管理公司常务副总经理

会议要点

一、现行新建项目 PPP 运作流程存在一系列问题

在新建 PPP 项目的运作过程中，无论按照国家发改委的规定还是财政部的规定，可研的审批通过均为实施方案编制和审核的前置条件，且实施方案、招投标文件、合同的主要内容应与经批准的可研报告保持一致，否则需要报请审批机关重新履行项目审批程序。实践中，这种安排导致 PPP 项目在执行环节出现了“可入库报告”等难以解决的问题。面对这一现状，需要探究 PPP 的流程完善和优化问题，促进 PPP 的健康发展。

根据《关于印发政府和社会资本合作模式操作指南》《关于组织开展第三批政府和社会资本合作示范项目申报筛选工作的通知》《政府和社会资本合作项目财政管理暂行办法》《关于推进政府和社会资本合作规范发展的实施意见》，目前财政部规定的 PPP 项目运作流程见本书《四论 PPP：新建项目 PPP 运作流程优化探讨》中图 4－1 所示。

根据《传统基础设施领域实施政府和社会资本合作项目工作导则》《关于依法依规加强 PPP 项目投资和建设管理的通知》，目前发改委规定的 PPP 项目运作程序图详见本书《四论 PPP：新建项目 PPP 运作流程优化探讨》中的图 4－2 所示。

两图分别展示了目前根据财政部和国家发改委的要求运作 PPP 项目的流程。尽管两者在具体细节在有所不同，但均要求以批复的可研作为实施方案编制和批复的依据。

金永祥提出，目前的新建 PPP 项目运作流程给实践带来了一些困惑。

一是由政府行业主管部门或实施机构作为可研的编制主体，在社会资本选定

之前即批复可研报告，与可研的初衷不一。项目不仅对政府方应该是可行的，更应该对项目业主（社会资本）是可行的，否则在逻辑上没有意义。

二是以可研作为实施方案编制以及入库的前提条件，而此时技术方案等可研要件尚未确定，要到社会资本投标的时候正式提出来技术方案才能确定最终的技术方案，才可能形成可行性报告，这关系到可研内容的问题。目前，一些地方政府往往以项目能顺利入库和顺利推进为目标，将可研彻底形式化，为了达到入库标准而草率批复可研，可研从过去的“可批性报告”进一步变为“可入库性报告”。对于这一点，李开孟持同样的观点，他认为，从项目执行逻辑层面，先审批完可行性研究报告再招选社会资本存在逻辑上的矛盾，在社会资本还没有出现的情况下，可行性报告是没法论证项目的可行性的。

三是根据现有的政府投资管理规定，初步设计概算超过可研估算的 10%，可研即需要重新批复。为了避免后期因投资规模调整重新批复可研，可研编制单位在前期倾向于做大工程造价，导致可研虚高，严重影响了 PPP 的实施效果。

四是可研批复的刚性限制了采购过程中社会资本提出创新方案，不符合 PPP 的基本原则，也使前后环节在逻辑上冲突。例如，云南某项目在社会资本投标时完全修改了政府可研中的技术方案，通过优化项目位置，将水厂从河的上游改到下游，将上游的好地块卖了好价钱，也利用重力流节省能源消耗。北京的第十水厂项目中，外国投资人在投标时将水池的方案从平面改为叠加，省了一两百亩地，大大降低了水价，可见社会资本在招标过程中提出的技术方案对 PPP 的效果影响很大。

此外，刘宝军认为，已批复的可研与项目实际建设情况存在较大偏差，导致项目后续执行中要重新对可研进行批复，造成“拉抽屉”的问题。王沛认为，可研不准确导致建设过程中要报发改部门重新调整可研，这一过程中社会资本面临两难境地，如果在可研没有重新调整完毕的情况下继续施工，面临合规性风险；如果停工，则各方均无法承担停工的损失。

二、PPP 项目应该由谁来编制可行性研究报告

目前，PPP 项目的可行性研究报告由政府实施机构编制，根据项目的性质由各级发改部门审批，社会资本一方没有参与到可研报告的编制过程中。

马莉认为，可行性研究的功能是在初步可行性研究的基础上对项目的必要性

和可行性进行详细分析和研究，其评估结论是项目决策者的决策依据，因此可行性研究报告的编制主体是项目法人或企业。宋雅琴认为，2004 年《国务院关于投资体制改革的决定》在“转变政府管理职能，确立企业的投资主体地位”一章中明确规定，“鼓励社会投资。放宽社会资本的投资领域，允许社会资本进入法律法规未禁入的基础设施、公用事业及其他行业和领域。逐步理顺公共产品价格，通过注入资本金、贷款贴息、税收优惠等措施，鼓励和引导社会资本以独资、合资、合作、联营、项目融资等方式，参与经营性的公益事业、基础设施项目建设。对于涉及国家垄断资源开发利用、需要统一规划布局的项目，政府在确定建设规划后，可向社会公开招标选定项目业主。”可见，根据国务院的改革初衷，PPP 项目属于企业投资领域，项目投资主体是企业一方，政府资本金的注入不影响 PPP 项目是企业投资的属性。因此，PPP 项目可行性研究报告的编制主体应为 SPV 公司（项目法人）或社会资本一方。

三、PPP 项目可行性研究报告的主要内容是在什么时间点确定下来的

可行性研究报告的基本要件主要有四项，分别是市场需求分析、建设方案比选、财务可行性分析、经济社会影响分析。这其中，随着政府投资改革的深化，经济社会影响分析部分正在逐渐弱化，因此，可行性研究报告的主要组成部分为市场需求分析、建设方案比选、财务可行性分析，其深度应达到内容齐全、数据准确、论据充分、结论明确的要求，以满足决策者定方案、定项目的需要。可行性研究重点要对四个方面的内容展开论证，如表 4 – 1 所示。

市场需求分析和建设方案比选是可研的基础模块，两者共同决定了财务可行性分析的结果。对于 PPP 项目而言，建设方案直接决定项目投资，市场需求分析则是对未来使用者付费的预测，两者的准确性将直接决定项目后续初步设计、施工图设计的准确性，以及地方政府财政付费预测的准确性。

金永祥认为，建设方案是在社会资本投标之后才形成的，尽管前期政府也会做可行性研究，但政府方很难作出好的可研报告。准确的、具有创新性的建设方案基本上都是投资人做出来的，因此，政府前期所做的可行性研究报告，可以作为参考资料给参与投标的社会资本，社会资本中标之后，PPP 项目可行性研究报告的建设方案才最终形成。某央企投资部门专业人士认为，政府方编制的可行性

研究报告在市场需求分析方面往往准确性也不够，典型的例子就是高速公路项目车流量的问题，政府往往为了项目能获批才设的车流量，有的西部地区高速公路项目预测 10 年之后车流量要到 4 万、5 万辆，这是不可能的，后续政府要用这个车流量要作为与社会资本谈判的基础，就会出现很大偏差。

表 4－1　　可行性研究的基本要件和基本标准

基本要件		要件内容	基本标准
项目必要性	市场需求分析	项目在满足社会需求方面的必要性，项目产品的供需状况和价格情况，政府投资的必要性	进行全面的项目建设必要性分析，进行全面的市场调查和竞争能力分析
项目可行性	建设方案比选	主要包括建设规模、工艺技术、场址选择等关键技术方案，工程招标的组织形式	重大技术方案应有两个以上方案的比选，主要工程技术数据应能满足项目初步设计的要求
	财务可行性分析	包括投资估算、融资方案、财务评价以及政府提供补贴的方式和数额	重大财务方案应有两个以上方案的比选，投资估算误差不应大于 10%，投融资方案能够满足金融机构信贷决策的需要
	经济社会影响分析	主要包括国民经济评价，经济和社会影响分析，资源、土地利用分析、风险分析等	对项目的经济效益和社会效益进行较系统的评价和测算。随着投资审批改革的进行，这方面会逐渐弱化

四、如何理解可行性研究报告、实施方案、物有所值评价和财政承受能力论证之间的关系

李开孟认为，实施方案、物有所值评价和财政承受能力论证并不应该是 PPP 项目特有的程序，所有的政府投资项目都应该做这些工作。而可行性研究工作与编可行研究报告是两个概念。可行性研究工作是广义的概念，凡是对项目可行性进行论证的，不管是各种各样的报告编写，甚至不编报告、就写一个 PPT，都可以叫作可研工作。可见，可行性研究工作是一个动态的过程，其客观规律是随着大家对问题的认识、随着信息的掌握，由浅入深逐步深化。可研优化的关键问题是在这个持续不断的过程中，政府的审批机关将关键的风险控制结点设在哪里。李开孟认为，没有社会资本方的参与，项目的可行性是无法论证的，但现行的

PPP 项目政府审批流程不宜变动，可以通过让社会资本方提前介入可研的编制工作这一变通的方法对流程加以优化。对于大岳提出的优化建议，李开孟整体表示认可，但他认为政府审批制度改革的方向是要弱化可研批复前的前置性审查条件（如环境影响评价、安全生产评估等），因而不宜将财政承受能力论证再设置为可研的前置条件。

刘宝军认为，PPP 项目前期工作关注的就是两件事：一是项目该不该立项，这个是相关的项目规划去解决的问题，包括总规、控规，还有行业规划，解决该地区在这个时点上这个项目是不是必须的和迫切的；二是有没有足够的财力上这个项目。因此，财政部门对项目的前期把关是非常重要的。这两个问题之外的其他问题应主要交由市场来解决。关于可研和实施方案的关系，刘宝军认为，首先，可研应该是实施方案的前提，前期方案至少要做到可研深度，才能去做实施方案；其次，可研和实施方案的偏重点不同，可研主要解决工程技术可行性和经济可行性，而实施方案主要解决商业上能不能可行，能不能吸引投资人，财政承受能力则主要解决政府财力能否支撑这个项目。

金永祥认为，可行性研究是一个动态的过程，从项目启动一直到选定社会资本，很多工作都是为可行性研究报告的编制做准备的研究过程，只有研究过程做得充分，最终形成的可行性研究报告才会达到相应的质量和深度，且最终可研报告的编制速度会很快。因此，整个所有前期立项审批、实施方案、财政承受能力、招投标文件都是为后期编可行性报告做准备。关于可研和实施方案之间的关系，金永祥认为两者的功能、审批主体均不一样，不能相互替代。可研报告是投资主体进行投资决策的依据，在 PPP 项目中，决定了项目的必要性和可行性；实施方案是 PPP 项目实施机构具体实施 PPP 项目的方案，是要定下来 PPP 项目的操作流程；实施方案的审核主体是 PPP 合同中的政府一方，因而实施方案审核的本质是政府一方的内部决策行为；可研的审批属于政府相关部门依职权对固定资产投资项目进行整体统筹和控制的行为，本质上是行政审批，可研的审批单位并不是 PPP 合同中的一方。

宋义武认为，从实践情况来看，物有所值评价没有起到应有的作用。考虑到目前地方政府因 PPP 程序烦琐而生畏，完善 PPP 的运作流程应秉持“去繁就简”的原则。关于可研与实施方案的关系，宋义武认为，可研是实施方案的前提，解决了项目是否可行、能不能上、要不要上的问题；实施方案内容比可研更宽泛，主要是解决政府和社会资本之间在项目全生命周期内合作的权利义务问题、采用什么具体模式的问题，此外还有股本的构成、融资方案、合作边界、风险方案、定价调价机制、回报机制、绩效管理、监督检查、争议解决、项目移交等，两者不是一回事，不能相互替代。

金浩认为，使用者付费的项目，由中标后的社会资本完成审核完备即可；需要由政府提供财政补贴的项目，应在财承之前进行可研的批复，以确保财承数据的权威性。作为社会资本，最关心的问题是由于可研不准确、后期设计变更导致项目投资额超出估算，进而超过前期的财承预测值，是否影响后续的财政支付能力。另有专家认为，财政承受能力论证是一个前期论证，不可能论证全生命周期，也不会因为实际付费额超出前期论证，就否定地方政府的财政支付义务。后期实际财政支付一旦超过财政的承受力，主要影响是限制再新上项目，不会影响既有项目的财政支付义务。

王沛认为，可研的批复应在实施方案编制和招标之前，否则社会资本没办法来参加投标，即便参加了，也不愿意在投标中向政府方提交具备可研深度的方案，因为社会资本担心一旦不中标会给他人作嫁衣。但考虑到现有可研中的一些内容确实会在社会资本介入之后发生变动，因而建议可研批复时重点定下来项目整体规划、工艺以及静态投资，其他方面仅作为后续编制实施方案、财政承受能力论证和招标的参考项，给予社会资本在谈判过程中对经审批的可研进行优化的权利。

曹勐认为，可研审批后置与信贷层面基本上没有特别大的关系，无论哪个流程，信贷都是在最后的环节，所有前置程序必须齐备才会到金融机构审批的环节；对资管行业也基本没有影响，因为现在资管基本上已经没法开展 PPP 投资了，只有中国政企合作基金还在做，基本上没有什么特别大的影响。

五、《政府投资条例》和《关于依法依规加强 PPP 项目投资和建设管理的通知》对 PPP 运作流程带来的影响

关于 PPP 和《政府投资条例》之间的关系，刘宝军提出，《政府投资条例》规定，PPP 有可能成为一种政府投资项目，条件是政府直接投资或以资本金注入。如果政府的资本金注入不是使用财政性资金，而是使用国有企业的资本投资，那么该 PPP 项目是否还是政府投资项目？在制度设计时应考虑 PPP 的特殊性，PPP 既不同于传统的政府投资项目，也区别于完全由企业投资的项目。

关于 PPP 和《关于依法依规加强 PPP 项目投资和建设管理的通知》之间的

关系，刘宝军指出，《关于依法依规加强 PPP 项目投资和建设管理的通知》要求可研阶段就确定下来 PPP 项目要走审批、核准还是备案程序，但可研阶段并不明确政府是否出资、如何出资，所以这里的逻辑并不通畅。

金永祥认为，无论 PPP 项目在投资决策环节是审批、核准还是备案，发改部门作出决策的时间点应该是一致的，均应该在选定社会资本之后进行。因此，可以将发改部门对投资决策的控制点统一至选定社会资本之后。

陈渤海认为，PPP 是一种模式，而不是项目，不能简单套用项目管理的思路来管理 PPP。例如，TOT 是 PPP 的一种模式，但作为存量项目，其运作显然不能套用《政府投资条例》或《关于依法依规加强 PPP 项目投资和建设管理的通知》，这两个文件规范的是新建项目。

王沛认为，按照《关于依法依规加强 PPP 项目投资和建设管理的通知》的逻辑，在一个 PPP 项目中，如果企业占了 90% 的股份，政府只占 10% 的股份，但企业却要严格遵守出资 10% 的政府的规则，这会损害社会资本方本该拥有的合理权利。

某央企投资部门人士认为，目前社会资本和金融机构对于《政府投资条例》与 PPP 之间的关系十分困惑，需要权威而统一的官方解读。此外，《关于依法依规加强 PPP 项目投资和建设管理的通知》提到的在审核备阶段要提供的 PPP 可行性论证到底如何操作、与财政部门的实施方案和两评之间到底是什么关系，也需要官方解读，否则大量 PPP 项目将停滞不前。

六、2013 年以前 PPP 项目的运作流程是什么

袁家楠以北京第十水厂 BOT 项目为例，介绍了 2013 年以前 PPP 项目的运作流程。当时国家层面并没有出台详细的规定，实务中地方政府从推动 PPP 项目顺利落地、顺利运营的角度，基本形成了一套惯例，2013 年前 PPP 项目运作的流程详见本书《四论 PPP：新建项目 PPP 运作流程优化探讨》中图 4－3 所示。

具体而言：

第一步，项目首先要完成立项批复，立项阶段文件是项目建议书还是预可研报告，其深度则由政府方自行把握。发改部门对立项的批复是一种行政审批。

第二步，政府聘请咨询公司编制 PPP 实施方案，并提请政府进行决策。实施方案是 PPP 合作中的政府一方决定如何推进实施 PPP 项目的方案，相应地，政

府研究通过 PPP 实施方案的行为属于政府的内部决策行为，由实施机构代表政府运作政府的项目。

第三步，项目进入采购程序。政府方向社会资本方提供跟项目有关的、政府所掌握的所有资料，包括北京市的水文地质情况、供水情况、水质情况、北京市各种经济数据，以及政府的预可研报告，这些内容是面向所有投标人的一个基础文件，目的是让投标人基于这些文件，结合他们自己的技术情况、技术方案的想法、融资的能力和手段来决定其投标方案、投标文件的内容，这些条件对所有的投标人都是一样的。例如土地，如果投标方案用地量少，报价就会比较占优势，投标人对此反应是比较积极的。社会资本根据采购文件中政府的要求和参考资料，提交技术方案、财务方案和法律方案、可行性研究报告和投标保函。并最终与政府达成一致，随后政府和社会资本完成草签。这一阶段落实了最终的可研编制主体和方案，可研具备了编制和提请审批的条件。

第四步，由社会资本根据采购文件、投标文件和草签协议的核心内容，编制正式的可行性研究报告，并在政府的协助下提请发改部门审批。发改部门审批可研的行为仍然属于行政审批行为。可研获批后，社会资本组建项目公司，政府与项目公司正式签约，项目公司完成融资交割，项目进入建设和运营环节。

上述运作流程实现了当时的政府投资项目管理体制与 PPP 项目运作需要的有机结合。编制可研方案的目的是要为项目的投资人决策提供依据，政府初期编制预可研报告仅仅是作为项目的起点，需要经过政府和社会资本方的充分博弈和论证，才能够最终定下编写可研需要的技术方案等内容。最终经过审批的可研报告，尽管可能不是合同的组成部分，但在合同出现争议或者对合同需要做出解释的时候，是一个非常重要的背景材料，对各方达成的合同的约束力很有意义。需要注意的是，当时物有所值评价和财政承受能力论证尚没有提出明确的要求，因此项目决策过程中进行物有所值判断主要以定性判断为主，没有进行财政承受能力的相关论证。

七、英国 PPP 项目的运作流程对中国的启示

张倩瑜介绍了英国 PPP 项目运作的整个流程。英国政府在进行 PPP 项目决策的过程中，地方政府要完成 SOC（strategic outline case）、OBC（outline business case）、FBC（full business case）三个阶段性文件，每个阶段的文件都要从战略、

经济、财务、管理、商业五个维度对项目进行论证。政府通过 SOC 将技术方案长名单缩减为短名单，进而将短名单进一步缩减为一个方案，形成 OBC。OBC 是政府方的技术顾问提供较为粗略的技术方案，必须要由社会资本提供细节和内容，才能够形成一个可行的方案，所以这个过程需要维持某种程度的竞争压力。在英国，选择社会资本采用竞争性磋商而不是公开招标，因而社会资本与政府之间能够进行充分的磋商，将技术方案逐渐进行丰富。最终经过谈判，政府根据与选定的社会资本之间谈定的方案行程 FBC，并最终由中央政府进行审批。

在英国，与政府审批流程平行的还有社会资本自身对项目可行性的判断。英国 PPP 项目决策流程详见本书《四论 PPP：新建项目 PPP 运作流程优化探讨》中图 4－4 所示。

八、如何优化完善 PPP 项目的运作流程，以符合中国 PPP 发展的需要

某财政部门专家认为，在优化 PPP 流程时应按照实质重于形式的原则，不必纠结于流程的字眼，让工作流程变得更加规范。

金永祥认为，PPP 的重要功能是引入社会资本的专业能力和灵活机制，提高公共项目的运作效率。实施方案以及依据实施方案完成的社会资本选择过程以及社会资本和政府之间的谈判博弈过程恰好起到了优化项目建设方案、运营方案、融资方案的作用，因此，可研批复的时间点理应在选定社会资本并稳定项目投资、建设、运营条件之后，从而为后期的初步设计奠定扎实的基础，避免实践中可研的重复报批。

可研报告的最终审批时间点适宜放在社会资本选定之后、合同正式签署之前。

刘震提出了两套解决方案。一是分项目类型分别设置 PPP 项目的运作流程。对政府付费的项目，应该秉承原来基本建设程序的要求，要在前期批准可研，要保证可研和概算的严肃性和稳定性。对于可行性缺口补助和使用者付费的项目，更希望引入社会资本的创新能力，提高项目的效率，那么社会资本可能对方案有变更，可以在选定社会资本、确定最终建设运营方案之后再批可研。二是区分立项和可研批复两个阶段工作的重心，在立项也即项目建议书批复阶段，将社会资本投标时最为关心的事项定下来，让社会资本投标的时候心里有底，同时由政府

方编制具备相应深度的可研报告，作为社会资本投标时的参考；中标以后，由实施机构吸收社会资本方的建议编制可研、报批，这样既不违反现有审批的形式，也满足社会资本方的需要。

王守清认为，讨论 PPP 项目运作流程如何优化，应该抛开目前的政策，如果讨论过度受到发改、财政部门现行政策的影响，要对制度提出完善建议就比较困难。王守清建议，首先要区分政府发起的项目和社会资本发起的项目，对于社会资本发起的项目，由社会资本走审核备案的程序，政府通过一定的奖惩措施如采用类似于“瑞士挑战法”等的招投标等程序即可。对于政府发起的项目，可进一步区分为三大类：对于产出要求明确且能够定量的项目，政府只需要明确对产出结果的详细要求（即输出）和政府能给予的支持（即输入）即可，注重最终产出的结果和单价（提供同样产出要求的价格比当地传统模式低，本质就是物有所值定量评价），其他如设计、建设、技术和设备等均可交由社会资本去自行决策，而财政承受能力论证可以简化，因为地方政府最清楚每年有多少财力，无须找咨询；对于产出要求明确但不能定量的项目，政府可以先做好初步设计但不一定要详细设计，通过与传统模式比较进行更严格的物有所值评价；对于产出不能明确又不能定量的，政府就应该多管一些，包括对设计的细化和优化、设备的选择、对建设和运营过程的监管，即前期决策流程可尽量接近于传统模式的流程。

九、发改部门的传统基础设施 PPP 项目库与财政的 PPP 项目管理库各有什么特点和功能，两者信息能否互通

李泽正认为，发改委的 PPP 平台是依托全国投资项目在线平台建立，不会新增审批事项。全国投资项目在线监管审批平台，是按照国务院部署设立的固定资产投资项目便利化窗口。PPP 项目是属于固定资产投资项目的一种，应该纳入该项目在线监管审批平台。《关于依法依规加强 PPP 项目投资和建设管理的通知》是把国务院的要求以及以前本来就存在的要求进行了系统的梳理、总结，PPP 平台只是把在线监管审批平台的一些指标直接移过来，便于发改部门对 PPP 项目有一个大概的了解。发改委内部明确要求各级发改委不得利用 PPP 形成任何行政审批事项。实际操作环节，只要项目前期手续是在该平台上办理的，入库是一件非常容易的事情，用时很短。

刘宝军认为，PPP 项目库和财政 PPP 项目库是并行的关系，入发改委的库是

因为要立项，入财政部的库，是因为项目事前论证、事中采购、事后按效付费都离不开财政参与，所以两个库都要入。后续项目库要发挥的更多是信息披露和决策参考的作用，而不是要搞行政审批。随着国家信息共享平台以及政务的互联网 + 监管的建设，两个库之间的互联互通是一个大方向。

有财政专家认为，财政部 PPP 项目管理平台的功能，主要在于让 PPP 相关信息透明化。财政承受能力报告论证了政府有财力，但地方政府最终没钱支付那也没办法，但至少为社会资本提供了相关依据。审计署之所以总关注 PPP 的项目，是因为相比其他政府项目，PPP 相关信息能通过 PPP 平台看到。目前还存在信息不对称的问题，社会资本与政府合作，看得到政府的财力数据，但看不到政府支付的程序，这也是未来财政关注的问题。

十、解决 PPP 运作流程问题还需要研究的相关问题

翁燕珍提出，交通领域有两个流程性的问题有待进一步研究。一是 PPP 的多元性开发和资源补偿涉及社会投资人的采购程序和土地招牌挂程序的衔接，目前地方政府探索出的一些路子是“打擦边球”，需要相关部门来理顺有关程序。二是原有的高速公路特许经营项目在交通量饱和之后面临大量的改扩建需求，在原有投资人依然拥有剩余的经营权的情况下，如何按照 PPP 的要求完成改扩建的项目流程，目前主要的困难在于项目本身债务不清，同时投资人作为原有经营主体不愿意被提前赎回。

第三期 PPP 政策沙龙大岳官方报道

2019 年 8 月 23 日下午，由大岳咨询举办的第三期 PPP 政策沙龙在大岳金融街总部举行。本次沙龙聚焦 PPP 项目前期运作流程存在的问题与优化的方案，来自财政部金融司和 PPP 中心、大岳咨询、国家发展改革委投资研究所、中咨公司、交通部科学研究院、北京市发改委、天津市财政局、陕西省发改委、中国建设银行、中建、中交、中冶、北控水务、华夏幸福、清华大学、伦敦大学学院、君合律师事务所、建合资本等嘉宾参会。与会专家深度研讨了现有 PPP 运作流程在实践中遇到的问题，提出了多项优化完善建议。

大岳咨询分别于 2017 年 12 月和 2018 年 1 月成功举办过两期 PPP 政策沙龙，分别讨论中国式 PPP 的使命与 PPP 资本金问题，沙龙形成的会议纪要分别递交给国家发改委、财政部的有关领导，并通过新华社内参报送到中央决策层。在此基础之上，大岳基础设施研究院在讨论内容的基础上形成了若干研究报告，包括《中国式 PPP 的使命与出路》《从 PPP 到 PEP：政府和社会资本合作的本质》《PPP 资本金制度的反思与重构》，这些文章对正确认识 PPP、稳定政策预期、理清现实问题、凝聚行业共识、推动 PPP 健康可持续发展起到很大作用。

第三期政策沙龙是前两次沙龙的延续，以后大岳咨询还将根据需要举行第四期及更多期政策沙龙。

会议流程及与会嘉宾观点如下：

大岳咨询董事长金永祥主持了沙龙。

会议首先由国家发改委和财政部的相关领导介绍了现行 PPP 项目运作流程的基本情况。

国家发展改革委投资研究所 PPP 中心李泽正博士介绍了《政府投资条例》和《关于依法依规加强 PPP 项目投资和建设管理的通知》制定的背景，以及从发改的角度如何看待可行性研究报告在 PPP 项目前期运作流程中扮演的角色。

中国国际工程咨询有限公司研究中心李开孟主任指出，投资项目的前期工作应该由浅入深逐步深化，关键是要确定政府审批机关在哪个节点进行风险控制。李主任进一步介绍了政府投资决策改革未来的方向。

财政部金融司金融五处刘宝军副处长介绍了财政部门完善 PPP 项目运作流程的相关工作，他认为 PPP 项目前期运作流程对于项目的全生命周期质量至关重要，PPP 项目的整个前期运作过程就是项目可行性的论证过程。

交通运输部科学研究院财政金融研究室翁燕珍主任指出，目前交通领域 PPP 项目目前面临许多前期流程中的问题，需要研究。

随后，来自地方政府的领导介绍了 PPP 项目运作流程在地方的执行情况。

江苏省财政厅原副厅长宋义武指出，PPP 项目目前前期流程耗时很长，改革的原则是只能简不能繁。

天津市财政局债务处陈渤海副处长指出，PPP 是一种模式而不是单纯的项目，PPP 项目的运作流程跟项目审批本身不是互为条件的，也不是同时发生的。调整 PPP 项目的前期运作流程要考虑可研批复、政府实施方案审核以及合同审批三个时间点之间的关系。此外，还有必要区分新建项目和存量项目的前期运作流程。

陕西省发改委投资处刘斌副处长指出，目前在 PPP 的监管环节发改部门和财政部门不可避免地存在重合的地方，希望两部门进一步加强合作，以便于基层部门更好地开展工作。

随后社会资本方代表介绍了社会资本在跟进和执行 PPP 项目中遇到的问题，并提出了相关建议。

中建投资基金管理有限公司副总经理金浩认为，有必要根据项目回报机制分类设置项目前期运作流程，使用者付费项目可以让社会资本中标之后报批可研，有财政补贴的项目则应该由政府在选择社会资本之前报批可研。整体而言，提高可研的准确性是解决后续一系列问题的关键点。

李茂年认为，PPP 项目运作流程既要遵循项目管理的一般规律，又要体现 PPP 的特殊性。从政府行政改革的角度，串联审批变为并联审批是大趋势。

中交投资基金管理有限公司投资总监王沛认为，可研仍在实施方案前批复，但可研可以重点论证清楚项目的规划、工艺等内容，至于项目投融资模式的部分则应予以弱化，仅作为实施方案的参考资料。

某央企投资部门专业人士认为，目前可研报告在项目市场需求、运营成本方面做得较虚，导致后期根据可研编制的实施方案中类似车流量、客流量相关的数据无法作为商务谈判的依据。建议可研更多地关注静态投资数据，将商务模块留给实施方案中交由专业的咨询公司进行优化。

北控水务集团有限公司北京业务区总经理刘震认为，对于使用者付费类以及强运营类项目，可以在项目建议书批复阶段就把社会资本关心的事项先稳定下来，之后再进行社会资本的选择，并将社会资本和金融机构在投标和谈判过程中提出的建议吸收到最终的可研报告中，完成可研批复。

建总行某专家作为金融机构代表提出了银行机构对 PPP 项目运作流程优化的意见。他认为，可研审批后置不影响银行的信贷决策，也谈不上资管行业（暂无法参与 PPP）的投资决策。

君合律师事务所合伙人袁家楠以北京第十水厂项目为例介绍了 2013 年以前类似 PPP 项目的实施流程，当时政府向投标人提供了预可研报告作为项目投标的参考资料，最终的可研报告则是由中标人根据中标和谈判结果完成并报审批的，这体现了市场主体在 PPP 项目中发挥一定程度的决定性作用。

伦敦大学学院张倩瑜教授介绍了英国 PPP 项目的前期运作流程，主要是英国 PPP 项目前期决策五维模型。张教授特别介绍了五维模型的各个维度（战略、经济、商务、财务、管理）随着项目推进、社会资本选择过程不断优化、深化，是一个动态决策过程，最终的商务报告是选定社会资本之后完成的。

清华大学王守清教授做了点评。他强调，探讨 PPP 项目前期运作流程如何优化，应跳出现有的政策的约束，否则很难提出和推动优化。他认为，产出要求可明确和量化的项目，政府可以减少前期流程的管控，只要明确产出要求、做好绩效监管和按效付费即可，这样才能充分发挥社会资本的能动性和创造性，集成优化设计、建设和运营全过程；而对产出要求难明确、也不能量化的，政府就应该对过程管控得更多一点，以防止最终结果出问题或社会资本投机。

沙龙原定下午 5 点结束，但与会领导和学者一直讨论到晚上 7 点，无一人离席。与会领导和专家都认为这种沙龙形式很好，可以深度探讨实践问题，对解决问题、完善政策非常有助益，纷纷要求大岳坚持下去，要多举办。

此次沙龙之后，大岳基础设施研究院将整理会议记录并形成会议纪要，分享给与会领导和专家，汇报给有关中央政府部门，并将择其要点向中央高层建言献策，以期为 PPP 的长期稳定发展贡献力量。

附录：沙龙主要议题

1. 2013 年以前，我国 PPP 项目运作流程是什么？有什么特点？

2. 根据目前的政策规定，PPP 项目运作的实际流程是怎样的？有什么特点？存在哪些问题？

3. PPP 项目运作流程的国际惯例是什么？对我国完善 PPP 流程有哪些可借鉴之处？

4. 《政府投资条例》对 PPP 运作流程有哪些影响？

5. 可行性研究报告的主要作用是什么？编制主体是谁较合适？主要内容是什么？发改系统如何对 PPP 项目的投资决策进行管理，是审批制、核准制还是备案制？

6. 实施方案的功能是什么？实施机构的角色是什么？政府决策的性质是什么？

7. 发改部门的传统基础设施 PPP 项目库与财政部门的 PPP 项目管理库各有什么特点和功能？两者信息能否互通？

8. 物有所值评价、财政承受能力论证与可行性研究报告、实施方案之间是什么关系？

9. 草签和正式签署项目协议是否可以一次完成？

10. 如何优化完善 PPP 项目的运作流程，以符合中国 PPP 发展的需要？

11. 解决 PPP 运作流程问题还需要研究哪些相关问题？

12. PPP 运作流程是否有必要在 PPP 立法中明确或者由国务院办公厅的文件发布？

五论 PPP：提质增效背景下 PPP 项目资本金制度的反思与重构

一、序言

2017 年末到 2018 年初，各监管部门加班加点密集发布政策文件，或重申、或强化、或定新规，全面指向去杠杆、防范系统性金融风险这一当下中国经济社会最大的问题。PPP 作为基础设施和公共服务领域投融资的重要一环，在监管风暴中也受到影响，《关于规范政府和社会资本合作（PPP）综合信息平台项目库管理的通知》重申《国务院关于固定资产投资项目试行资本金制度的通知》关于项目资本金不得是项目公司债务性资金的规定，禁止投资人以“小股大债”的方式投资 PPP 项目；《关于加强中央企业 PPP 业务风险管控的通知》则进一步要求央企在 PPP 项目中不得通过“名股实债”的方式与财务投资人合作。这两条规定都旨在按照我国已经运行了 20 多年的固定资产投资项目资本金制度对 PPP 项目进行规范。

与此同时，资金端的监管要更加严格。根据一行三会《关于规范金融机构资产管理业务的指导意见》（征求意见稿）确立的监管原则，未来市场上真股权资金也正在迅速萎缩：公募产品原则上不得投资未上市股权，能够投资非上市股权的只能是面向合格投资者的私募产品；新规对资金池、期限错配、多层嵌套和通道业务的严格监管，意味着目前能够为 PPP 项目资本金提供股权投资的资金来源被全面收紧。

可见，对于 PPP 项目资本金融资而言，资金的刚性需求被进一步强化，但资金的供给端却被迅速收紧，两重夹击下，如果维持政策现状，PPP 将迅速萎缩，各种政府违规举债手段可能又将卷土重来，这将是中国经济的不可承受之重（相关观点请参见：金永祥、赵克进、宋雅琴：《中国式 PPP 的使命和出路》）。本文认为，为保证公共部门提供公共服务的能力，降杠杆的监管手段需要以科学化和精细化的标准来制定和实施。要解决“人民日益增长的美好生活需要和不平衡不充分的发展之间的矛盾”，需要给政府提供公共产品留出合理的资金运作空间。科学合理地控制宏观杠杆率，要求监管在有效控制金融风险的前提下，适当减少实体领域的行政性手段，让市场主体通过管控各自风险来决定资本金等问题。因此，本文在尊重金融监管趋势的前提下，以发展的动态视角重新审视项目资本金制度在 PPP 项目中的适用，提出符合我国 PPP 发展需求的合理化建议，以达到 PPP 提质增效的目的。

二、项目资本金制度的本质

1. 项目资本金是政府控制投资规模和投资风险的一种行政手段。

项目资本金制度形成于 20 世纪 90 年代，本质上是政府控制投资规模和投资风险的一种行政手段。《国务院关于固定资产投资项目试行资本金制度的通知》的规定：投资项目资本金，是指在投资项目总投资中，由投资者认缴的出资额，对投资项目来说是非债务性资金，项目法人不承担这部分资金的任何利息和债务；投资者可按其出资的比例依法享有所有者权益，也可转让其出资，但不得以任何方式抽回。可见项目资本金对项目公司而言是权益性资金。

各行业项目资本金比重随宏观调控形式的变化而有所调整，经历了 1996 年、2009 年、2015 年三次调整，目前 PPP 所涉及的基础设施和公共服务领域固定资产投资项目的最低资本金比例以 20% 为主，港口、沿海及内河航运、机场项目为 25%，城市地下综合管廊、城市停车场项目，以及经国务院批准的核电站等重大建设项目，可以在规定最低资本金比例基础上适当降低。

对于永续经营公司的新建项目，项目资本金的作用主要体现在建设期。在运营期间，资金由公司统一调度，不存在资金沉淀和浪费的问题。随着项目法人制逐步健全，项目资本金主要对债务资金起到安全垫的作用，只要劣后于贷款退出的资金本质上都具有资本金的属性，但这一点尚需政策明示。

2. PPP 项目资本金与项目公司注册资本之间的关系。

在 PPP 业务中，由于项目公司是融资主体，便出现了项目资本金与项目公司注册资本的重合。本质上，项目资本金和项目公司注册资本的法律依据和概念内涵均不相同，尤其我国《公司法》已经取消了最低注册资本的限制，两者本不是一回事。但在项目融资领域，项目资本金和项目公司的注册资本均来源于股东出资，均为项目公司的非债务性资金，可以理解为股东的同一笔出资满足了项目和公司两个层面的要求。

根据现行的监管要求，PPP 项目资本金应等于项目公司的权益性资金，具体有两种实现形式，一是项目资本金等于注册资本；二是项目资本金大于注册资本，超出部分计入资本公积。无论采用哪种形式，剩余建设资金均通过项目公司借款解决。

三、现行项目资本金制度适用于 PPP 领域造成的问题

1. PPP 项目公司的性质造成项目资本金沉淀。

项目资本金重点关注固定资产投资项目的建设期，而 PPP 的长期运营期会导致项目资本金的大量沉淀。社会资本投入项目公司的资本金在项目建设期转化为项目公司的固定资产、无形资产或金融资产，在项目运营期则通过固定资产折旧或无形资产、金融资产摊销留存在项目公司账面上，这部分现金流不属于《公司法》项下的可分配利润，无法向社会资本方进行分红。

PPP 项目公司不同于永续经营公司。对于永续经营公司而言，折旧、摊销形成的现金流可以用于再投资，而 PPP 项目公司仅为特定项目而存续，项目公司的经营范围仅限于项目本身，无法扩大投资范围，项目公司的存续期随着项目期限的结束而结束，这就意味着项目公司无法将沉淀资金用于新项目的再投资，沉淀资金造成了资金浪费，并对社会资本的经营绩效产生不利影响。

在现有规定下，逐年减资是社会资本方盘活项目资本金现金流的唯一路径。项目公司在还完银行贷款之后，可以根据现金流的情况开始逐年减资，也可以在还完银行贷款之前并在取得银行同意的前提下启动减资程序。但是《公司法》对减资的流程要求极高，逐年减资面临政府方和债权人方的重重压力，操作层面存在诸多不确定性，为减资付出的代价是一种无效的浪费。

如果减资的途径不畅，社会资本只能等到项目到期通过对项目公司剩余财产分配收回项目资本金。PPP 项目规模巨大，许多项目的投资额动辄数十亿元甚至过百亿元，而任何社会资本方都不是只投一个项目而是要投多个或大量项目，这样其资金效率就会降低。对于大多数民营企业来说，投资几个大型 PPP 项目，可能就要面临现金流断裂的风险，至于大型央企和民营上市公司，实力再强大，也

不可能支撑起万亿 PPP 项目对项目资本金的需求。

2. 小股大债和名股实债出现的原因及其合理性。

项目资本金制度的刚性与 PPP 的不兼容，导致市场上很快出现了变通手段。

资本金退出机制不畅，催生了小股大债模式。该模式由股东以借款的方式为项目提供资本金，该笔资金对于项目公司来说是债务性资金，项目公司需要承担这部分资金的本息。从合规性的角度，这种“小股大债”模式直接违反《国务院关于固定资产投资项目试行资本金制度的通知》关于项目资本金应为权益性资金的规定。但从合理性的角度，我们观察到，市场上确实有小股大债的项目完成融资、顺利落地，这就意味着小股大债模式只要获得贷款银行认可，是能够在项目各方当事人之间实现利益平衡的。为了获得银行等融资方的认可，股东需要承诺在项目公司偿还银行贷款前放弃对该股东借款的受偿权，这就意味着股东借款的退出时点已经接近项目的中后期，对项目的建设和主体运营的影响很小。股东借款作为一种劣后于银行贷款的债性资金，在性质上接近优先股，采用这种“资本金+劣后贷款+优先贷款”的模式，有效降低了资本金的比例，同时其偿还顺序排在金融机构之后又满足了银行的要求；在盘活项目公司沉淀资金的效果上，接近于项目公司减资，但由于程序灵活，有效降低了减资的交易成本和不确定性。与此同时，对政府而言并未增加其债务，政府仅按照合同承担为公共产品付费的义务。

资本金比例过高以及央企寻求债务出表则催生了股东之间的名股实债模式。社会资本通过引入财务投资人，为项目提供资本金，建立股东之间的名股实债模式。考虑到我国目前市场上能够接受 PPP 项目回报率的财务投资人，普遍具有风险厌恶偏好，产业投资人和施工企业通常需要以股权回购、差额补足、流动性支持、远期认缴等方式为财务投资人的股权投资提供增信。财务投资人的引入，解决了项目资本金不足的问题，但仍然没有从根本上解决项目资本金沉淀的问题，财务投资人退出的压力被转嫁给了从事施工和运营的社会资本，股权回购、远期认缴等结构化的融资安排意味着社会资本虽然短期内施工利润大幅上升，但基金在项目中期退出时社会资本将面临极大的回购压力。这也是关注央企债务风险的国资委对央企与财务投资人之间的“名股实债”说不的原因。从经济运行效率的角度来看，从事施工和运营的社会资本与财务投资人之间的“名股实债”安排，是一种典型的基于市场的资源优化配置，施工企业和金融机构各取所需，只要双方均是理性决策人，市场通过价格机制能够引导资金为真正有能力的社会资本提供杠杆，而这也是金融的本质和要义所在。

四、重构 PPP 项目资本金制度的理性思考

1. 行政监管“多管齐下”的市场后果。

《关于规范政府和社会资本合作（PPP）综合信息平台项目库管理的通知》完全封死了小股大债的做法，社会资本只能通过引入财务投资人解决项目资本金问题；《关于加强中央企业 PPP 业务风险管控的通知》禁止央企引入“名股实债”类的股权资金，意味着央企必须压低施工利润、提高项目自身的回报率，以吸引真正的股权资金。然而随着“一行三会”《关于规范金融机构资产管理业务的指导意见》（征求意见稿）的发布，市场发现，所谓的真股权资金也正在迅速枯竭。如果现有的监管政策全面执行到位，那么未来在基础设施和公共服务领域推行 PPP 的空间将大大缩小，地方政府要么彻底不再搞基础设施建设，要么重回各种违规模式的老路子，让债务风险在暗处积累。

2. PPP 项目资本金制度改革的可能路径。

考虑到 PPP 自身的特殊性，我们认为 PPP 项目资本金制度以及相关的 PPP 监管政策应做以下调整。

第一，下调 PPP 项目资本金比例，将项目资本金比例的决定权更多地交给相关的市场主体自主决定。党的十八大报告提出让市场成为配置资源的决定性因素，如果项目资本金比例由投资人和银行互相博弈，将会根据市场供需状况达到均衡，从而实现宏观政策逻辑与微观主体商业逻辑的贯通。从国际上来看，国外基础设施类项目权益类占比基本上是 10% 左右，其他部分以债性资本作为补充，固定收益类产品大量参与，这是与基础设施资产的性质相匹配的。我国 PPP 项目的资本金可以参照这一标准。如果现阶段直接降低资本金比例的阻力较大，可以把该政策作为储备政策，待日后时机成熟时加以推动。

第二，在维持项目资本金现有比例的情况下，完善对项目资本金出资来源的认定机制。小股大债、名股实债是现行资本金制度不适应 PPP 发展造成的，已经被市场主体广泛接受，是市场创造性的表现，在完善资本金制度时，应该以某种形式在某种程度上给予认可。我们建议，允许注册资本金小于项目资本金，对于投资人以股东借款形式向项目提供的资本金，只要项目公司不承诺保证固定付息，并晚于贷款、信托退出的，可以认定为资本金。此外，积极探索引入永续债、优先股等工具，优化项目资本金的结构。

第三，如维持项目资本金的现有比例，可以允许地方政府在符合财政承受能力论证要求、符合地方政府负债率监管要求的前提下，对财务投资人的股份予以回购。PPP 项目周期很长，在漫长的项目周期内完全禁锢地方政府回购项目的权利不利于地方政府自主调配地方发展的需求和与之匹配的资源。地方政府回购社会资本股权和资产，应属地方政府在 PPP 合同项下的合同权益，属于市场层面能够解决的问题。在顺周期内，地方政府在有能力的前提下，完全可以把优质资产回购回来。对于大多数 PPP 项目而言，地方政府最有能力控制 PPP 项目的需求风险。作为一项选择权，回购安排既可以安慰社会资本和金融机构，也可以降低项目的风险成本，提高治理效率。

3. 对 PPP 项目资本金改革措施的利益相关者分析。

我们通过利益相关者分析来看放松 PPP 项目资本金能否达到帕累托最优的效果。

一是银行。在 PPP 的各方主体中，最在意项目资本金比例的是银行。在一个低资本金、高贷款的项目结构中，一旦项目出现违约，在没有资本金作为缓冲垫的情况下，银行贷款将直接暴露在项目风险面前。但对于这个问题，银行实际上已经有了一套成熟的应对方案，对于以“小股大债”模式投入项目资本金的项目，银行会对股东借款的退出条件、退出时间作出严格的限定，并通过将项目公司基本账户设立在贷款行的方式对项目资金进行监管，以确保股东借款的退出劣后于银行贷款的回收。如果项目资金主体全部来源于银行贷款，那么银行贷款可以通过结构化安排，对劣后级贷款提出更高的利率要求。如果彻底降低项目资本金比例，那么在国际上有一套成熟的融资方介入权制度可以供银行使用，银行可以在项目公司违约时自行或委托第三方在项目提前终止前对项目进行补救，以减少项目提前终止对银行的债权实现造成的影响。或许我们的银行目前还没有这样的意愿和能力，但随着资管新规的落地，在银行表外运转的资金将重新被挤压到银行的资产负债表内，银行将面临市场上的股权资金断流和债权资金泛滥，如果不主动地变换车道，牢牢把握住行使介入权的主动权，银行就将直接丧失基础设施融资这块主营业务。

二是地方政府。项目资本金制度改革并未增加地方政府债务，只是项目公司层面债股比例的变化。有的地方政府会认为，放松项目资本金，就意味着施工企业可以用更高的杠杆撬动银行资源，会诱使施工企业在获得施工利润之后跑路。这种担心纯属多余。根据 PPP 的交易结构，政府按照项目公司的绩效对项目公司进行付费，一旦项目公司违约，政府的付费义务也随之暂停，项目将进入提前终止程序，这里损害的是银行的利益而非政府的利益。而对于理性的市场主体而言，放弃项目公司的运营责任将导致其在金融市场上再无立足之地。此外，政府完全可以在设置项目回报机制时，压缩施工企业的施工利润，提高项目公司的投资回报，迫使施工企业认真对待项目运营。PPP 机制的一大优势就是政府对双方合作有顾虑的事宜都可以通过合同监管机制加以预防。事实上，对于政府来说，降低项目资本金比例的好处是立竿见影的，债务性资金的价格通常显著低于权益性资金的价格，项目资金更多来源于债务性资金可以显著降低项目资金成本，政府的支出责任也会相应下降，这更符合 PPP 所强调的物有所值理念。

三是中央政府。中央政府坚持项目资本金制度，初衷是希望遏制地方政府的非理性投资，包括担心地方政府将 PPP 当成融资加杠杆的工具。然而，从宏观角度来看，通过类似于项目资本金这样的纯粹技术性、财务性的工具，来约束 PPP 的规模，效果并不理想。历史上，靠提高项目资本金比例对钢铁、水泥、电解铝、房地产等产能过剩行业调结构、调总量、控风险，作用并不明显。要在宏观层面约束地方政府的融资冲动，更适合的抓手应该是项目层面的可行性报告审批和宏观层面的财政承受能力论证。我们建议，财政承受能力论证可以由上级政府来管控，而不是交由项目本级地方政府财政来论证。此外，财政承受能力论证过程可以更多考虑地方政府的负债率、存量债务水平与一般公共预算支出占比等指标来加以管控。

四是社会资本。小股大债可以解决股权回报的双重征税问题，有效降低 PPP 项目的税务成本。此外，对于社会资本来说，降低资本金的要求，将有利于金融资源流向投资效率高的企业，有利于这些企业降低资金沉淀、加速资金流转，真正实现规模效应，尤其有利于提高民营企业的投资能力。放开 PPP 项目资本金比例，也不意味着社会资本方可以无限加杠杆。当前，金融体系的监管和 PPP 业务的监管都在不断规范、不断强化，相关主体，无论是地方政府、国企、上市公司还是金融机构，都在监管的制约下决策日益理智。至于名股实债是否会伤及央企利益，我们认为，只要央企切实落实“实质重于形式”的会计合并报表的要求以及对 PPP 业务重大决策终身追责制度的要求，名股实债在企业报表中会直接体现为债务融资工具，会提高企业的负债率，进而影响金融机构对央企的融资决策。这是一个有效的市场博弈过程，可以不需要政府方面的强制监管。

五、结语

项目资本金制度在 20 年前财政监管不足、金融监管不足、国资监管不足、项目法人以非公司制指挥部为主的情况下有其存在的历史价值，而在今天，当其他监管体系日益完备的时候，这种纯行政性的监管手段如同当年的公司法定注册资本限额一样，到了应当重新审视的时候。

对 PPP 项目资本金制度进行抽丝剥茧的分析，我们发现，传统的以行政手段进行规制的项目资本金制度在新的监管环境下会对 PPP 的发展形成伤害，而放松 PPP 项目资本金并通过市场力量形成均衡的 PPP 项目资本金比例才是真正地让市场在资源配置中发挥决定性的作用。当前环境下，“去杠杆”是各部门监管的共同发力点，从政府的角度确实能够形成强大的监管合力，攻克改革中的难点。然而，对于市场，特别是以信心为根基的金融市场来说，在设立新规时必须综合考虑新规与既有规则之间的兼容关系、评估多项新规共同发力的累加和放大效应，避免因为防风险而出现新的风险。重构 PPP 项目资本金制度，需要各方主体各司其职。政府方要控制好的是政府债务积累和稳增长之间的关系，央企要控制好国有资产保值增值、央企的战略使命与资产负债率之间的关系，银行要控制好自己的投资风险。至于具体到项目层面的资本金比例，更适合由交易主体自行判断，自担风险。总之，监管发力时仍然要注意区分市场和政府的界限，对于政府应该补位的地方果断补位，对于适合交给市场决定的事项应及时放手，按照“简政放权、放管结合、优化服务”的思路，培养市场的辨别判断能力和风险责任意识。

过去 4 年的 PPP 实践中出现的小股大债和名股实债等做法，是市场创新、演化和选择的产物，应通过研究确认其合理性。未来，一旦项目资本金制度改革到位，当前 PPP 面临的一系列问题将迎刃而解：项目资本金融资难这一人为造成的问题将不攻自破；项目沉淀资金得到盘活；政府方的付费压力有所缓解；各方参与 PPP 风险管控的积极性得到有效调动。理性主体参与的监管适度的市场中，最终风险和收益的分配会在各方主体的博弈下达到有效率的均衡。未来，我们会看到，那些真正有活力、有潜力、有能力的地方政府推出的 PPP 项目，项目资本金比例设置到 1%，也会有社会资本和金融机构趋之若鹜，而相反，某些地方政府信用陷入危机的地区，如果项目自身经营能力不足，那么项目资本金比例即使提到了 50%，也没有银行愿意提供贷款。

我们相信，唯有如此，PPP 方可行稳致远——既符合中国国情，推动中国社会进步，又能够形成中国式 PPP 的独特模式。

第二期 PPP 政策沙龙会议纪要

——PPP 项目资本金专题沙龙

时间：2018 年 1 月 26 日下午 2 点

地点：北京大岳咨询有限责任公司车公庄办公区会议室

主题：PPP 项目资本金制度存在的问题与改革之路

主持人：金永祥　北京大岳咨询有限公司董事长

与会嘉宾：

李泽正　国家发展改革委投资研究所 PPP 中心副主任

黄　澈　财政部金融司金融五处

张玉冰　国资委信息中心统计分析处副处长

金　浩　中建投资基金管理有限公司副总经理

范晨撰　中建股份有限公司金融业务经理

杜文科　中电建水环境治理技术有限公司北方公司原总经理

王　沛　中交投资基金管理有限公司投资总监

闫哲彬　中国交建投资事业部高级经理

徐龙乾　中冶集团投资管理部处长

季怀民　中国土木工程集团公司资产公司资产运营总监

张国庆　东方园林金融中心原副总经理

张　未　北控水务水环境投资中心法务总监

桂治国　中国建设银行公司部重大项目处处长

曹　勐　中国建设银行资管中心基金投资负责人

周雨尘　中信银行机构部地方机构处处长

沈海峰　中国工商银行总行投行部经济政策首席分析师

李　敏　国寿投资公司资深投资经理

孙梦凡　国寿投资公司高级投资经理

徐清宇　深圳建合投资管理有限公司常务副总经理
何　涛　深圳平岳投资基金管理有限公司副总经理

会议要点

一、现行的项目资本金制度不符合 PPP 的特点

项目资本金制度由《国务院关于固定资产投资项目试行资本金制度的通知》规定，是与当时的投资环境和投资管理需求相适应的。20 多年来，中国的投资形式和投资管理体制发生了很大变化，当年的项目指挥部形式已经转变为规范的项目法人制。在 PPP 已经成为基础设施建设主要方式的新形势下，需要重新思考项目资本金制度是否与 PPP 相兼容。金永祥认为，规范 PPP 项目资本金，目的是使整个 PPP 项目资本金或者 PPP 的运作能够回归理性和常识，从而真正达到提质增效的效果。

项目资本金制度与 PPP 的特点不相适应，主要有以下四个方面。

一是项目资本金重点关注固定资产投资项目的建设期，而 PPP 的长期运营期会导致项目资本金的大量沉淀。范晨揆认为，《关于规范政府和社会资本合作（PPP）综合信息平台项目库管理的通知》规定的债务性资金不能做 PPP 项目的资本金，主要还是沿用《国务院关于固定资产投资项目试行资本金制度的通知》的要求，并未考虑这一规定可能会对 PPP 产生的影响。该文主要是针对固定资产投资行为的规制，这类投资行为的特点是建设期限相对较短，而 PPP 项目在建设期之后还有相当长的运营期。徐龙乾和张末认为，项目资本金制度目的是为了确保工程建设的顺利实施，对于 PPP 项目的 SPV 公司而言，建设完成后，滞留大量资本金是没有必要的。王沛认为，从会计准则来看，资本金制度的整个前提假设是公司是持续经营的，资本金沉淀下来的资金可以用于公司的再投资；而 PPP 项目公司不能从事与项目无关的投资，并不符合持续经营假设，因而造成 PPP 项目公司的资金沉淀。

二是 PPP 项目资本金制度与《国务院关于固定资产投资项目试行资本金制度的通知》自身的规定有冲突。王沛认为，该文明确规定“公益性投资项目不

实行资本金制度”。PPP 项目，特别是政府付费以及可行性缺口补助为主要回报机制的 PPP 项目，应该认定为公益性项目，否则政府给予项目补贴就缺乏合法性基础。

三是维持现有的法定资本金比例会导致 PPP 的资本金来源枯竭。张国庆指出，民营企业的自有资金无法支撑项目资本金的需求，需要集团层面对资本金进行对外融资。与央企和国企相比，民营企业要获得基金等财务投资人的支持更加困难，金融机构在股权融资方面对民营企业不是特别支持。金永祥认为，过高比例的项目资本金要求限制了民营企业的投资能力，不符合国家促进民营企业参与 PPP 的大政方针。

四是法定资本金制度与国际惯例不符。我国现行的基础设施行业项目资本金比例在 20% ~25%。保险投资人士认为，境外基础设施类股权投资的收益率在 10% 以上，撬动成本更低的标准化债性资金做补充。某银行投行部门专业人士进一步指出，世界范围内基础设施或者公共服务项目，融资解决方案中 80% ~90% 是固定收益类产品，这是与基础设施资产的性质相匹配的。对于收益相对稳定的 PPP 资产，一味要求股权投资，会造成金融产品与资产本质的错配。

二、资本金比例过高、退出机制不畅以及央企寻求出表是小股大债和名股实债存在的原因

某银行部门专业人士指出，某银行原本打算做一个真股权基金从事 PPP 项目投资，但在操作当中确实遇到很多困难。真股权意味着不可能要有任何担保，但资本金在项目公司一沉淀就是二三十年，而且前期没有收益，这是银行没有办法面对的。对于财务投资人而言，基金收益希望能够通过股权维持费来获取收益；资本金退出希望通过三年一减资方法来退出；增信措施则希望通过施工方或运营方远期认缴的方式来实现。目前来看，股权维持费被认定为债性资金，减资需要地方政府和债权人同意，时间长、代价大，而远期认缴也大概率被认定为股东间明股实债。这些原因综合起来，短期资金为主的财务投资人很难做真股权投资。金永祥认为，社会资本之所以重视资本金退出机制，是因为我国的资本金比例几倍于国际正常水平，造成了资金浪费。

某国资方面专家认为，小股大债和名股实债的出现还有一个背景是，很多国有建筑企业资产负债率比较高，在各级国资监管部门对于资产负债率考察非常

严格的情况下，央企采用名股实债和小股大债，主要是了解决并表问题。金浩认为，社会资本方引入金融产品，使用名股实债和小股大债，是为了同时满足短期理财资金退出以及项目公司带息负债出表。通过小股大债，使中标社会资本在项目公司里形式上不控股，使项目公司带息负债可以出表。金融产品形式上控股之后，要求其背后的短期资金逐渐退出，所以金融产品不得不以债的方式确保项目公司在运营期有了收入之后能够让金融产品逐步退出。这就是目前小股大债产生的原因。

三、短期之内很难通过资产证券化解决项目资本金问题

金浩认为，ABS 未来确实应该是存量的、已完的项目的一条资产盘活方式，但目前来看这条路要走通也很难。做 PPP 项目公司股权的资产证券化，可能性不是很大，原因是 SPV 的股权价值是一个变量，要发产品需要有股东做增信补差，这样的资产证券化还是明股实债，并不能真正地转移风险。可行的路径是用项目公司的 PPP 收益权做资产证券化，前提还是要有金融机构认可的政府能力。总之，资产证券化是一个好的路径，但是不能再向增信补足、差额补足这种融资方式上去引导。王沛对资产证券化的态度更为谨慎，他认为，资产证券化产品在期限、规模和成本上很难满足 PPP 的要求。

四、降低 PPP 项目资本金不会增加地方政府债务风险

目前，维持现有的项目资本金制度的主要考虑是，有助于防止社会资本获得施工利润之后，放弃项目运营，以及抑制地方政府把 PPP 当成融资杠杆的冲动。与会嘉宾对此有不同的观点。

对于小股大债，王沛认为，小股大债形成的债，既不是地方政府的债，也不是股东的债，是项目公司的债。如果这笔债，劣后于银行贷款退出，那么不会伤及银行的利益。而对于地方政府而言，这笔债的还债主体是项目公司，如果项目公司是由于自身运营不力而还不了债，那么这笔债不会追溯到地方政府。只有在地方政府违约的情况下，银行和社会资本方才会追溯到地方政府。因此，如果地方政府本身没有违约，小股大债不会损害政府的利益。金永祥认为，对于社会资

本方而言，一个理性的市场主体，不会轻易地放弃项目公司的运营责任，这将导致企业在金融市场再无立足之地。在政府对项目公司监管到位的情况下，社会资本放弃运营的代价是很大的。

对于名股实债，王沛认为，明股实债是基于股东信用的融资方式，其偿债资金的来源是回购方的股东资金。范晨揆认为，名股实债，在企业报表中会直接体现为债务融资工具，会提高企业的负债率。在金融市场中，金融机构向企业提供融资时会重点考虑其资产负债水平，并基于企业经营水平和授信水平确定融资规模。这是一个有效的市场博弈过程，可以不需要政府方面的强制监管。

关于小股大债是否会导致地方政府将 PPP 当作融资加杠杆的工具，从宏观角度来看，通过类似于项目资本金这样的纯粹技术性、财务性的工具，来约束这么大规模的 PPP 项目，作用和效果并不理想。真正要在宏观层面约束地方政府的融资冲动，应该优化财政承受能力论证的组织形式。财政承受能力论证应该由上级政府或者省级财政部门来管控，而不是像现在这样由项目本级地方政府财政来论证。此外，财政承受能力论证过程中，应更多考虑地方政府的负债率、存量债务与一般公共预算支出占比等指标来加以管控。杜文科认为，目前政府投资项目设有资本金制度，融资主体应以项目资本金作为项目信用的基础，并逐步按市场化融资“独立审贷”、自担风险。另外，仅靠提高项目资本金比例的调整来调结构、调总量、控风险，作用并不明显。钢铁、水泥、电解铝等产能过剩行业，资本金比例一直都是比较高的，但是产量反而一直在增加。房地产这类高杠杆行业的资本金比例也在提高，但并没有影响这些行业的发展速度。

五、降低 PPP 项目资本金能够有效降低 PPP 的成本

金浩认为，股性资本的成本高于债性资金。

王沛、徐龙乾均认为，小股大债可以解决股权回报的双重征税问题，从而在所得税前起到税盾作用，降低社会资本在整个项目公司期间的融资成本。假如按照监管要求全部做实，必然会增加资金的时间成本和所得税成本，提高整个融资成本，而这些成本最终还是转嫁给政府，导致政府的付费压力增大。

徐龙乾进一步认为，现有的回报机制导致项目公司前期长期亏损，而项目后期又有大量利润。按照目前的规定，5 年以前的亏损不能抵扣，这也导致社会资本报价提高。

六、建议充分发挥市场机制对项目资本金比例进行调节

桂治国认为，即使现阶段直接降低项目资本金比例阻力较大，也可以把该政策作为储备政策，一旦时机成熟，可以推出来。

王沛认为，党的十八大报告提出让市场成为配置资源的决定性因素，如果项目资本金比例由投资人和银行互相博弈，一定会取得一个均衡。某金融行业人士认为，资本金比例应该交由市场自己来决定。目前的政策逻辑有个问题，我们的政策为了控制风险，把一个十字路口的四个方向全开红灯，这样一定不会出事，但交通也会彻底停滞。政策的宏观逻辑一定要跟微观主体的商业逻辑贯通，不能只关心大面积风险而把微观主体行为给无条件约束住，不能因为防风险而出现风险。金永祥指出，现在银行已经基本上停止向 PPP 项目放贷，央企也基本全面停止 PPP 方面的业务拓展，这是市场对不合理的政策作出的理性反馈。

徐龙乾建议，国家可以出台政策，让 PPP 项目公司的减资过程尽量简化程序，或者允许社会资本方在建设期结束之后经银行允许减少资本金，这是正常、合理的诉求。

金永祥认为，小股大债或明股实债是现行资本金制度不适应 PPP 发展造成的，是市场创造性的表现，在完善资本金制度时，应该以某种形式在某种程度上给予认可。

七、建议根据资本金的本质属性完善对项目资本金出资来源的认定机制

桂治国认为，在目前去杠杆的大背景下，直接提降低资本金比例困难重重，可行的方式是扩大资本金认定的范畴。对于以股东借款形式提供的资本金，只要承诺不固定付息，并晚于相关信托、贷款退出的，可以认定为资本金。这需要财政部或发改委通过政策给予明确认可，否则银行不会认定这种资本金出资方式。

王沛认为，项目资本金的主要功能就是作为银行贷款的安全垫。从资产负债表和现金流量表可以看出来，只要分配顺序劣后于银行还款，不管叫什么都能起到安全垫的作用。永续债是符合资本金属性的，项目公司对付息和还本的时间点

均有自主权，与股权类似；永续债和股权的最大区别是，股权的资本金和资本公积是公司的资产，而永续债是股东的财产，这个可以切割得非常清楚，而且能解决掉付息环节的问题。因此，永续债是解决项目资本金出资来源的一种选择。

八、建议给予地方政府回购 PPP 项目资产的选择权

某金融行业人士认为，应该重新思考地方政府回购长周期项目的逻辑。长周期项目，应该用动态而不是静态的眼光来看，不应该在微观层面提出这么刚性的限制。项目这么长周期，什么事情都有可能发生，不需要约束这么死，这完全是应该通过市场行为解决的问题。例如，郑东新区，在顺周期内政府完全有能力把优质资产回购回来，降低政府未来的支付压力。金永祥认为，对于财政能力有空间的地区限制政府回购是不合理的，即便政府承诺了回购，将来也可能有新的方案出现，不一定会消耗地方政府的财力，但可以最大限度地提高效率、降低成本。

九、PPP 的长期股权投资之路或是 PPP 改革的大方向

李敏指出，国外大多数 PPP 项目的主导方是基础设施类投资管理机构，这类管理机构通过募集保险基金、主权基金、养老金等大型机构的资金，作为一个财团与政府谈 PPP 项目合同。境外大型基础设施项目是谁出资、谁负责，并负责到底，相关的建筑方、运营方在财团主持之下通过市场化竞标来参与项目，建设和运营方相对而言在项目中不再居于主导地位。机构投资人是抱着长期持有资产的意愿，所以也没有到期要退出的要求，或者退出时会有其他养老金接续上去。在这种模式下，财团跟政府利益是一致的，财团希望在自己资产组合中配置一种可以提供稳定现金分红的长期资产，政府则希望通过财团的主动管理能力来提升基础设施的投资和运营效率。国外，这类财团投资的基础设施收益很高，约为 CPI +4 的水平，基础设施收益比不动产收益还高。金永祥认为，金融体制改革，包括资管新规的出台，都应考虑 PPP 对长期股权投资的需要，通过合理制度设计解决资金错配的问题。

第二期 PPP 政策沙龙大岳官方报道

2018 年 1 月 26 日下午，第二期 PPP 政策沙龙在大岳咨询公司北京车公庄会议室举行，来自国家发改委、财政部、国务院国资委等政府部门和中建、中冶、中电建及基金、中交及基金、中铁建（中土）、东方园林、北控水务等社会资本及建总行、工总行、中信银行、国寿保险、平安证券、建合基金等金融机构的专家参会，就 PPP 项目资本金问题展开了深入讨论，形成了多项有价值的意见和建议。

大岳咨询在 2017 年 12 月 1 日举办过第一期有关 PPP 近期新规研讨的政策沙龙，领导和专家的讨论对于充分了解现状、评估政策变动影响起到了良好作用。多位与会嘉宾认为，PPP 沙龙是一种凝聚行业共识的有效形式，建议大岳咨询多召集。据此，大岳咨询认真研究了当下影响 PPP 发展的系统性、全局性问题，选择 PPP 项目资本金这一制约 PPP 长期可持续发展的关键问题进行专题研讨，选题得到了多位专家的认同。

沙龙于当日下午两点开始，六点结束。研讨专家认为，项目资本金制度在我国已经有 20 多年的历史，当时的项目法人多是指挥部形式，很少是公司，今天市场情况已经发生了重大变化，本身已经有完善的需要。PPP 项目不同于一般项目，PPP 项目公司也不同于普通公司，建立适合 PPP 项目的资本金制度尤其必要。在当下降杠杆大背景下提出降低资本金比例可能会有难度，修改政府部门刚刚出台的政策也不现实，但可以潜心研究、多提建议，一方面完善现有政策的解释和执行；另一方面做好政策储备。提质增效是供给侧结构性改革的重要内容，合理的资本金制度是 PPP 项目提质增效的基本保障，未来一定会有逐步完善的需求。

大岳基础设施研究院会后将整理会议记录并形成会议纪要，与两期沙龙的研讨专家进行分享，同时报送有关政府部门决策参考。

提质增效背景下 PPP 项目资本金制度的反思与重构①

加强金融监管政策的密集出台，全面指向去杠杆、防范系统性金融风险这一当下我国经济社会最大的问题。PPP 作为基础设施和公共服务领域投融资的重要一环也受到影响，能够为 PPP 项目资本金提供股权投资的资金来源被全面收紧。项目资本金制度在 20 年前财政监管不足、金融监管不足、国资监管不足、项目法人以非公司制指挥部为主的情况下有其存在的历史价值，而在今天，当其他监管体系日益完备的时候，这种纯行政性的监管手段如同当年的公司法定注册资本限额一样，到了应当重新审视的时候。

一、项目资本金制度的本质

项目资本金是政府控制投资规模和投资风险的一种行政手段。项目资本金制度形成于 20 世纪 90 年代，本质上是政府控制投资规模和投资风险的一种行政手段。《国务院关于固定资产投资项目试行资本金制度的通知》规定，投资项目资本金，是指在项目总投资中，由投资者认缴的出资额，对投资项目来说是非债务性资金，项目法人不承担这部分资金的任何利息和债务；投资者可按其出资的比例依法享有所有者权益，也可转让其出资，但不得以任何方式抽回。可见项目资本金对项目公司而言是权益性资金。各行业项目资本金比重随宏观调控形势的变化而变化，经历了 1996 年、2009 年、2015 年三次调整，目前 PPP 所涉及的基础设施和公共服务领域固定资产投资项目的最低资本金比例以 20% 为主，港口、沿海及内河航运、机场项目为 25%，城市地下综合管廊、城市停车场项目以及

① 金永祥，宋雅琴，秦迪．提质增效背景下 PPP 项目资本金制度的反思与重构［J］．中国财政，2018（13）：36－38.

经国务院批准的核电站等重大建设项目，可以在规定最低资本金比例基础上适当降低。随着项目法人制逐步健全，项目资本金主要对债务资金起到安全垫的作用，只要劣后于贷款退出的资金本质上都具有资本金的属性，但这一点尚需政策明示。

PPP 项目资本金与项目公司注册资本之间的关系。在 PPP 业务中，由于项目公司是融资主体，便出现了项目资本金与项目公司注册资本的重合。本质上，项目资本金和项目公司注册资本的法律依据和概念内涵均不相同，尤其我国公司法已经取消了最低注册资本的限制，两者本不是一回事。但在项目融资领域，项目资本金和项目公司的注册资本均来源于股东出资，均为项目公司的非债务性资金，可以理解为股东的同一笔出资满足了项目和公司两个层面的要求。根据现行的监管要求，PPP 项目资本金应等于项目公司的权益性资金，具体有两种实现形式，一是项目资本金等于注册资本；二是项目资本金大于注册资本，超出部分计入资本公积。无论采用哪种形式，剩余建设资金均通过项目公司借款解决。

二、现行项目资本金制度适用于 PPP 领域造成的问题

项目资本金重点关注固定资产投资项目的建设期，而 PPP 的长期运营会导致项目资本金的大量沉淀。社会资本投入项目公司的资本金在项目建设期转化为项目公司的固定资产、无形资产或金融资产，在项目运营期则通过固定资产折旧或无形资产、金融资产摊销留存在项目公司账面上，这部分现金流不属于公司法项下的可分配利润，无法向社会资本方进行分红。PPP 项目公司不同于永续经营公司。对于永续经营公司而言，折旧、摊销形成的现金流可以用于再投资，而 PPP 项目公司仅为特定项目而存续，项目公司的经营范围仅限于项目本身，无法扩大投资范围，项目公司的存续期随着项目期限的结束而结束，这就意味着项目公司无法将沉淀资金用于新项目的再投资，沉淀资金造成了资金浪费，并对社会资本的经营绩效产生不利影响。在现有规定下，逐年减资是社会资本方盘活项目资本金现金流的唯一路径。项目公司在还完银行贷款之后，可以根据现金流的情况开始逐年减资，也可以在还完银行贷款之前在取得银行同意的前提下启动减资程序。但是公司法对减资的流程要求极高，逐年减资面临政府方和债权人方的重重压力，操作层面存在诸多不确定性，为减资付出的代价是一种无效的浪费。如果减资的途径不顺畅，社会资本只能等项目到期通过对项目公司剩余财产分配收回

项目资本金。而大多社会资本方都要投多个或大量项目，这样其资金效率就会降低。对于大多数民营企业来说，投资大型的 PPP 项目，可能就要面临现金流断裂的风险，至于大型央企和民营上市公司，实力再强大，也难以能支撑起万亿元规模 PPP 项目对项目资本金的需求。

三、小股大债和名股实债出现的原因及其合理性

项目资本金制度的刚性与 PPP 的不兼容，导致市场上很快出现了变通手段。

资本金退出机制不畅，催生了小股大债模式。该模式由股东以借款的方式为项目提供资本金，该笔资金对于项目公司来说是债务性资金，项目公司需要承担这部分资金的本息。从合规性的角度，这种“小股大债”模式直接违反《国务院关于固定资产投资项目试行资本金制度的通知》关于项目资本金应为权益性资金的规定。但从合理性的角度来看，市场上确实有小股大债的项目完成融资、顺利落地，这就意味着小股大债模式只要获得贷款银行认可，是能够在项目各方当事人之间实现利益平衡的。为了获得银行等融资方的认可，股东需要承诺在项目公司偿还银行贷款前放弃对该股东借款的受偿权，这就意味着股东借款的退出时点已经接近项目的中后期，对项目的建设和主体运营的影响很小。股东借款作为一种劣后于银行贷款的债性资金，在性质上接近优先股，采用这种“资本金 + 劣后贷款 + 优先贷款”的模式，有效降低了资本金的比例，同时其偿还顺序排在金融机构之后又满足了银行的要求；在盘活项目公司沉淀资金的效果上，接近于项目公司减资，但由于程序灵活，有效降低了减资的交易成本和不确定性。与此同时，对政府而言并未增加其债务，政府仅按照合同承担为公共产品付费的义务。

资本金比例过高以及央企寻求债务出表则催生了股东之间的名股实债模式。社会资本通过引入财务投资人，为项目提供资本金，建立股东之间的名股实债模式。考虑到我国目前市场上能够接受 PPP 项目回报率的财务投资人，普遍具有风险厌恶偏好，产业投资人和施工企业通常需要以股权回购、差额补足、流动性支持、远期认缴等方式为财务投资人的股权投资提供增信。财务投资人的引入，解决了项目资本金不足的问题，但仍然没有从根本上解决项目资本金沉淀的问题，财务投资人退出的压力被转嫁给了从事施工和运营的社会资本，股权回购、远期认缴等结构化的融资安排意味着社会资本虽然短期内施工利润大幅上升，但基金在项目中期退出时社会资本将面临极大的回购压力。这也是关注央企债务风险的

国资委对央企与财务投资人之间的“名股实债”说不的原因。从经济运行效率的角度来看，从事施工和运营的社会资本与财务投资人之间的“名股实债”安排，是一种典型的基于市场的资源优化配置，施工企业和金融机构各取所需，只要双方均是理性决策人，市场通过价格机制能够引导资金为真正有能力的社会资本提供杠杆，而这也是金融的本质和要义所在。

四、关于重构 PPP 项目资本金制度的思考

《关于规范政府和社会资本合作（PPP）综合信息平台项目库管理的通知》封住了小股大债的做法，社会资本只能通过引入财务投资人解决项目资本金问题；《关于加强中央企业 PPP 业务风险管控的通知》禁止央企引入“名股实债”类的股权资金，意味着央企必须采用压低施工利润、提高项目自身的回报率的方法来吸引真正的股权资金。然而随着《关于规范金融机构资产管理业务的指导意见》的发布，市场发现所谓的真股权资金也正在枯竭。考虑到 PPP 自身的特殊性，我们认为 PPP 项目资本金制度以及相关的 PPP 监管政策应做以下调整。

一是下调 PPP 项目资本金比例，将项目资本金比例的决定权更多地交给相关的市场主体自主决定。国外基础设施类项目权益类占比基本上都是 10% 左右，其他部分以债权性质资本作为补充，固定收益类产品大量参与，这是与基础设施资产的性质相匹配的。我国 PPP 项目的资本金可以参照这一标准。如果现阶段直接降低资本金比例的阻力较大，可以把该政策作为储备政策，待日后适宜时加以推动。

二是在维持项目资本金现有比例的情况下，完善对项目资本金出资来源的认定机制。小股大债、名股实债是现行资本金制度不适应 PPP 发展造成的，是市场创造性的表现，已经被市场主体广泛接受，在完善资本金制度时，应该以某种形式在某种程度上给予认可。建议允许注册资本金小于项目资本金，对于投资人以股东借款形式向项目提供的资本金，只要项目公司不承诺保证固定付息，并晚于贷款、信托退出的，可以认定为资本金。此外，还应积极探索引入永续债、优先股等工具，以优化项目资本金的结构。

三是如维持项目资本金的现有比例，可以允许地方政府在符合财政承受能力论证要求、符合地方政府负债率监管要求的前提下，对财务投资人的股份予以回购。PPP 项目周期很长，完全限制地方政府回购项目的权利不利于地方政府自主

调配地方发展的需求和与之匹配的资源。地方政府回购社会资本股权和资产属于市场层面能够解决的问题。在顺周期内，地方政府在有能力的前提下，完全可以把优质资产回购回来。对于大多数 PPP 项目而言，地方政府有能力控制 PPP 项目的需求风险。作为一项选择权，回购安排不仅能安慰社会资本和金融机构，而且能降低项目的风险成本，提高治理效率。

五、结语

对 PPP 项目资本金制度进行分析可以发现，传统的以行政手段进行规制的项目资本金制度在新的监管环境下会对 PPP 的发展带来影响，而放松 PPP 项目资本金并通过市场力量形成均衡的 PPP 项目资本金比例才是真正地让市场在资源配置中发挥决定性的作用。当前环境下，“去杠杆”是各部门监管的共同发力点，从政府的角度确实能够形成强大的监管合力，攻克改革中的难点。对于市场，特别是以信心为根基的金融市场来说，在设立新规时必须综合考虑新规与既有规则之间的兼容关系、评估多项新规共同发力的累加和放大效应，避免因为防风险而出现新的风险。重构 PPP 项目资本金制度，需要各方主体各司其职。政府方要控制好的是政府债务积累和稳增长之间的关系，央企要控制好国有资产保值增值、央企的战略使命与资产负债率之间的关系，银行要控制好自己的投资风险。至于具体到项目层面的资本金比例，更适合由交易主体自行判断，自担风险。总之，监管发力时仍然要注意区分市场和政府的界限，对于政府应该补位的地方果断补位，对于适合交给市场决定的事项应及时放手，按照“简政放权、放管结合、优化服务”的思路，培养市场的辨别判断能力和风险责任意识。

六论 PPP：政府基础设施投融资模式与 PPP

在我国，投资始终是宏观经济增长三驾马车中极其重要的组成部分，其中，基础设施投资又是政府可控的重要部分，特别是在宏观经济出现波动、需要以财政政策工具进行逆周期调节的时候。本文系统梳理了我国基础设施投融资主体的演变过程，分析不同主体及其使用的投融资模式的市场化水平和风险分担规律，提出地方政府基础设施投融资改革的可行路径，并着重对专项债与 PPP 这两个主要工具的发展与融合给出政策建议。

一、政府基础设施投融资主体分析

整体而言，承接政府基础设施项目的主体有五大类，分别是政府机构、事业单位、地方政府融资平台、当地公益类国企和社会资本，社会资本可以进一步分为外企、民企和非当地政府控制的国有企业。

（一）政府机构

根据《政府投资条例》以及《国家发展改革委关于规范中央预算内投资资金安排方式及项目管理的通知》，政府直接投资的项目，应由政府有关机构或其指定、委托的机关、团体、事业单位等作为项目法人单位组织建设实施。这类项目的资金来源只能是财政预算资金以及在债务限额之内发行的地方政府债券。我国《预算法》禁止地方政府及其所属部门在地方政府债券之外以任何方式举借债务，《担保法》则禁止国家机关除了经国务院批准为使用外国政府或国际经济组织贷款进行转贷提供保证以外提供担保。《财政部关于进一步规范和加强行政事业单位国有资产管理的指导意见》规定，除法律另有规定外，各级行政单位不得利用国有资产对外担保，不得以任何形式利用占有、使用的国有资产进行对外投资。可见，除了发行地方政府债券，政府机构本身并不具有融资职能。

（二）事业单位

事业单位曾经一度是政府基础设施和公共服务项目承接主体，也是投资的相关主体。自 2011 年国务院启动事业单位改革以来，事业单位分类管理的路径日渐清晰，相应的事业单位投融资的界限也日渐明确。根据《国务院办公厅关于印发分类推进事业单位改革配套文件的通知》，承担行政职能的事业单位应逐步将行政职能划归行政机构；从事生产经营活动的事业单位，要逐步转企或撤销；面向社会提供公益服务和为行政机关行使职能提供支持保障的事业单位则保留在事业单位序列中，并进一步细分为公益一类事业单位和公益二类事业单位。

公益一类事业单位，即承担义务教育、基础性科研、公共文化、公共卫生以及基层的基本医疗服务等基本公益服务，不能或不宜由市场配置资源的事业单位。这类单位不得从事经营活动，其宗旨、业务范围和服务规范由国家确定。公益二类事业单位，即承担高等教育、非营利医疗等公益服务，可部分由市场配置资源的事业单位。这类单位按照国家确定的公益目标和相关标准开展活动，在确保公益目标的前提下，可依据相关法律法规提供与主业相关的服务，收益的使用按国家有关规定执行。根据《关于分类推进事业单位改革中财政有关政策的意见》，公益一类事业单位的经费完全由财政予以保障；公益二类事业单位，则由财政给予经费补助，并通过政府购买服务等方式予以支持。在收入端，对事业单位利用国家资源、国有资产等提供特定公共服务取得的政府非税收入，要严格按照“收支两条线”规定的要求，上缴国库或财政专户；对事业单位向社会提供经营服务取得的收入，要全额纳入单位预算，统一核算、统一管理，主要用于公益事业发展。可见，公益二类事业单位的收入有两个来源，一是财政资金；二是自营收入。

在事业单位对外投资方面，《财政部关于进一步规范和加强行政事业单位国有资产管理的指导意见》规定，除国家另有规定外，各级事业单位不得利用财政资金对外投资，不得在国外贷款债务尚未清偿前利用该贷款形成的资产进行对外投资等。事业单位对外投资必须严格履行审批程序，加强风险管控等。利用非货币性资产进行对外投资的，应当严格履行资产评估程序，法律另有规定的，从其规定。结合事业单位的收入来源，可以推断出，公益一类事业单位不能对外投资，公益二类事业单位可以以非货币性资产对外投资，也可以使用财政资金以外的单位自有资金进行对外投资。

在融资方面，地方政府通过事业单位进行融资是违规的，但事业单位本身能否进行融资并未在中央层面找到明确的规定。在地方政府层面，连云港在 2019 年以《江苏省政府办公厅关于印发省属事业单位债务管理暂行办法的通知》为依据，出台的《连云港市市属事业单位债务管理暂行办法》具有一定的参考意义。根据该办法，事业单位可以在金融市场融资，事业单位对此负有偿还责任，该债务不属于政府债务。事业单位举借债务的负面清单有五项，“参公管理的事业单位和全额拨款事业单位；国家规定不得举借债务的事业单位，例如义务教育、公立医院等；没有稳定业务收入来源，或有业务收入但其净收益不能覆盖所借债务本息，或资产置换收入不能足以偿付债务本息，或没有其他自筹资金偿还债务能力的；债务风险评价指标超过业内规定预警值的；其他不符合国家有关法律法规和政策规定的情形”。可见，事业单位对外融资要求事业单位在财政拨款之外有稳定的业务收入来源，且业务净收益能够覆盖债务本息。所以，整体而言，除了按照《政府投资条例》规定可以作为政府直接投资项目的项目法人单位之外，公益二类事业单位还有一定的对外投融资能力。不过，国家对于事业单位对外投资并不持鼓励的态度，例如，将于 2020 年 6 月开始施行的《基本医疗卫生与健康促进法》就明确规定，“政府举办的医疗卫生机构……，不得与社会资本合作举办营利性医疗卫生机构”“非营利性医疗卫生机构不得向出资人、举办者分配或者变相分配收益”，这意味着医院等公益二类事业单位几乎没有对外投资的激励机制。

（三）地方政府融资平台

地方政府机构和事业单位极其有限的投融资渠道为地方政府融资平台的兴起提供了机遇。1992 年，上海市人民政府授权成立上海市城市建设投资开发总公司，这是全国首家地方政府融资平台。此后，地方政府融资平台伴随着中国城市化的进程和地方政府经营城市的需要而不断发展壮大，并在应对 1997 年亚洲金融危机和 2008 年国际金融危机的过程中，扮演了重要的角色，成为地方政府进行投融资的主要渠道。2010 年，《国务院关于加强地方政府融资平台公司管理有关问题的通知》首次对地方政府融资平台进行明确定义，“地方政府融资平台公司指由地方政府及其部门和机构等通过财政拨款或注入土地、股权等资产设立，承担政府投资项目融资功能，并拥有独立法人资格的经济实体”。

在融资平台发展过程中，问题开始暴露：一是政企不分，地方政府违规给融资平台提供担保十分普遍，导致政府隐性债务累积；二是打包贷款，金融机构不是依据项目自身的现金流进行风险评估，而是基于地方政府信用，平台公司的项目还款高度依赖于地方政府土地收入；三是地方政府出资不实，多以学校、医院等无法变现的公益性资产作为资本注入融资平台公司。自 2010 年以来，中央政府对地方政府融资平台的监管一直在持续加码。《国务院关于加强地方政府融资平台公司管理有关问题的通知》重点监管银行贷款，从而控制住了平台贷款的增长势头，但以信托为代表的影子银行向融资平台继续“输血”；《国务院关于加强地方政府性债务管理的意见》控制住了影子银行，但地方政府融资又转向政府购买服务、专项金融债、政府引导基金等绑定政府信用的方式；2018 年 8 月，《中共中央国务院关于防范化解地方政府隐性债务风险的意见》则从融资端和项目端同时阻断了地方政府和融资平台债务之间的关联。

目前，融资平台可选的转型路径主要有三条，一是彻底与政府脱钩，转为市场化的国有企业，进入充分竞争的行业和领域，自主经营，优胜劣汰；二是转为公益类国有企业，主要承担当地的公共产品和服务供给，强化企业的运营能力，弱化营利功能；三是保留融资平台的身份，仅作为政府出资人代表参与基建项目，代表政府在 PPP 项目中行使相应的公共利益保障职能或参与分红。

值得注意的是，随着专项债政策在稳投资中承担的角色越来越重要，融资平台公司已成为专项债项目单位的主体。然而，在专项债的实际运作过程中，很多项目并未实现专项债实施方案所规划的投资资金全部到位。实践中，有的项目是财政自有资金无法到位，有的项目是项目真实收入无法覆盖专项债本息，在这种情况下，融资平台公司作为专项债的项目单位，要全额筹集到项日的投资，就需要通过各种渠道融资，一些违规途径可能又将卷土重来；同时，一旦未来专项债偿债问题爆发，那这究竟是地方政府发债过程中有问题，还是融资平台执行项目中有问题，又将成为一笔糊涂账，政企分开成为虚谈。

此外，2020 年，随着新冠疫情带来的国内外经济衰退，原本紧缩的财税金融政策又有放开的趋势。国家发改委《2020 年新型城镇化建设和城乡融合发展重点任务》提出，“改革城市投融资机制。在防范化解地方政府债务风险、合理处置存量债务的前提下，完善与新型城镇化建设相匹配的投融资工具。支持符合条件企业发行企业债券，用于新型城镇化建设项目、城乡融合典型项目、特色小镇和特色小城镇建设项目等。鼓励开发性政策性金融机构按照市场化原则和职能定位，对投资运营上述项目的企业进行综合授信，加大中长期贷款投放规模和力度”。“综合授信”就意味着原本以项目现金流为贷款依据的风控逻辑又被打破了，而上述新型城镇化项目的回报高度依赖于土地出让的相关收入，在这种情况下，融资平台的企业信用又重新与政府的土地财政绑定在了一起，金融机构很容易重回“城投信仰”。可以预见，融资平台在政府投资领域会长期发挥重要作用。

（四）当地公益类国企

地方国有企业主要分三大类，第一类是融资平台公司；第二类是公益类国企；第三类是商业类国企。根据 2015 年《中共中央、国务院关于深化国有企业改革的指导意见》，商业类国有企业应按照市场化要求实行商业化运作，以增强国有经济活力、放大国有资本功能、实现国有资产保值增值为主要目标，依法独立自主开展生产经营活动，实现优胜劣汰、有序进退。因此，在地方政府基础设施投融资领域，地方商业类国企与央企、民企、外企同作为社会资本，将放在第（五）节进行论述。本节只讨论地方政府下属的公益类国企。

公益类国有企业以保障民生、服务社会、提供公共产品和服务为主要目标，引入市场机制，提高公共服务效率和能力。对公益类国有企业，重点考核成本控制、产品服务质量、营运效率和保障能力，根据企业不同特点有区别地考核经营业绩指标和国有资产保值增值情况，考核中要引入社会评价。公益类国企一直是地方基础设施和公共服务的主要运营单位。例如，地铁集团对城市地铁的专属经营，交通集团对高速公路的专属经营，自来水公司对区域供水的专属经营等。《国务院办公厅转发财政部发展改革委人民银行关于在公共服务领域推广政府和社会资本合作模式指导意见的通知》规定，大力推动融资平台公司与政府脱钩，进行市场化改制，健全完善公司治理结构，对已经建立现代企业制度、实现市场化运营的，在其承担的地方政府债务已纳入政府财政预算、得到妥善处置并明确公告今后不再承担地方政府举债融资职能的前提下，可作为社会资本参与当地政府和社会资本合作项目，通过与政府签订合同方式，明确责权利关系。然而，实践中，对于地方公益类国企是否可以作为本地 PPP 项目的社会资本，一直存在争论。这类地方公益性国企在 PPP 项目中采取的策略往往是与全国性的社会资本组成联合体共同成为 PPP 项目的社会资本或作为 PPP 项目公司的运营承包商。

近来，我们观察到地方国企整合的一种趋势，即融资平台与公益类国企之间进行重组，一方面以公益类国企的运营能力做实平台公司；另一方面借助融资平台的投融资经验做大做强公益类国企。这类并购重组完成以后，新成立的企业往往不愿意寻求通过 PPP 模式以竞争性的方式获取社会资本资格，而是寻求以地方国企的特殊身份谋取“政府授权”进而获得对特定区域、特定行业所有项目的一揽子经营权。其中，在业界影响最大的当属 ABO 模式，即授权（authorize）—建设（build）—运营（operate）模式。ABO 通过《授权经营协议》改变了原有的政府和国企之间内部授权的做法，将地方政府与属地国企之间的授权经营公开化和契约化，这在一定程度上能够隔离政府作为投资人与企业经营之间的风险。

然而，在政策层面，ABO 模式并不像 PPP 模式那样有清晰的内涵和边界，这导致该模式有被滥用的风险。实践中，最常见的模式就是 ABO + FEPC，即政府通过 ABO 将公益性项目或准公益性项目的实施权直接授予本地国企，本地国企作为项目单位进行核准或备案之后，再通过附条件的工程招标引入一家社会资本，由该社会资本与本地国企合资成立项目公司，并由社会资本出资和承接项目施工。这样的安排将原本应属于政府投资的项目转为企业投资项目，进而规避了《政府投资条例》关于“政府投资项目不得由施工单位垫资建设”的规定。该模式的主要风险在于，一是在项目现金流无法覆盖项目投资的情况下，社会资本的股权回报高度依赖于未来政府对项目的补贴，但这种补贴并不像 PPP 项目那样进行过严格的财政承受能力论证，因而本质上是政府的隐性债务；二是社会资本绝大多数情况下都会与地方国企签署股权回购协议，有的甚至要求地方国企或其关联企业提供担保，形成明股实债的结构，尽管这类债务形式上不是政府债务，但考虑到项目的公益属性，未来地方政府仍有可能出于维护地方信用的考虑对本地国企提供注资或财政补贴等救援措施。可见，ABO 模式尚没有形成完善的制度架构，没有在地方政府和地方国企之间构筑清晰的权利责任界限，在执行过程中很容易异化，成为隐性债务的增长点。

（五）社会资本

对于地方政府而言，外地国企、央企、民企和外企都是社会资本，在部分地区当地完全市场化的国企也可以作为社会资本。社会资本要获得地方政府基础设施项目投资的权利，目前主要渠道就是 PPP。

本地国企、外地国企、央企、民企和外企虽然在与地方政府合作的过程中，都是社会资本的身份，但它们的风险偏好却各不相同。

整体而言，外企对项目的风险容忍程度最低。外企的经营风格脱胎于其母国。在发达国家，政府和市场的边界相对清晰，因此，外企通常是纯市场化、产权明晰、具有自我约束机制的市场竞争主体。外企高度重视项目风险识别的充分性和风险分担的确定性。对于不可预测、不可控制的风险，外企要么选择放弃项目，要么提高项目的回报要求。相应地，当外企参加 PPP 项目时，为了控制风险，项目结构相对复杂，项目需要很长的谈判时间和高额的前期成本。

相比之下，国企作为社会资本对项目风险的容忍具有很大的弹性。国企熟悉本国行政体制和国情，很多外资眼中的风险，对国企而言都不是风险；很多外资不愿意承担的风险，国企却可以承担。这样，不仅在风险识别和评估阶段，减少了风险的数量，而且在风险分配时政府还可以进一步减少政府方承担的风险。在这种情况下，当国企参加 PPP 项目时，项目结构和前期工作均大大简化，项目前期无法精准预测的风险往往可以暂时搁置，留待后续合同执行过程中通过灵活的补充谈判和补充协议来解决，这样就降低了总体交易成本，提高了交易达成的效率。

民营企业对项目风险的忍受度大致处于国企和外企之间。民企一方面缺少国企那样以体制内的对等姿态与地方政府讨价还价的能力，因而仍然寄希望于通过较为完备的合同将双方的权利义务尽量约定清楚；但另一方面，民企植根于中国的市场环境和政商关系，又不会像外企那样生硬地处理与政府之间的合作关系。为了能够达成交易，民企对于一些无法取得共识的条款，还是愿意保留执行层面的弹性。

所以，整体而言，在政府和社会资本合作的过程中，对于那些项目边界特别模糊、双方权利义务高度不确定的项目，外企几乎不参与，民企很少单独参与，国企则有较高的参与意愿；对于那些项目边界较为清晰、对投资人技术实力要求较高的项目，外企和民企参与的意愿较高。近年来，外企在中国的政府和社会资本合作项目中逐渐式微，民企在投资额度可控、对投资人技术和运营实力要求较高的行业中占据一定优势，国企则在投资额巨大或项目合作范围弹性较大的项目中占据主导优势。

二、地方基础设施投融资风险频谱分析与投融资模式选择

地方政府基础设施投融资主体和模式的多样性，决定了不同主体所主导的模

式在政府控制程度和政府承担风险大小方面有所不同。由图 6－1 所示，以政府对项目主体的控制程度为横轴，以政府承担的项目风险为纵轴，可以发现，随着政府对主体的控制程度逐渐提高，政府承担的项目风险水平也相应地提高。除了图中较为规范的投融资模式以外，实践中，ABO、DBO、特许经营等 PPP 之外的类 PPP 模式也有较多的应用。

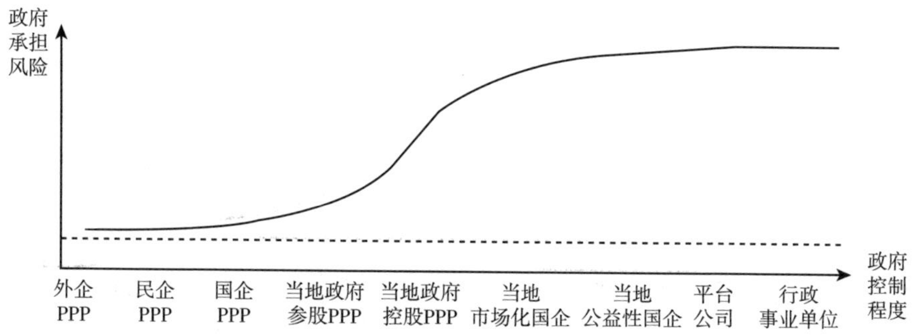

图 6－1　地方基础设施投融资风险频谱

（一）行政事业单位进行的投融资

行政事业单位并不是地方政府基础设施融资的主体，除了地方债以外，事业单位仅在十分有限的空间内可以进行项目融资。相应地，政府承担了行政事业单位投资的全部风险，政府对行政事业单位的投资行为进行严格的管控以保证政府承担的风险在可控的范围之内。

在适用范围上，考虑到行政事业单位所承担项目的资金必须完全来自财政性资金（含地方债资金），融资空间很小，因此，此种模式主要适用于规模较小的项目、因严重自然灾害和其他不可抗力事件所实施的紧急项目、涉及国家安全和秘密的项目以及其他市场化模式无法提供服务的项目。

（二）地方国有企业进行的投融资

地方国企进行的基础设施投融资项目，按照政府对项目主体控制程度从严到松，可以分为平台公司主导的项目、公益类国企主导的项目和市场化国企主导的项目。从形式上来看，平台公司与政府之间的依附关系最为紧密，市场化国企已经与政府脱钩，而公益类国企则居于两者之间，这也是国企改革原本的方向。根据这一改革思路，未脱钩的平台公司在 2014 年之前承担的债务应由政府筛查认定，在 2014 年以后承担的债务不得转为政府债务；公益性国企应主要承担运营职责；而市场化国企则应在竞争性的市场环境中自主决策，兼顾地方公共利益。因此，政府对三者的控制程度逐步下降，相应的政府对项目所承担的风险也逐步降低。

然而，当国企改革遇到宏观经济重大波动时，国家出于稳投资、稳增长的政策需要，很容易在“长期改革”和“短期应急”之间选择后者。1997 年亚洲金融危机的时候，地方国企是基建投资的主力；2008 年国际金融危机时，央企和地方国企共同构成了稳增长的主力，央企承担社会投资的部分，地方国企作为融资主体协助地方政府完成地方配套融资部分的任务；2019～2020 年随着去杠杆导致政府投资出现断崖式下降以及疫情带来的全球经济衰退，政府使用专项债作为拉动基建投资的主要工具，而地方各类国企又一次成为专项债项目单位的主体。专项债对项目单位的主体资格及其遴选机制没有明确的规定，仅规定“专项债＋市场化融资”的项目单位不得为市场化转型尚未完成、存量隐性债务尚未化解完毕的融资平台公司。但在这一否定性的规定之外，并没有明确规定“专项债＋市场化融资”的项目单位是否可以由政府直接指定其下属国企担任，还是应给所有市场化主体平等竞争机会。实践中，大量融资平台和地方国企是专项债项目单位的主体。对于已经号称市场化的地方国企来说，一方面可用社会资本的身份以竞争性的方式承接本地和外地政府的项目；另一方面又可以避开竞争，垄断性地成为专项债项目的主体，同时占据了“市场化企业”和“地方国企”的两种好处，这本身就是与市场化改革相冲突的。而在企业债的市场上，由于这类企业的双重身份，也更容易获得企业债投资人的青睐，其市场化身份避免了融资行为被认定为违规，同时隐藏在专项债后面的政府潜在信用支持又给企业带来了增信的效果，进而对其他真正的市场化主体产生挤出效应。这显然也不是过去几年市场化改革的本意。

目前，根据我们的观察，平台公司、公益性地方国企和市场化地方国企之间的界限从模糊到略清晰又回到了模糊状态，在这一轮地方国企改革的过程中，许多地方国企在形式上完成了市场化改制（如建立现代公司治理机制、宣告债务与政府脱钩、引入混改等），但在业务层面仍然围绕地方政府的公益类和准公益类项目、土地储备相关业务展开，且收入高度依赖于政府补贴和土地财政。这导致企业的市场化投融资功能、基础设施运营功能和纯商业经营功能出现混同，各类城投以集团化改制的面貌出现，政府和市场的关系越来越看不懂，国企分类改革的思路并没有贯彻下去。在实践中，地方国企以市场化改革的名义希望减少政府的控制，但其所从事的业务又与地方政府的公共职能紧密相关，一旦项目失败，很难说清楚到底是地方政府立项出的问题，还是国企执行项目出的问题。此外，地方政府出于对本地政府信用的考量很难完全对项目风险置之不顾。因此，当地方国企（无论是平台公司、公益类国企还是市场化国企）成为地方基础设施建设的投融资主体时，政府整体承担的风险都将超过规范性文件所界定的风险，而且存在使多年改革前功尽弃的可能性。

在适用范围上，地方政府融资平台由于没有完成市场化改革、没有与政府脱钩，原则上不具备融资功能，其作为项目单位或建设单位承担政府投资职能的角色本质上与行政事业单位类似，区别在于融资平台是以企业化的方式对项目进行管理。这种情况下，项目的全部风险仍然归于政府，所适用的项目范围主要限于规模较小、不需要进行额外融资的项目。此外，融资平台在当地政府的 PPP 项目中可以作为出资人代表，对项目公司出资但不控股，主要以政府方股东的身份对项目公司运营过程中涉及公共利益的事宜进行监管。在这种情况下，政府仅以出资额为限对项目承担责任。这一模式的适用范围非常广泛，基本涉及政府基础设施和公共服务的所有领域。

当地公益类国企以专业化的运营能力为主要特征，是最传统的基础设施管理方式，企业化程度较高。当地公益类国企主要承担政府投资项目的运营工作，或与其他社会资本共同以 PPP 模式参与当地行业内的项目。因此，政府对于这类项目以股权投资额为限承担风险。这一模式主要适用于专业化的基础设施运营类项目，例如燃气、地铁、自来水。

当地市场化国企在身份上已经与完全市场化的央企、民企、外企无异，可以走出去在全国范围内通过竞争的方式获取广泛的基础设施项目的投资建设和运营机会。因此，这一模式在适用范围上是不受限的。但由于竞争力较弱，这类企业大部分参与行政区域内的项目较多，例如市里的公司参与市属区县的项目。

（三）PPP 模式下社会资本进行的投融资

PPP 模式整体上分为地方政府控股的 PPP、地方政府参股但不控股的 PPP 和地方政府不参股的 PPP，相应的三种模式所对应的政府控制程度逐渐降低，而政府承担的项目风险也逐渐降低。

地方政府原则上不能对 PPP 项目公司进行控股，只有在极其罕见的情况下，政府出于公共利益特别是公共安全的需要才能例外地对项目公司进行控股，典型的如智慧城市中涉及安全监控的项目。在政府控股的情况下，政府承担项目决策层面的主要职责，并对社会资本方的投资、建设、运营管理行为进行全面的监控，相应的也对项目的运营承担与其持股比例相应的风险。

根据现行政策，地方政府对 PPP 项目出资但不控股，是地方政府参与 PPP 项目的主流模式。在这种情况下，地方政府将项目的投资、建设和运营的自主权主要授予社会资本和项目公司，地方政府仅在合同约定的范围之内承担按效付费的职责、在法定的职责范围之内承担建设监管和运营监管的职责、在公司章程约定的范围之内行使股东权利和维护公共利益的一票否决权。在这类 PPP 项目中，政府通常会依据实施方案和项目合同提前约定的风险分配框架，承担政策性风险、社会资本方不能控制的市场供给风险和项目唯一性风险，而项目层面的投融资风险、建设风险、运营风险、技术风险、环境风险等通常都由社会资本方承担，通货膨胀风险、不可抗力风险、违约风险等则根据合同谈判的结果在双方之间分担。

完全由社会资本方持股的 PPP 项目也不少见。此时，政府对项目的控制程度根据社会资本的属性有所不同。整体而言，外企主导的 PPP 项目，由于前期工作较为深入、风险分配安排细致、合同刚性较强，政府对项目的控制程度较为有限；民企主导的 PPP 项目，则在上述各个方面开始有所松动，合同弹性有所增强，随着项目合同的边界逐渐出现模糊地带，政府对项目的过程性介入开始增多，相应的政府承担的项目风险也会有所增大；而当国企主导 PPP 项目时，项目的边界范围的清晰度有可能进一步下降，边做、边谈、边调整、边完善的情形逐渐增多，政府对于合同订立阶段无法预见的情形所带来的风险承担具有不确定性，同时，国企的议价能力也意味着很多情形下地方政府如果要维持项目的正常运转，可能要承担更多的项目风险。这种项目执行过程中的灵活性和地方政府风险承担的增加并非一定是坏事。对于合同期动辄长达 20 年至 30 年的 PPP 项目而言，合同过于刚性很容易导致“至刚易折”，一方面很可能导致前期合同谈判陷入僵局，无法顺利推进项目；另一方面则可能导致合同履约陷入僵局，造成公共服务无法及时交付或无法连续稳定的供给。国企作为 PPP 中的合作方为 PPP 带来的柔性，尽管可能造成政府承担的风险有不确定性，但从项目前期推动和后期执行的整体成本来考虑，或许可以大幅降低项目谈判破裂、执行停滞所造成的更大的无法挽回的损失。

在适用范围上，外企 PPP 项目有明确的行业选择，要求项目边界清晰、产出清晰、绩效指标和考核标准清晰，项目的技术风险可控，且外资在技术能力上有显著的优势；民企 PPP 项目在上述各个方面均可以有一定的弹性，但整体上对项目的运营性要求比较强，项目的投资规模不宜过大且应可控；个别非专业民企参与的行业跨度过大，在风险管控能力不足时给自身发展带来了风险；国企，特别是央企处于转型期，由于转型不到位，其参与的 PPP 项目，往往以施工为主体，投资规模大、强施工弱运营类的项目是以施工为主业的央企较为青睐的项目。

（四）地方国企主导模式与 PPP 模式的对比

整体而言，地方国企主导的政府基础设施投融资模式与 PPP 模式是泾渭分明的两种模式，其本质差异就在于地方政府对项目主体的控制程度和对项目风险的承担程度。

地方国企，无论形式上是否完成了与地方政府的脱钩，只要其承担的业务是以公益性和准公益性为主的地方基础设施项目，且没有通过完备的 ABO 协议与政府之间划清权利义务关系，那么它们本质上还是在政府控制之下的经济实体，其经营风险很难与政府完全划分清楚。一旦出现风险事件，政府很难按照规范性文件的要求完全置地方国企于不顾，因为那样会损害地方政府的整体信用。

相比之下，PPP 模式则是一种建立在合同规则之上的治理模式。地方政府通过事先相对完整的合同，清晰地界定政府一方在 PPP 项目中的权力边界、权利义务边界和责任边界，这对合作方会形成硬性约束，进而激励合作方努力完成投融资、控制好投资总额并尽力提升运营管理效率，以在规定的条件内尽可能多地获取投资回报。即使发生风险事件，政府也不用承担责任，例如近年个别民企参与 PPP 失败后并没有要求政府买单。可见，政府与社会资本之间合作关系的不同，决定了激励机制的不同，进而决定了企业一方行为模式的不同，并最终决定了经营结果的不同。

三、PPP 与专项债结合

完成对地方基础设施投融资的项目主体分析之后，再进一步对不同项目主体所采用的投融资工具进行研究，就会发现目前投融资工具与投融资主体之间的配置并没有达到最优。

从时间维度来看，改革开放至2008年，政府基础设施投资以行政事业单位、地方政府融资平台及公益类国企为主；2009～2013年，央企和当地国企参与的PPP有了较快的发展；2014～2017年PPP逐渐占据了主导地位。2018年以来，积极财政政策的主要着力点是地方债，特别是地方政府专项债。地方政府获取专项债资金后，回到了传统政府投资模式，以地方国企为项目主体进行项目建设运营，从而大大提升了地方国企的市场份额，市场化的PPP模式受到了挤压，如图6－2所示。

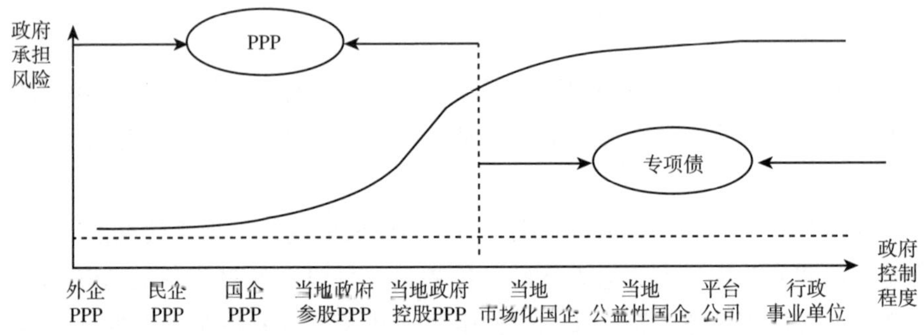

图6－2 目前专项债和PPP与基础设施投资主体之间的对应关系

尽管专项债自身的资金成本很低，但以地方国企为项目主体的模式可能存在各环节弄虚作假严重、政府决策缺乏制约、市场竞争不充分、项目建设运营效率低下、政府和国有企业之间预算软约束等体制层面的问题，这将导致专项债项目全生命周期的成本高企。相比之下，“开前门”的另一大工具——PPP所倡导的社会资本主导的模式则能够与专项债形成有力的互补。PPP完全依靠社会资本融资，在资金成本端不占优势，但PPP必须通过竞争性方式选择项目投资人，且通过相对刚性的合同约束双方当事人的权利义务，建立项目绩效考核机制，从而通过市场化手段打破地方国企的投资垄断，进而约束政府的盲目投资冲动，提高政府决策质量。同时，PPP的风险分担机制和激励机制能够发挥社会资本的专业能力，提高资金的综合使用效率。

目前，在专项债的政策层面并没有允许专项债与PPP模式结合。实践中，地方政府有强烈的诉求希望有合规的途径让两者进行有机的结合，以综合提高基础设施建设的资金使用效率，避免“烂尾工程”出现。因行政因素在专项债和PPP之间划分“楚河汉界”是以行政手段进行资源配置，没有让市场在资源配置中发挥其应有的作用。如果能够打破专项债以地方国企为项目主体的思维定式，给予地方政府适宜的自主性，让其可以按照自身实际能力和发展的实际需求将专项债的使用范围扩大到 PPP，用专项债的优势解决融资难、融资贵的难题，用 PPP 的优势解决决策机制、竞争机制和激励机制的不足，专项债和 PPP 就能形成扬长避短、优势互补的最佳结合，实现稳增长、高质量增长和防范风险的多重目标。

具体而言，专项债和 PPP 的结合能够从项目投融资、项目决策、项目建设运营管理三个方面提升地方政府基础设施投融资的效率。

（一）项目投融资：形成项目投资回报的完整闭环

专项债投资于基础设施项目，无论采用政府投资模式还是 PPP 模式，在投融资环节均有三个关键节点性问题：一是项目资本金按时足额到位；二是项目融资落地；三是项目有稳定的投资回报和还款来源。

目前，专项债由于有省级政府的信用背书，在融资成功率和融资成本方面较 PPP 有压倒性的优势。然而专项债的项目配套资金到位并非易事，即便目前专项债可以做项目资本金，并与市场化融资相组合，但前提仍是项目的专项债资金和市场化融资均能够与项目自身现金流相匹配，要做到这一点非常困难。解决这个问题的思路之一，是将 PPP 模式与专项债模式结合起来，在资本金筹集环节引入社会资本，由政府和社会资本双方共同为项目提供资本金。

相应地，项目的回报机制也要根据资本金结构和融资结构进行统筹设计。根据目前的监管要求，PPP 项目的收入只能来自使用者付费和一般公共预算支出，而专项债的还款来源则应来自使用者付费和政府性基金预算支出。当 PPP 和地方债在资本金层面有机融合之后，在回报机制方面也就有了优化设计的空间：项目使用者付费和一般公共预算支出能够支撑的部分可对应的作为社会资本方资本金投资以及由社会资本方承担融资风险的贷款的回报来源，而政府性基金预算支出能够支撑的部分则可以作为专项债的还款来源。这样一来，目前困扰基建投资的若干难题都可以迎刃而解。

（二）项目决策：用市场倒逼政府决策质量提升

在重大基础设施投资决策环节，“又好又快”往往是个伪命题。PPP 自 2014 年开始大规模推广以来，落地慢、落地难一直饱受诟病，但实际上，这种“慢”

的背后，是在项目没有政府信用担保的情况下，社会资本和金融机构对项目必要性、合理性、可行性的层层论证和审核，这恰好说明市场机制有效地抑制了地方政府非理性的投资冲动，保证了项目前期工作的完整合规，发挥了市场在公共配置中的决定性作用。

相比之下，专项债的前期工作质量则没有刚性的市场约束。由于专项债有省级政府提供信用背书，即便项目层面存在前期手续和测算方面的瑕疵，也几乎不影响债券的发行，大规模的专项债资金仍然能够迅速到位。然而，这种“快”的背后，有巨大的潜在风险：在资本金未到位的情况下，专项债资金无法支撑项目的全部资金需求，在使用过程中很容易出现资金闲置、挪用和项目烂尾的情况；现金流测算容易出现盲目乐观，对用于资源补偿的地块规划变更和征拆风险考虑不足，很有可能出现债务偿还危机。虽然专项债设置了“借新还旧”的机制，但中央政府对再融资债券的额度已经开始设置上限，此外专项债的利息大约以每年 1000 亿元的速度增长，这也不能通过借新还旧来解决。此外，由于专项债发行过程中，对项目的前期工作质量没有硬性的风险控制手段，后续项目执行过程中，“先建后报”“三边工程”、土地手续违规等传统政府投资项目中容易出现的痼疾难以避免。在《政府投资条例》的严格约束之下，地方政府将陷入两难境地。

要解决上述问题，可以打通 PPP 项目和专项债项目之间的割裂，可通过引入地方债资金投资 PPP 项目，借助 PPP 项目前期手续的合规性、财务测算的严谨性和市场化机制，帮助政府筛选优质项目，降低政府决策失误风险。同时，将 PPP 所倡导的社会资本承担全部的建设运营风险以及按效付费的理念引入专项债的管理，激励社会资本优化项目的整体建设运营水平，提高项目的综合收益。在专项债发行市场化水平较低的现实条件下，将 PPP 和专项债结合有助于让优质的项目在市场上脱颖而出，这是决策优化的过程，也是经济高质量发展的应有之义。

（三）项目建设运营管理：转变政府职能，提高资金使用效率

对基础设施项目的成败而言，投融资仅仅是第一步，项目的建设和运营质量才是关键因素。在成本控制方面，投融资成本仅仅是项目全生命周期成本的一部分，甚至是一小部分。在实践中，建设成本超概算、运营阶段维护成本失控以及项目“烂尾”等情形会轻易吞噬掉投融资环节低成本资金带来的节约。对比专

项债和 PPP 的制度设计，可以发现，专项债的制度设计偏重项目前期融资，待项目进入建设和运营阶段，基本又回到传统的政府投资项目的建营管理模式：与地方政府存在裙带关系的本级国企操盘，排斥外部竞争，且设计、建设和运营割裂，并缺乏长期的合同激励与约束机制、以一事一议为主要管理模式。该模式优点是进度快，缺点是投资建设运营效率低，又退回到政府与国有企业打交道的老路上，缺少外部市场化力量的压力和制约。相比之下，PPP 的制度设计则偏重项目全生命周期的整合管理，PPP 理顺政府与社会资本的关系、优化设计建设运营一体化机制，通过激励机制充分调动市场主体的专业化、市场化、规模化优势，在机制层面提高项目整体运行效率。基于此，PPP 和专项债在建设运营环节互补性极强，地方政府解决了基础设施项目投融资层面的问题之后，应该充分引入 PPP 的理念和运作模式，通过竞争方式引入市场化主体，采用设计、建设、运营一体化的模式，与市场化主体建立长期的合同关系，通过绩效付费进行监管，从而补齐专项债在建设运营环节的短板。

四、结语

基础设施建设涉及的投融资体量巨大，其运作效率对于整个中国经济的高质量增长有举足轻重的作用。本文从基础设施投融资主体入手，重点分析了地方国有企业模式和 PPP 模式在底层逻辑和实践运作中的差异，揭示了 PPP 模式在投、建、营效率上优于传统的地方国企模式的根本原因。建议中央政府在积极推广专项债这一融资工具时，不应仅强调用行政手段配置资金而使专项债只能依赖于地方本级国企运作项目，而应当让市场在资金配置过程中发挥重要的作用，积极探索把专项债的应用扩大到 PPP，以避免出现投融资工具和投融资主体之间的低效率配置。通过专项债和 PPP 的结合，可实现各种基础设施投资模式的均衡发展，能够使地方政府在清晰的规则之下根据本地发展的需要选择投资模式及其组合，将专项债这一地方政府投融资工具和 PPP 的市场化主体和市场化运作模式结合，形成“一加一大于二”的合力效应，实现政府基础设施投资的物有所值。在经济下行风险日益凸显的形势下，能够化危机为契机，转变政府职能，打造现代化治理模式，管出公平、管出效率、管出活力，有效保障基础设施项目高质量落地，带动当下中国经济的增长，并为经济的长期健康发展奠定坚实的基础。

各方期盼专项债与PPP有机结合[①]

2019年10月29日至30日，财政部政府和社会资本合作（PPP）中心在河南郑州举办了第五届中国PPP发展（融资）论坛。会上，财政部党组成员、副部长邹加怡表示，“探索PPP与专项债的结合，撬动社会投资，发挥协同加力效应”。财政部PPP中心主任焦小平也表示，“PPP与专项债两者结合，有利于降低PPP项目的融资成本，未来也将降低财政压力”。在30日下午的“资金统筹模式”分论坛上，来自地方财政部门和金融机构的嘉宾对专项债和PPP的有机结合也达成了共识。

自宏观政策逆周期调节以来，积极财政政策提力加效，专项债和PPP各自发力，成为目前地方政府基础设施投融资的两大“前门”工具。然而，在实践中，专项债和PPP都存在各自的问题和痛点，如果能将两种政策工具有机集合起来、取长补短，有望充分发挥两者在稳增长、促投资、补短板等方面的协同加力作用，强化逆周期经济调节力度，并兼顾短期经济增长和长期经济高质量发展的目标。

一、各方对专项债与PPP结合的必要性已形成共识

（一）专项债和PPP分割，无法撑起保增长的基建投资需求

国务院参事室特约研究员娄洪认为，可以从资金层面有机融合的角度探索PPP和专项债的结合，共同助力做好“六稳”工作。陕西省PPP中心主任杨京星认为，专项债和PPP模式在行业领域上重叠、目的性一致，两者的结合能够更好地发挥财政资金四两拨千斤的作用。

---

① 宋雅琴，赵晶．各方期盼专项债与PPP有机结合［EB/OL］．经济观察报，2019－11－25．

2015 年以来，作为合规举债“前门”，专项债的规模不断提升，2019 年安排的专项债券规模达到 2.15 万亿元，比 2018 年的 1.35 万亿元猛增 59.3%。然而，同期基建投资的增速却出现了断崖式下降，这说明专项债政策并没有完全实现预期的政策目标。

究其原因，专项债的发行政策对项目的现金流和地方政府的自有资金出资能力要求很高，原则上，地方政府出资以外的专项债本息要与项目自身的经营性现金流实现自平衡。实践中，真正能够满足要求的基础设施项目数量极其有限。如果严格执行这一标准，那么专项债能够支撑的基建项目投资额很难达到中央对专项债规模的预期。而与此同时，PPP 项目中社会资本对投资回报的要求和金融机构在无政府信用担保情况下对贷款收益的要求也决定了 PPP 项目的资金成本较高，能够撬动的社会投资也是有限度的。在当前稳增长的政策需求日益凸显的形势下，如果能将两者结合，将专项债的适用领域从政府直投项目扩展到政府出资、社会资本参与的 PPP 项目，显然有利于支撑起基建投资的真实需求。如果两者能够顺利结合，那么基建项目的投融资来源就会更加多元化，项目资金可以同时来自政府自有资金、专项债资金、社会资本投资和金融机构融资；同时项目的回报机制也可以由项目自身收入、财政可行性缺口补助共同组成，在技术层面只需要做好资金来源和回报机制的一一对应和风险有效隔离即可。

（二）专项债与 PPP 结合，可不增反降隐性债务的风险

黑龙江省财政厅副厅长赵谦认为，专项债和 PPP 是激励相容的，建议探索 PPP 与专项债的深度融合。

一些学者已经观察到，实践中专项债出现了“一般债化”的倾向，主要表现为项目现金流测算精度较低，项目偿债来源不确定性和不稳定性高，这为未来的债务偿还埋下了隐患。一旦项目自身收益不足以按照债券发行计划偿还债务，专项债的偿还压力就将蔓延至政府的一般公共预算账户，这直接违背了专项债非赤字化管理的初衷，很容易形成新的隐性债务。专项债与 PPP 的结合，将帮助地方政府按照项目实际情况进行收益测算，能够用项目自身现金流支撑的部分通过发行专项债进行融资；剩余部分如果财政没有足够的能力出资，则交由社会资本进行投融资，相应部分的回报由一般公共预算支出补齐。这种实事求是的做法显然更有利于降低隐性债务的风险。同时，决策者不必担心专项债与 PPP 的结合将带来新的债务风险，因为目前 PPP 在财政承受能力监管方面有一套十分严格的制度，如果当

地财政承受能力已经突破上限，那么 PPP 和专项债结合的路径便自动锁死。

（三）专项债和 PPP 结合，有助于同时破解 PPP 项目资金难题和专项债的项目质量难题

国务院参事室特约研究员娄洪表示，专项债和 PPP 的结合，可以充分发挥专项债的资金成本优势和 PPP 的项目管理优势，解决专项债的项目储备不足、项目论证不完备、项目管理不精的问题和 PPP 的融资难、融资贵等问题。开封市财政局常务副局长刘福启认为，在项目条件具备的前提下，将专项债作为 PPP 项目的资本金，有助于解决 PPP 项目政府方资本金短缺问题，促进 PPP 的健康发展。中国建设银行河南省分行副行长岳邦奎表示，可以探索将专项债作为 PPP 项目的政府方出资，以降低 PPP 项目的资本金成本。

公开资料显示，部分专项债项目存在发债阶段项目储备不足、专项债资金到位后项目前期手续不到位、资本金不到位等问题，导致专项债发行后对应项目准备不到位，出现“钱等项目”的情况，造成一定的债券资金闲置。而 PPP 模式对项目的合规性要求很高，监管部门和地方各级政府通过 5 年来的努力，已经建立了完备的项目识别、准备采购、执行、移交等全生命周期的管理理念和专业管理体系，大量项目已经完成前期审批手续和社会资本选择工作，只待资金到位即可落地。这些 PPP 项目为专项债提供了现成的、丰富的项目池。未来，既可以探索专项债资金充当 PPP 项目中的政府方资本金，以降低 PPP 的资本金成本；也可以探索政府将专项债资金转贷给市场化运作的 PPP 项目公司，通过 PPP 的绩效考核机制强化对专项债资金的回款管理，以切实提高专项债资金的管理效率。

二、各方呼吁积极探索专项债和 PPP 结合的路径

国务院参事室特约研究员娄洪提出，目前关于探索专项债和 PPP 相结合的具体路径，大致有三个方向：一是专项债作为 PPP 项目的资本金；二是对项目进行合理切块并组合运用两种模式；三是运用 PPP 盘活专项债形成的存量资产。

一是专项债作为 PPP 项目的资本金。探索专项债作为 PPP 项目的政府方资本金，解决了政府直接投资的资本金问题，同时也在一定程度上降低了社会资本方的出资压力，从整体上降低项目的资金成本，也起到一定的项目增信作用。

二是对项目进行合理切块并组合运用两种模式。例如，轨道交通项目整体采用 PPP 模式实施，但在资金层面划分为 A、B 两个部分，A 为征拆和土建部分；B 为机电设备部分。其中，A 包部分资本金由财政自有资金出资，借贷资金由政府通过发行专项债筹集，A 包部分的回报来源于特定地块的土地出让收益；B 包部分资本金由社会资本出资，借贷资金由社会资本向金融机构贷款筹集，B 包部分的回报来源于轨道项目自身现金流以及一般公共预算支出的政府可行性缺口补助。这样，一方面在资金层面获得专项债的支持；另一方面在建设和运营层面引进优秀社会资本的经验和技术，可以降低项目综合成本、提高效率并提升运营服务质量。

三是运用 PPP 盘活存量资产。专项债只能解决项目的部分融资问题，并不能自动带来项目建设和运营环节的效率提升。即便项目资金完全通过专项债解决，在建设运营环节也仍然可以引入 PPP 的市场化理念。地方政府通过竞争方式引入真正的市场主体，签署边界和权责清晰的建设运营合同，并建立按效付费的合同监管机制，从而有效地提高项目建设和运营效率。这样专项债的融资成本优势就与 PPP 的治理优势有机结合起来，实现“1 +1 >2”的政策效果，助力经济的高质量发展。

三、对专项债和 PPP 结合策略的展望

专项债和 PPP 相结合，能够最大限度地降低制度频繁换道和政策分割的成本，给予地方政府和社会资本各方以政策连续性和稳定性的合理预期。发挥专项债和 PPP 的共同优势，能够激发地方政府、社会资本加大基础设施投资的积极性，有效带动当下中国经济的增长，共同发挥好逆周期调节的作用，这理应成为未来政策着力的重点。

目前，业界有观点认为，PPP 和专项债结合还面临诸多政策层面和技术层面的约束，主要包括申报路径不同、政府性基金预算统筹用作 PPP 政府付费来源的障碍、期限和收益的错配问题以及债务性资金不得作为 PPP 资本金的限制等。我们认为，出现上述困难的真正原因是两种制度在设计时均没有考虑政策之间的兼容性。如果在战略层面上各方均认为 PPP 和专项债的结合能够实现激励相容、优势互补，确有必要将两者结合起来，那么后面要做的就只是对具体政策和技术层面进行调整和创新，打通人为造成的政策阻隔，让两者真正形成政策合力。

第五届中国 PPP 发展(融资)论坛之“资金统筹模式”分论坛会议记录

时间：2019 年 10 月 30 日下午

地点：郑州国际会展中心轩辕 C 厅

主持人（金永祥）：尊敬的各位领导、各位来宾、各位专家、各位同仁：

大家下午好！

今天非常荣幸，受 PPP 中心的邀请来主持这场的专题论坛，我们是 PPP 筹资模式的分论坛。大家知道，自从改革开放以来，PPP 就传进了我国，从改革开放到 2014 年，我们经历了 PPP 的探索阶段、试点阶段、推广阶段、反复阶段，2014 年以后，PPP 进入普及阶段，在各行各业用得非常广泛。2014～2017 年，大家都知道，PPP 经历了高速发展期。在取得成绩的同时，也不可回避，遇到了一些麻烦和问题。2018 年，PPP 进入了调整期。2018 年下半年，PPP 开始回暖，政策开始回暖。进入 2019 年以后，今天这个会议大家能感受得到，PPP 已经回到了政策所支持的一种融资模式，所以 PPP 未来应该有很大的发展。

过去几十年里 PPP 起起伏伏，国家采取的各种经济政策也非常多，但是能像 PPP 这样，起起伏伏以后还能表现出顽强生命力的政策并不多。甚至，PPP 是唯一的一个，从改革开放一直走到今天的一项政策。这项政策，肯定 PPP 有它存在的理由。过去几十年，特别是 2014 年以后 PPP 的发展，我们体会到，PPP 在四个方面表现得非常好。

第一，PPP 使我们各个地方政府的决策更加科学了。以前地方政府推基础设施项目、推公共服务项目，它的决策是比较单一的，就是我们地方党政领导作主决策。在这种情况下，大家都知道，出现了很多“形象工程”、楼堂馆所，投资效率并不是很高。在做 PPP 以后，在过去几年里，大家能感觉得到，社会资本，哪怕是国有企业，当地方政府想推项目的时候，这些社会资本会有选择权，这种选择权就会使一些投资效率比较低的可能是“形象工程”的项目大大减少。大家知道，能够把最差的一些项目过滤掉而集中精力办大事，这是我们体制的优势。把差的项目滤掉，意义是很大的，这样决策更加科学了。

第二，PPP 效率提高了，竞争能提高效率，经过这几年，大家能感觉到，以前每个城市都有自己的污水处理厂，都有自己的污水公司，都有燃气公司。现在呢？它们实现了产业化、规模化，像污水处理效率提高了，不是一家一户的企业能比的。另外，专业化以后，研发水平和管理水平大大提高了，提高了基础设施的供给效率。

第三，PPP 项目，大家知道，财政部有它的项目库，非常的公开透明，我们在运作 PPP 项目的时候，严格受到政府的监管。大家可以看到，这些 PPP 项目文件的规范性。从项目库的管理和规范来看，PPP 的规范也是我们几十年来少有的。

第四，PPP 实际上已经成为国家治理的一种重要手段。透明度一直是国家治理重要的标志。现在 PPP 项目的公开程度受媒体的关注度也是前所未有的。所以，我们可以说，PPP 经过这几年的高速发展，它应该已经成为一项非常重要的经济政策，成为国家一种经济政策。甚至，在很大程度上可以说带来了深刻的社会变革。我们对 PPP 的认识，可能会对我们坚定 PPP 的信心有好处。

我简单和大家作这样一个交流，但同时也必须看到 2018 年以来 PPP 的调整不是没有理由的。我们 PPP 的发展也遇到了一些问题，实际上，PPP 的这些问题，大家作为从业者也知道，这些问题应该说是发展中的问题。我们国家如果想要经济政策更加完善，必须解决这些问题，如果一项政策遇到问题就躲了、不干了，那这个政策是不会完善的。所以，我觉得我们过去几年所遇到的问题应该是发展中的问题，我们有能力解决好。今天我们讨论的资金统筹问题就是我们遇到的一个问题，例如融资难、融资贵、PPP 项目落地难，这都是我们的问题，是不是想办法解决呢？今天我们就请到了一些专家，跟我们一起讨论，来寻找这样一个问题的解决答案。

我首先对今天参加会议讨论的嘉宾作一个介绍。今天的论坛首先有一位作主旨发言的嘉宾，然后有五位参加圆桌论坛的嘉宾，分两个阶段进行讨论。首先，主旨论坛的嘉宾是娄洪先生。娄洪先生原来是财政部司长，现在是国务院参事室特约研究员，欢迎娄洪先生。下面的五位嘉宾，我逐一介绍，介绍完以后大家一起来欢迎。

参加圆桌论坛的嘉宾有：

黑龙江省财政厅副厅长赵谦先生；

中国建设银行河南省分行副行长岳邦奎先生；

陕西省 PPP 中心主任杨京星先生；

开封市财政局常务副局长刘福启先生；

Mazars 会计师事务所、高级合伙人张立文女士。

欢迎各位专家参加本次论坛，下面请第一位嘉宾娄洪先生作主旨发言，大家欢迎！

各位嘉宾朋友、女士们、先生们：

大家下午好！非常高兴参加第五届 PPP 发展（融资）论坛的“资金统筹模式”分论坛。2014 年发布的《国务院关于加强地方政府性债务管理的意见》中提出，要“建立规范的地方政府举债融资机制”和“推广使用政府与社会资本合作模式”，为规范地方政府性债务、促进经济高质量可持续发展指明了方向。5 年多来，地方政府债券和 PPP 在地方经济发展中的地位不断提高、作用不断加大，逐渐成为主渠道。近期，我专门就地方政府专项债券和 PPP 项目管理工作情况开展了调研，借此机会，我想结合调研情况，就如何发挥专项债和 PPP 协同加力作用，简单谈几点认识。

一、专项债和 PPP 发展现状

2019 年《政府工作报告》明确提出，“今年拟安排地方政府专项债券 2.15 万亿元，比 2018 年增加 8000 亿元，为重点项目建设提供资金支持，也为更好防范化解地方政府债务风险创造条件”，同时提出“合理扩大专项债券使用范围”。2019 年安排的专项债券规模比 2018 年的 1.35 万亿元猛增 59.3%，力度强劲。近期，中共中央办公厅、国务院办公厅联合印发《关于做好地方政府专项债券发行及项目配套融资工作的通知》，国务院常务会要求加快发行使用地方政府专项债券，政策力度进一步加大。

PPP 事业经过 5 年多的探索和完善，从高速发展进入了高质量发展阶段。在各方的共同努力下，对 PPP 核心理念基本形成了共识，培养了一批专业的人才，积累了丰富的操作经验，建立了一个生机勃勃的大市场。根据全国 PPP 综合信息平台统计，截至 2019 年 9 月底，累计有 PPP 项目 9249 个、投资额 14.1 万亿元，其中开工建设项目 3559 个、投资额 5.3 万亿元，投资体量非常大。PPP 涉及行业领域较多，包括市政工程、交通运输、城镇综合开发、环境保护、教育、医疗等 19 个领域，这些与国务院常务会确定的专项债重点投向的重大基础设施领域基本吻合。此外，从前段时间调研情况来看，专项债和 PPP 作为地方发展的两大重要抓手，一些地方已经开始探索专项债和PPP如何统筹协调。

二、专项债与PPP结合的必要性

在当前经济下行压力持续加大，国内需求疲弱的情况下，有必要探索研究专项债与PPP的结合，开大开好规范创新发展的“前门”。

一是助力做好“六稳”工作。与我国特定发展阶段的投资需求相比，专项债和PPP规模仍显不足。从人均GDP来看，2018年我国人均GDP为全球第72位，约合9608美元，为全球平均水平11305美元的85%，韩国的30.7%，日本的24.4%，美国的15.3%。从城镇化水平来看，2018年我国城镇化率达到59.6%，但大多数发达国家的城镇化率在75%以上，我国仍有至少15个百分点的差距，与美国（约82%）、韩国（约83%）、日本（约94%）等高城镇化率国家相比差距更大。从基础设施存量来看，目前我国人均基础设施存量水平相当于发达国家的20%～30%，在民生领域、区域发展方面，还有大量的基础设施投资需求。探索专项债和PPP结合，有利于带动民间投资，加快补短板、调结构、惠民生的重大项目建设，扩大有效投资。

二是实现优势互补。专项债具有成本低、操作简便等优势。据财政部统计，2019年1～8月，地方政府专项债券平均发行利率为3.41%。PPP模式在项目管理上较为专业，5年多来建立了包括项目识别、准备、采购、执行、移交等全生命周期流程的系统管理机制。专项债和PPP的结合，可以充分利用专项债的资金成本优势和PPP的项目管理优势，解决项目储备不足、论证不强、管理不精、融资难融资贵等问题。

三是促进提质增效。PPP从宏观上看是一次推进国家治理体系和治理能力的体制机制变革，从微观上看是一种专业的项目管理工具。专项债项目引入PPP后，通过充分竞争、全生命周期管理、风险分担、按效付费等机制，可以让专业的人做专业的事儿，推动建设运营一体化管理，创新商业模式，挖掘项日潜力，提高财政绩效。之前在江苏调研时，南京市玄武区南部片区环卫保洁PPP项目，社会资本中标金额相比年度经费节约了12.8%，给我留下了深刻印象。

三、关于“专项债+PPP”的几点思考

尽管目前政策尚未明确专项债和PPP的结合方式，但并不妨碍我们对此进行探讨。结合个人研究，我认为可以从以下三个方面发挥“专项债+PPP”的协同加力效应。

一是考虑将专项债作为PPP的资本金。资本金不足是导致PPP项目落地实施难的重要原因之一。在项目条件具备的前提下，将专项债作为政府方的资本金，能够加快项目实施进度，早日建成经济社会效益比较明显、群众期盼、迟早要干的项目。

二是考虑对项目进行合理切块。对于投资规模较大、内容较为复杂的项目，可以按照项目内容的运营性强弱进行划分，运营性较弱的部分由政府采取专项债方式进行建设，运营性较强的部分由政府和市场合作采取 PPP 方式实施，从而减少财政整体负担，提高项目综合效益。

三是考虑运用 PPP 盘活存量资产。从以往经验来看，一些政府直接投资的项目，后续可能因为缺少对运营维护的统筹考虑或专业性不强，导致项目实施效率不高。可以在专项债项目建设完成后，引入专业的社会资本方，解决机制、资金、技术、管理等方面的问题，同时让政府腾出手来，重点加强项目监管和绩效付费等，实现政府和市场权责的科学划分。

以上是我对“专项债 + PPP”的几点认识，不足之处，敬请批评指正，谢谢大家！

主持人（金永祥）：谢谢娄先生，刚才娄先生的主旨演讲让我感觉最深的就是非常的接地气，他不仅仅是以前做政府官员，更重要的是他为 PPP 项目以及相关的专项债做了调研，所以他提出将 PPP 与专项债结合是很有必要的，我理解是一种“开前门”的举措。同时，娄先生很接地气的给我们提出了几种建议，就是 PPP 跟专项债政策上可能还没有太明确，但是很明显，他给出了三种可以借鉴的考虑的模式。我们再次感谢娄先生精彩的发言。

下面，我们进入圆桌论坛环节，请五位圆桌论坛的嘉宾上台就座。

刚才娄先生的主旨发言实际上也给我们破了一个题，重点讲了专项债和 PPP 结合的必要性，以及结合的可能性问题。实际上我们今天分论坛是关于筹资模式的话题。筹资，大家知道，PPP 项目的筹资主要有两个部分，第一部分，资本金的筹措问题；第二部分，债务资金的筹措问题。我们说融资难，既涉及资本金的问题，也涉及债务资金的问题。今天请来的嘉宾具有代表性，政府官员比较多，但是代表了不同层级和不同角度的官员，有财政厅的副厅长，有地方财政局的副局长，还有地方 PPP 中心的主任。同时，我们谈融资问题，请到了银行行长，还有会计师事务所做投行业务的同仁。今天请五位嘉宾对我们今天的话题展开讨论。

下面将近一个小时的时间，首先请每位嘉宾作一个自由发言，时间大概 6 ~ 8 分钟。发言以后，如果在座的各位也想自由发言，可以举手。其次我会跟每位嘉宾做一个简单的交流，交流完以后，嘉宾之间也可以有所互动。最后在座的各位嘉宾，如果有问题可以提出，到此我们会议就结束了。在 5 点 10 分一定要结束，大家如果想跟我们参与互动的，可以在 5 点 10 分之前表现得稍微积极一点。

首先，请黑龙江省财政厅副厅长赵谦先生作自由发言。

赵谦：谢谢主持人，我们在郑州参加的这次中国 PPP 发展论坛，主题是财政部设置的共建共治共享。这几天首都北京正在召开党的十九届四中全会，主题是推进国家治理体系和治理能力现代化。实际上 PPP 制度就是国家治理能力和治理体系现代化制度的一个重要内容。这句话是财政部原部长楼继伟在 2013 年 12 月提出的，我们知道 2013 年 12 月召开了全国财政会议，前部长楼继伟作了 PPP 模式的报告，吹响了全国 PPP 模式的号角。6 年来，中国的 PPP 项目已经达到了 14 万亿元，真正落地投资的是 5 万多亿元。经历了高潮期，这两年进入一个低谷。当然，由于认识上和操作上的问题，出现了低谷期。但是，从昨天上午邹部长的讲话来看，释放出了一个很重要的对 PPP 发展的信号。这两天，我们与业界、与 PPP 政府界的认识、企业界人士和资深专家进行广泛交流，就 PPP 资金统筹方式，我提出了六点建议。

第一，用专项债做资本金。刚才娄先生也讲了，现在我们的政策是专项债只能做重大项目的资本金。昨天，周部长讲探索专项债和 PPP 项目的结合，完全可以用专项债做 PPP 项目资本金。这也是我们提出的第一个建议，也是反映大家的呼声。任何一项好的政策来源于基层，通过大家的实践，反馈给政策的制定者，上升为管理者决策。

第二，国际金融组织的贷款。昨天我们和 AIIB 亚投行陈主任作了交流，因为黑龙江自贸区是中俄“一带一路”经济区的重要节点，是东北亚的中心，金行长 2018 年到黑龙江去做这方面的投资，亚投行最大的单体项目，4 亿美元的城市转型项目，今年开始落户黑龙江。

第三，ABS、资产证券化、信托的基金。昨天，我注意到周部长讲到了加人资产证券化的力度，加大项目筹措的力度，给我们提出一个新的课题，需要我们业界进行深入的研究。

第四，通过 PPP 基金，黑龙江有龙江振兴基金。

第五，通过保险基金和银行资本深度合作。用保险基金作为投资 PPP 项目的保证、保险，这是一个新的课题，需要我们深入的研究。

第六，通过 PPP 奖补资金，将政府扶贫项目的预算投入纳入财政预算，完全可以突破财政支出的 10%，我觉得都是可以探讨的。这两天参会，大家也提出了这个问题。所以我说，资金统筹，我提出的建议是六种模式，这六种模式也反映了这两天参会大家的呼声。明天晚上，第十九届四中全会的公报即将出来，我相信财政部会根据公报在国家治理体系、治理能力方面有重大突破，这其中就包括 PPP 制度的创新，我们期待着这一天的到来。谢谢！

主持人（金永祥）：下面请建行河南省分行副行长岳邦奎先生进行自由发言。

岳邦奎：大家好，我是建行河南省分行副行长岳邦奎，很荣幸能够参加这次在 PPP 领域里非常具有权威性、影响力、高水平的论坛，下面就 PPP 业务我从三个方面谈谈体会。

第一个方面，建行和 PPP 业务的缘分。

截至 2019 年 9 月底，河南省建行存款规模突破了 6500 亿元，规模效益走在同业前列，借此机会感谢社会各界对建行的支持。建行作为国有大行，坚决贯彻落实国家战略、各项政策，是同业中最早制定 PPP 贷款标准的银行；建行作为最大的出资方之一，联合其他金融机构成立了注册资本为 1800 亿元的中国政企基金，重点支持 PPP 项目建设；另外，为充分发挥金融机构和咨询机构的协同联动优势，探索 PPP 融资新模式，建行和大岳咨询合作，发起设立了深圳市前海建合投资有限公司。

目前，河南省建行储备的 PPP 项目超过 50 个，在河南 18 个地市都有贷款投放，累计储备贷款 600 多亿元，实现投放 151 亿元，目前贷款余额 140 亿元，PPP 贷款余额在全国建行系统位居前三。

第二个方面，银行对 PPP 融资的关注要点。

在这里，我想用“一、三、五”这三个数字来概括一下建行对 PPP 项目的关注要点：“一”就是一致性，也就是说 PPP 项目的相关手续必须要和立项主体一致；“三”就是要“三个看”，看区域、看客户、看项目；“五”就是“五个关注”，一是要关注政府方是否存在违规担保；二是要关注社会资本方在招标环节是否合规；三是要关注“两评一案”是否合理合规；四是要关注项目入库的信息是否真实；五是要关注 PPP 项目回报机制是否可行。

第三个方面，资本金的问题。

我想谈两个方面的理解，一个是专项债用作 PPP 项目资本金的问题。为了加大专项债对重点领域和薄弱环节的支持力度，中央办公厅、国务院办公厅印发了《关于做好地方政府专项债券发行及项目配套融资工作的通知》，允许地方政府专项债作为符合条件的重大项目的资本金。这里用三句话谈下我的个人理解：第一，专项债可以作为 PPP 项目的资本金；第二，专项债用于资本金的项目，必须是符合中央重大决策部署、具有较大示范带动作用的项目，例如高铁、高速，还有关乎国计民生的水电气暖等；第三，既然专项债的融资主体是政府，那么专项债也自然只能作为政府出资部分的资本金，社会资本方的资本金不应该用专项债解决。

另外，PPP 项目的资本金来源，除了专项债，根据《关于规范金融企业对地方政府和国有企业投融资行为有关问题的通知》的规定，必须把握两个关键，一是不能是债务性资金；二是需进行穿透核查。但在实际操作中，债务性资金怎么界定、资金需要穿透到哪一层，一直困扰着我们金融机构，比如我们认为资本金来源合规，但有关部门可能会有不同的意见。在此，我们呼吁国家，尽快出台资本金认定和审查的细化标准。

最后，我想说，“中国建设银行、建设现代生活”，是我们的经营理念，建行一定会大力支持 PPP，也愿意与在座的各位一道努力，共同支持 PPP、创新 PPP、规范 PPP，把中国的 PPP 事业做大、做强、做稳、做好。谢谢！

主持人（金永祥）：下面有请陕西省 PPP 中心杨京星先生发言。

杨京星：大家下午好！非常荣幸参加这个分论坛，结合我们陕西的具体情况跟大家作一个分享。

近一段时间以来，与全国相比，我们面临严峻的经济下行压力，为了应对错综复杂的外部环境，陕西省上下以三个经济为抓手，积极响应国家减税降费的政策，充分发挥政府债和 PPP 在稳增长、惠民生方面的作用，强化逆周期经济调整。今天我就陕西省 PPP 具体开展情况作一个汇报，同时提出我们资金统筹方面的三点思考。

第一，我们全省总体的项目情况。

一是项目入库情况。我们根据审核的实际综合考虑项目融资落地的可行性，完善入库审核管理办法，形成了市级财政部门初审、中心复审、专家评审的工作流程。目前陕西省在全国 PPP 信息平台中管理型项目 265 个，项目总投资近 4000 亿元，项目分布 18 个一级行业，已落地项目总共 180 个，项目总投资 3000 亿元，落地率达到 68%。基本上平均每年以 133 亿元的财政支出责任来撬动 320 多亿元的民间资本投资。通过 PPP 的模式，确实推动了陕西社会经济的发展。

二是规范管理，推动项目的持续发展。在稳步推进 PPP 项目的同时，我厅先后两次联合有关部门组成核查组查阅资料、集中执行、现场察看、召开座谈会，对陕西省管理库的项目进行核实，并制定了分类处置的措施，后期积极跟进，督促落实。经过这些核查、整改，落实项目的建设内容、融资落地的条件等，清退了无法落地的 PPP 项目，为陕西省 PPP 项目释放出了空间。

第二，存在的主要问题。

从筹措资金角度来看存在两个方面的问题。

一是项目的储备还是不足。目前 PPP 项目数量与周边省相比还有较大差距，而且居全国综合信息平台显示，陕西省统筹来看，PPP 筹措资金能力占比不到 4%，换句话说，我们的财政空间还是很大的。但是由于融资难、融资贵的原因，很多项目还是无法开展。地方政府对 PPP 项目的融资缺乏信心，导致对新项目的推动还是不足。

二是项目的落地困难。近期，我们对 PPP 项目进行调研，总体来看，陕西省 PPP 项目已经进入执行阶段的，完成融资交割的项目还比较小，部分项目因为融资的问题无法申请退库，部分执行阶段的项目还是落地困难。目前完成采购的项目总共 180 个，成立项目公司，确定社会资本方的项目有 142 个，中标的社会资本中，国有企业的项目有 83 个，民营企业有 59 个，民营企业的融资落地率不到 38%，国有企业融资落地率不到 50%。整体来看，落地率还较低。部分项目还因融资问题，执行阶段落地困难。

第三，我们的思考和建议。

我们认为：一是促进政策解读，促进 PPP 方式的健康发展。建议财政部还是加大对 PPP 的政策力度，以多种方式，特别是通过新媒体宣传及答记者问等方式宣讲政策，使各级政府都能知悉政策的内涵和发展方向，推动各级政府规范发展项目，不断增加项目储备。同时，应保持政策的连续性，形成稳定的市场预期，使 PPP 成为长期有效的基础设施和公共项目的运作方式，促进项目的储备。

二是实时推出积极的金融政策，建立政企融交流平台。近几年金融机构对 PPP 模式处于观望的态度，目前金融机构更倾向于了解项目的背景、项目前期一案两评情况。因此我们建议，相关部门能够积极推出金融政策，包括但不限融资成本、融资主体等方面放宽条件。同时，建议财政部在综合信息平台上能够搭建政企融的交流平台，促进项目的早日落地。

三是寻求新的资金筹措模式。2019 年 6 月，提出了允许专项债作为符合条件重大项目的资本金，我们也在寻求专项债券与 PPP 结合的新渠道，两种方式能否结合尚缺乏有力的支持，建议主管部门尽快形成边界清晰、标准清楚的政策指引，缓解经济下行的趋势，促进项目投资。

以上发言不妥之处请大家批评指正。

主持人（金永祥）：谢谢杨主任，有请下一位开封市财政局常务副局长刘福启先生发言。

刘福启：尊敬的各位嘉宾，大家下午好！我是开封市财政局副局长，负责财政预算、政府债务等方面的工作，作为第四级 PPP 工作的亲历者、践行者，我很荣幸受邀参加第五届中国 PPP 发展论坛。

开封共有 32 个项目入选财政部项目管理库，总投资 28 亿元。已完成投资 172 亿元，项目的落地率是 87.5%。落地项目的投资完全率 59.3%，截至目前，有 7 个项目完工交付使用，9 个项目被评为全国示范项目。从开封 PPP 的运作情况来看，我市走出了一条以点带面、多元均衡、守正创新，具有开封特色的 PPP 发展之路。

一是以点带面，也就是说，我市的 PPP 项目具备可复制、可借鉴的特色，开封民生养老院以实物补贴代替货币补贴。开封的体育中心项目解决了困扰体育事业发展运营的难题。

二是多元均衡。投资主体涵盖各类主体，除了用好政府可行性缺口补助，我们还探索了实物补贴、超额收益分成等多种汇报方式。

三是财政支出均衡。我市 PPP 项目责任，反映教育支出、文化与体育传媒支出、交通运输支出等四个科目，但是守正创新，用好用活政府性基金预算，开封市早在 2015 年把部分 PPP 项目财政支出列入政府性基金预算。一渠六河项目 80% 列入政府性基金预算。利用 PPP 模式，开封建成了直达郑州航空港的快速通道，实现了新老城区水系贯通，建设了河南省最大的民生养老院，以及能承接国际国内单项比赛、省内比赛的场馆。

5 年多的时间，我们深刻地认识到，PPP 项目运作成败的前提在于项目的规范性，而规范的 PPP 项目能否顺利推进，关键看筹资能否顺利到位，开封市主要有以下四种方式。

一是政府参与 PPP 项目，安排资本金。按照参股不控股的原则，政府参股比例不低于 10%，不高于 49%，不仅可以减轻政府财政支出压力，可以增加项目的融资性，同时有利于政府及时掌握 PPP 项目的运作情况。

二是统筹 PPP 项目奖励资金和补助资金。国家在养老等多个领域出台了资金奖励政策，如国道 230，国家每千米补助 600 元，该项目获国家补助 2.3 亿元，我们将补助资金用于项目建设资金，减少了政府后期的责任。

三是发行 PPP 项目专项债。我市体育中心项目发行 10.2 亿元的 PPP 专项债券，其中 5.1 亿元用于体育中心的建设，5.1 亿元用于项目的发行。

四是用好各类投资资金，解决 PPP 资本金问题。一方面，我们积极争取政府投资资金支持，中国政企资金投资 5.9 亿元，支持开封城镇化项目和水系项目，一定程度解决了资本金问题；另一方面，解决了部分项目的资本金问题。

我市取得了一些成绩，也积累了一些经验，但是也存在融资难、融资贵问题亟待解决。目前我市已落地的项目没有完成融资和没有开工的项目占比 15%，究其原因有三个方面。

一是规划选址、手续不全无法完成。

二是融资能力不足，项目迟迟不能开工。

三是政策收紧导致融资困难，2017 年上半年，我市融资成本均不超过基本利率，个别项目还有下浮。2017 年下半年收紧，融资成本增加，银行不放贷，影响了项目的推进。

针对这些问题，我们提出以下建议。

一要提前谋划 PPP 项目，把前期工作做扎实，PPP 项目投资规模大，合作期限长，前期要件要完备，两评一案等内容要科学合理，采购程序要规范。因此，要提前谋划项目，把基础工作做扎实。

二是选择有实力、能盈利的社会资本方，融资能力、建设能力和运营能力关涉项目的承办，政府要多轮测试，引入合格的社会资本方，实现政府和社会资本的合作共赢。

对于上级政府来说有两点建议。

一是统筹两本预算，明确财政支出超过 5% 的地区不得新上政府付费项目，新签约的项目不得安排 PPP 运营补贴支出，对于城镇化率较低的城市来说，政府性预算收入较高。国有企业如何反哺重大公共服务项目，我觉得也应该统筹考虑国有资本金的预算，支持 PPP 项目。

二是建议尽快完成 PPP 立法工作。PPP 工作从一窝蜂上项目，到审慎的限制发展，再到规范实施，各界人事部一致，目前仍是阻碍 PPP 发展的障碍。

以上汇报如有不妥之处，请各位领导批评指正。

主持人（金永祥）：最后请张总发言。

张立文：我聆听了各位专家、各位领导对于资本统筹精深的见解，我来自中审众环 Mazars 一家有国际能力的内资所。今天结合 PPP 的案例和近一两年来资产证券化的经验跟各位来宾汇报一下，我的这些经验来自我们全球融资咨询团队的经验。

融资的多元化，除了银行以外，还需要包括基金、资本市场、社会资本在内的其他的资方共同努力来提升资方整个投资 PPP 的热情。PPP 项目要回归本真提高质量，才会在控制好项目风险，才能保证项目现金流得到实现并吸引包括财务投资人在内的社会资本的目光。建立风险把控体系，使用可靠的金融工具，提高 PPP 项目的质量，有助于提高 PPP 的可融资性。

提高 PPP 项目质量的第一个方面需要在可研阶段就建立一个能体现项目全生命周期的金融模型，整合不同种类投资者的资源和诉求，明确现金流管理等偿债及分红方式，来实现项目全生命周期的综合融资成本的最优化。我可以举一个英国的项目事例。

英国有一个新铁路开发的项目，由三井物产公司作为总开发商。咨询团队通过金融模型和融资结构的设计，对三井物产及财团提供了采购建议和风险缓释措施。我们为项目制定的融资策略及架构，减轻了财团面对的外汇风险，使融资成本降低了 12% 。

提高项目质量的第二个方面，对整个项目进行动态的风控管理，出现问题的时候，如何平衡各利益相关方的风险分担机制，保证项目的收益率来促进项目顺利完成。澳大利亚某医院项目，因延期带来总成本超支问题。在这种情况下，我们作为融资的咨询机构，通过金融模型覆盖全生命周期，同时调整了不同情景下债券投资人的影响，设立了不同的利息备付率，保证了项目在延期的情况下依然可以实现成功支付，并且保证每个投资人的利益。

因此，针对融资难、融资贵的问题，可从项目质量的角度提出建议，整合不同阶段不同投资者资源和诉求，构建可调整的多元化的融资结构，通过金融模型对项目进行全生命周期管理，将利益及风险进行合理且即时的分配，保证各参与方的责任与收益直接挂钩，从而实现 PPP 项目全生命周期综合融资成本最优化的目标。不妥之处请批评指正。

主持人（金永祥）：谢谢五位嘉宾，刚才他们都做了精彩的陈述，在座的各位有没有想自由发言作一下补充的。如果没有的话，我们就进入下一个环节，下一个环节，我跟几位专家作一个交流。

首先，我跟黑龙江省财政厅副厅长赵谦先生作一个交流，周部长昨天谈到了探索 PPP 和专项债的结合问题，今天我们的主旨发言嘉宾，娄先生讲的主要内容也是结合问题。刚才，很明显，五位嘉宾里面有多位提到了 PPP 和专项债的结合问题。当然，刚才娄先生也谈到了它们结合的必要性和各自的优缺点。但是对于 PPP 和专项债结合这样一个重要的问题，我觉得还可以继续来讨论。赵司长是在座政府官员里面级别最高的，请您再谈一下 PPP 和专项债各自的优缺点、优劣势的情况。因为我们只有在认识上达成一致了，我觉得 PPP 和专项债的结合才更具有可行性，请赵厅长再谈谈这个问题。

赵谦：专项债，从它的优点来说，筹措资金快、市场利率低。刚才娄先生也讲了，3%多。不足就是专项债额度比较低，还有比例限制。而 PPP 的优点，专业化运作，市场效率高。它的不足在中国来说，就是决策的过程中透明度不够。

但是我认为，专项债和 PPP 可以优势互补，为什么这么说？现在我们的政府支持社会经济发展的方法比较多，但是最有效的两个方法就是专项债和 PPP。从昨天周部长释放的信号和今天来看，专项债如果能做 PPP 的资本金，如果 PPP 财政支付的额度可以超过 10%。当然，超过 10%可以根据地方政府的还款能力实事求是地安排。如果这两条政策能突破，就实现了专项债和 PPP 的优势互补。

实际上，专项债和 PPP 是激励相容的。中国的城镇化率是 59%，而西方发达国家是 80%以上。今年是 2019 年，到 2049 年实现第二个百年目标的时候有 30 年的时间，就需要 PPP 和专项债的深度融合。

主持人（金永祥）：赵厅长信心满满，如果今天分论坛能解决一个问题，我觉得也是对我们 PPP 最大的贡献。接下来，继续讨论 PPP 与专项债的结合问题。刚才娄先生在给出建议的时候，很明显对现行的 PPP 和专项债政策是否有一定的冲突可能持有一定的保留意见。下面请陕西的杨主任，来谈谈现行的专项债和 PPP 政策，它们之间的结合，是不是有限制？需要作出哪些调整，才能使 PPP 和专项债结合得更好呢？

杨京星：我说几点，今天在座的专家、学者和各位来宾，应该都对政府专项债和 PPP 的政策和实践非常熟悉，都是这方面的行家，这方面我不再赘述了。

就今天探讨的这个话题，我个人认为，政府专项债和 PPP 模式在行业领域上，在它的目的性上是一致的。两者不是一种对立的关系，我个人理解，我觉得应该是相互促进的。从政府专项债来看，两者的结合能够发挥财政资金四两拨千斤的作用。它们现在结合面临一些具体的问题，我个人梳理了三点。

第一，大家都说到的一个问题，政府专项债作为 PPP 项目资本金的问题。

第二，两者之间在期限和收益的错配问题。

第三，因为管理的是不同部门，所以存在申报路径不同，这两者之间是背靠背的问题。

那么解决这些问题，我个人觉得有两条可供参考的推进路径。一是在现有的政策框架下，实践创新，打破障碍限制，达成这两个模式的结合，实现 1 + 1 大于 2 的效果。但是这种方式，在目前强调治理能力、治理体系现代化这个要求，从这个角度来看可能这种方式只能是一个次有的选择。二是我们国家发展到现阶段，从顶层设计的角度来看，作出重大的政策调整，彻底打通专项债和 PPP，让两者真正形成合力，发挥它们的作用。

我个人感觉，在目前国际和国内大的环境背景下，包括我们这两天开会听有关领导的讲话，我们可以对后市充满信心，不管是政府专项债还是 PPP，一定是大有可为的。谢谢大家！

主持人（金永祥）：谢谢杨主任。刚才开封的刘局长讲了他的一个案例，他们有一个项目是做了 PPP 专项债，而且很成功，据说现在还有一个项目也在做。作为一个成功的实践，我想请刘局长来谈谈，你在发行 PPP 专项债时的感想或者建议。

刘福启：开封体育中心项目发行了 PPP 专项债，这个 PPP 专项债仍然属于企业债，能够发行成功的原因有以下内容。

社会资本方有强大的利用优势。另外，我们体育中心项目运作规范，是全国的第四批项目，项目的经营性收入占总收入的比重是 22%，社会资本方运营能力比较强，有运营大型场馆的成功案例，他们预测，经营性收入占总收入的比例会超过 30%。也就是说，这个项目的现金流充沛，再加上政府方在这个项目占股高达 30%，也起到了增信的作用。PPP 专项债的发行在一定程度上破解了融资难的问题，但是解决不了融资贵的问题，高于基准利率 5% 以上。我们还有一个项目也要发 PPP 专项债，目前在路演，路演的成本在 7% 左右。所以说，PPP 专项债解决不了融资贵的问题。目前，政府正在发行政府专项债券，PPP 有四个方面的一致性：一是投资的领域基本一致，提前批，要求在七个领域都符合 PPP 的投资领域；二是 PPP 和政府专项债投资要求也是一致的；三是政府专项债对 PPP 撬动功能也基本一致；四是专项债与财政管理方式基本一致，专项债也要纳入财政预算管理，通过人大审批通过，再加上目前国家支持债贷组合的项目，国家支持这样的项目。从理论层面上讲，政府专项债可以利用 PPP 基金，但是对地方政府来说，法无授权不可为，理论层面、法律层面都呼吁国家层面出台相关政策，目前减税降费大背景下解决 PPP 项目政府方资本金短缺问题会非常有好处，会促进 PPP 的健康发展。谢谢大家！

主持人（金永祥）：请岳行长回答一个问题，这是会前社会资本方提出来的，他们提出，在 PPP 项目推进过程中，不同的机构拿到了政府不同的批复文件，例如可行性研究报告可能批给了实施机构，土地可能拨给了平台公司，财承其他的文件可以给了其他不同的公司。而最后签约的是项目公司，融资由项目公司跟银行去谈贷款。在这个过程中，有的社会资本方说遇到了类似证明“亲属关系”的问题。大概有五六份文件，属于五六个公司，所以得论证所有的文件都是这个项目的文件。因此再融资过程中耽误了很多的时间，请问岳行长，这种程序是必须要这样吗？能不能简化？对我们的流程有什么建议？

岳邦奎：刚才金总提的问题我来作一个回答，第一，目前 PPP 项目普遍存在一种情况就是项目法人跟原来审批的、核准备案的法人不一致，有的挂在政府实施机构，有的在平台公司，有的在项目公司。这种情况在日常工作中非常普遍，也非常不方便。

第二，按照相关的政策，项目法人不一致，应该依法合规地进行变更。否则银行不清楚贷款提供给谁，所以银行要求你必须变更到借款人的名下。

第三，对政府的相关机构提出建议，当然了，在审批的时候最好一致，如果遇到不一致的情况，建议政府的相关机构要加强协调、沟通，开辟绿色通道，能够第一时间高效地把项目不一致的法人变更一致。

第四，我也呼吁我们的社会资本方能不能提前跟金融机构作一些沟通，就项目的可行性和实施方案跟各家金融机构提前沟通，达成一致，提高效率，少走弯路。PPP 目前在金融系统里面是最安全、最稳定、最合规的金融资产，我相信各家银行都愿意提供这种信贷的支持，关键是要项目合规、要件一致、风险可控。谢谢！

主持人（金永祥）：谢谢。国内的 PPP 项目在退出方面有一种方式是资产支撑证券化（ABS），刚才赵厅长提到了，最近两三年，国家发改委和财政部都在大力地推，但实际的案例并不是很多，我不知道你们是不是了解这种情况，如果了解，是不是可以帮我们分析一下我们的 ABS 为什么很慢，或者怎么能把 ABS 做得更好。

张立文：谢谢主持人，我在国内做了五单。我想从两个层面提两点建议。

第一，从政策层面上，现在的 ABS 从融资制度上看，期限上受到很大的限制。我做的时间不到 7 年，我们的 PPP 时间都比较长，这是从政策层面上，整个项目融资的制度体系上，要符合资产证券化的设计要求。

第二，从项目的质量上，打铁还需自身硬，项目的质量还得保证，PPP 项目在整个基本建设里面，透明度应该是最高的。未来 ABS 资产证券化的信息披露也应当公开透明，尤其在项目动态信息的披露、运营的披露方面，以及项目运营过程当中出现风险的分担机制方面。此外整体管控上也要有全生命周期的项目体系，这样才能让 ABS 跟 PPP 项目公司一样，在资本市场更加动态的公开透明。这样的话，我坚信我们 ABS 在大力政策和自身的推动下，很快会迎来更多的落地。谢谢大家！

主持人（金永祥）：还有一分多钟时间，因为会务要求我们必须按时结束，所以今天就不安排大家提问讨论的环节了，如果大家有问题，可以和各位专家保持联系，结合讨论我分享三点感想。

第一，刚才好多位专家可能也提到了，特别是娄先生提到了，实际上 PPP 是很好的一项经济政策。我觉得，PPP 从国外引进的时候是一种融资模式，现在是经济政策，我们希望未来 PPP 能够发展成为一种治理理念，不仅仅限于公共事业，像娄先生所说的，我们培养了人才、锻炼的队伍，可以产生更大的作用。

第二，很明显，在专项债和 PPP 结合上产生了非常广泛的共识，对政策的完善，可能就会很重要，那么怎么样使它能合作得更顺畅，就像昨天周部长所说的，能够产生协同的效应，也很重要。因为政策的制定应该具有公平性，你不能说 PPP 不能做这个，不能做那个，其他的可以放开。但怎么样能够使政策更公平，更有利于国家的治理。

第三，关于 PPP 项目做得更好，无论是融资还是退出，项目质量都非常的重要，包括一种收费制度和改革，使收益更好一点，风险可控是大家所希望的，一个好的项目是 PPP 做好最关键的事情。有专家提出一些建议，例如加快立法，这对我们做 PPP 也很重要，除了立法以外，政策也可以作一些调整。例如现在对资金筹措影响比较大的问题是资本金过高，是否能尽快降下来值得探讨。另外，我们都讲“开前门，堵后门”，是否把“前门”开得更大一点，一定是 10% 吗？是不是能统筹几本预算呢？这些都是未来我们要把资金统筹工作做得更好而要做的一些努力。

一项好的政策，它的形成并不是一件容易的事，我们必须攻坚克难。PPP 确实有不足的地方，我们一起来努力，把 PPP 做得更好。现在 PPP 已经进入关键的发展期了，前期我们有大的项目已经推出来了，后面最重要的工作是怎么样使这些 PPP 达到效果，那么我们为 PPP 保驾护航这个工作更加的艰巨。我相信，有我们各位同仁共同的努力，PPP 的前景一定会更加光明。

昨天和今天财政部的会，应该说我能感觉到使 PPP 的人气大大恢复了，我们愿意跟大家一起，不仅仅是恢复人气，要把 PPP 推向一个新的高潮，不单单是量大，更是高质量的发展。

今天的论坛就到此结束，谢谢大家！

探索地方政府专项债与 PPP 结合，加快供给侧结构性改革，助力战疫情、稳增长[①]

地方政府专项债券与 PPP 结合，必须要找到切实可行的路径。

有序复工复产、深化供给侧结构性改革、加快在建和新开工项目建设进度，成为当下战疫情、稳增长的共识。近两个月，多个省份公布了高达几十万亿元的投资计划，其中很大部分是基础设施补短板项目。这些投资单靠财政预算资金投资显然是不现实的，发行地方政府专项债券和推广 PPP 模式无疑是地方政府可以选择的主要手段，但两者又各有优势，也各有不足之处，如何将两者有效结合，更好地深化供给侧结构性改革，助力战疫情、稳增长呢？笔者试着提出若干建议供探讨。

（一）地方政府专项债券和 PPP 各有优势

地方政府专项债券适用于现金流收入能够完全覆盖专项债券还本付息规模的公益性项目，其优势在于融资成本相对较低，运作流程较快。2020 年以来，专项债券发行利率已连续两个月走低，2 月专项债券平均发行利率低至 3. 34% 。专项债券申报发行速度往往也比较快，有些时候从申报到发行，快的时候两三个月资金就下来了。专项债券发行的规模也在不断增加。2018 年发行专项债券 19460 亿元，2019 年增加到 25882 亿元。2020 年伊始，专项债券发行提速迅猛，截至 2020 年 2 月底，2020 年专项债券就已经发行了 9497. 92 亿元。2020 年新增地方政府专项债券绝大部分投向了交通、市政、产业园区、生态建设、环境保护、教科文卫和社会保障等领域。

---

① 侯明，宋雅琴．探索地方政府专项债与 PPP 结合，加快供给侧结构性改革，助力战疫情、稳增长［EB/OL］．经济观察报，2020 - 04 - 02，大岳咨询，2020 - 04 - 16.

经过 6 年多的发展，PPP 模式在助推国家治理现代化、深化供给侧结构性改革等方面的优势显露无遗。通过引进有实力的社会资本，由社会资本解决项目资本金和融资问题，统一负责设计、建设和运营，政府根据绩效考核结果支付补贴，真正实现让专业的人做专业的事。在 PPP 模式下，政府要做的就是做好规划、监管和绩效考核，创造良好的投资环境。依托于财政部 PPP 综合信息平台和国家发改委全国 PPP 项目信息监测服务平台，PPP 真正做到了全生命周期信息的公开。从实际效果来看，PPP 成效显著。截至 2020 年 3 月底，财政部 PPP 综合信息平台管理库已有 9454 个项目，涉及投资 14. 4 万亿元，这里面有很大一部分项目已经建成并投入运营，为我国经济社会发展贡献了很大的力量。

2020 年，PPP 迎来了新的发展机遇。2 月 10 日财政部 PPP 中心印发《关于加快加强政府和社会资本合作 PPP 项目入库和储备管理工作的通知》，提出要切实发挥 PPP 项目补短板、稳投资的作用，鼓励提前部署、提前准备、提前开发。3 月 19 日，广西壮族自治区人民政府出台《关于印发广西进一步加快推进 PPP 工作促进经济平稳发展十条措施的通知》（“桂十条”）。这是今年第一个由省级政府出台的 PPP 政策，提振了广西推动 PPP 的决心和信心，也是对全国推广 PPP 模式的一种鼓舞。

（二）地方政府专项债券和 PPP 各有不足

地方政府专项债券融资成本确实很低，但从全生命周期成本和经营管理效率来看，专项债券并不一定占优。专项债券只解决了资金筹集问题，没有解决建设和运营管理效率问题。有些项目专项债资金到位后，由于前期工作准备不充分，迟迟无法开工，造成资金大量闲置，白白损失利息。从项目全生命周期管理的角度，有些专项债券项目在前期工作省下的时间和融资环节节省的费用，很可能远不及投资决策失误、建设运营管理失控造成的损失。

有些人可能觉得 PPP 有点慢，不如专项债券资金下来得快。实际上在投资决策环节，“又好又快”往往是个伪命题。这种“慢”的背后，是在项目没有政府信用担保的情况下，社会资本和金融机构对项目必要性、合理性、可行性进行充分论证，这恰好说明 PPP 能够利用市场机制将社会资本和金融机构引入决策机制中，从而有效抑制非理性的投资冲动、防范财政支出风险。实际上 PPP 项目按照规范的程序操作，各部门密切配合，推进速度也可以很快。单纯追求快，而不以做好前期工作为前提，是不符合供给侧结构性改革精神的。

PPP 与专项债券有很多地方可以说是互补的，或者说一方的不足正好是另一方的优点。首先是政府性基金预算使用方面互补。按照《关于推进政府和社会资本合作规范发展的实施意见》的规定，“新签约项目不得从政府性基金预算、国有资本经营预算安排 PPP 项目运营补贴支出”。但专项债券可以用政府性基金预算收入作为债券本息偿付来源。其次是对于项目收益的要求不一样。专项债券要求项目专项收入和政府性基金预算收入必须覆盖债券本息，但是作为公益性项目，项目自身收益不会高也不应该高。查阅网上披露的项目信息，会发现有一些专项债的现金流明显是包装出来的，与项目常规运行的收益情况明显不符。整体而言，有真实现金流且现金流能覆盖专项债本息的公益性项目的规模十分有限，很难支撑起高达两万亿元的专项债发行额度。PPP 项目可以尽量挖掘项目收益，并不刻意追求收益，财承 5% 以内可以做政府付费项目，超过 5% 以后如果使用者付费达到 10% 可以做可行性缺口补助项目。最后是资本金筹集难度上有区别。采用 PPP 模式，不需要政府筹集资本金或者只需要政府出资人代表少量出资，剩余资本金和融资都由社会资本（项目公司）解决。而发行专项债券，尽管全省范围内可以用专项债券资金的 20% 左右用作资本金，但是绝大部分资本金仍是要政府自行筹集的，在财政本就捉襟见肘的情形下无疑增加了政府筹资的难度。而一旦政府配套资金没有实际到位，专项债即使发行成功、资金到位，也会使地方政府陷入两难境地：总投资未到位，强行开工将面临垫资施工、烂尾工程；而如果不启动项目，则专项债资金将面临闲置甚至被挪用。

（三）地方政府专项债券与 PPP 相结合的呼声早就开始了

财政部党组成员、副部长邹加怡在 2019 年第五届中国 PPP 发展（融资）论坛上提出，“探索 PPP 与专项债的结合，撬动社会投资，发挥协同加力效应”。PPP 与专项债券结合起来，好处是很明显的。例如，有些专项债券项目在申报时，现金流不够，如果跟 PPP 结合起来，则现金流不够的那部分通过 PPP 可行性缺口补助给予补贴，完美解决问题。专项债券额度有限，单个项目申报额度不足的时候，部分项目申报专项债券，剩余部分搞 PPP，统筹解决资金问题，何乐而不为？专项债券未整合建设和运营环节，而通过 PPP 加以整合则提高资金使用效率，还能实现按效付费。PPP 与专项债结合，更加符合供给侧结构性改革精神。

（四）如何实现地方政府专项债券与 PPP 的结合

地方政府专项债券与 PPP 结合，必须要找到切实可行的路径。专项债券对应的项目资产要纳入国有资产管理；专项债券对应的项目取得的政府性基金或专项收入，要专门用于偿还债券本息。PPP 项目也涉及使用者付费问题。如何对资产和项目收入进行分别管理、实现风险隔离是需要解决的关键问题。

第一种模式是采取 A + B 包的模式。

A + B 包的模式，即把一个项目拆分为两个部分，A 包和 B 包。资金筹集方面，A 包采用专项债，资本金由政府解决，剩余资金申请专项债券；B 包采用 PPP 模式，资本金由政府出资人代表（如有）和社会资本出资，剩余资金由项目公司融资。项目收益和偿债安排方面，A 包和 B 包的项目收入实行分账管理，A 包项目对应的专项收入和政府性基金预算收入作为专项债券还本付息来源，专户管理；而 B 包对应的使用者付费归项目公司收取，政府按照合同约定给予可行性缺口补助。项目公司依法承担 B 包的偿债责任。在建设和运营层面，通常由项目公司统一提供建设和运营服务。A 包资产归属政府方，但由项目公司提供运营维护服务。合作期届满，B 包的资产移交给政府方。

A + B 包模式，组合的效果十分明显。一是项目资本金由政府方与社会资本方共担，能够有效降低政府和社会资本各自出资压力；二是 A 包使用专项债券筹资，可显著降低项目融资成本与融资难度，降低整个项目的缺口补助；三是用活了政府性基金预算和一般公共预算，政府性基金预算用于专项债券还本付息，而一般公共预算则用于可行性缺口补助；四是整个项目都由项目公司统一建设和运营，有利于从全生命周期角度提质增效。

采用 A + B 包模式的项目，最好选择项目资产和项目收益部分都能切分清楚的项目。

第二种模式是发行专项债券募集资金，采用 PPP 模式进行运营和/或建设。

这种模式下，政府方负责筹集项目资本金，通过发行专项债券筹集剩余资金。如何整合建设和运营环节呢？有两种选择路径：一是专项债券资金到位之后，政府将项目的建设和运营统一招标选择社会资本来完成，建设资金由政府按进度拨付，运营则根据绩效考核结果支付补贴费用；二是项目设施建成后，通过 PPP 模式依法选择社会资本委托运营。

无论采取哪种路径，都需要对专项债偿还所对应的政府性基金收入或项目专项收入进行分账管理。对于项目专项收入，可由政府平台公司代收，或者由社会资本收取并存入专户管理。可以探索由社会资本承担最低收入风险，即约定一个合理的专项收入预计数值，因社会资本自身原因达不到该数值的，则差额部分由社会资本补足，促进项目提升运营管理效率。

第三种模式是专项债券资金用作 PPP 项目债务性资金。

这种模式下，资金筹集方面，项目资本金完全通过社会资本单独或与政府出资人代表共同筹集，剩余资金方面，一部分发行专项债筹集；另一部分由项目公司融资解决。项目收益和偿债安排方面跟 A + B 包模式类似，将专项债券对应的项目专项收入和政府性基金预算收入作为专项债券还本付息来源；而其余项目收益作为项目公司使用者付费，政府按照合同约定给予可行性缺口补助。建设和运营层面也与 A + B 包类似。

采取这种模式与 A + B 包模式最大的差别在于，政府可以不用为筹集项目资本金而发愁。但是这种模式的采用，至少面临以下难题：一是要建立合规的专项债券资金转贷路径，这需要在财政预算管理层面建立起相应转贷通道；二是要处理好政府方债权与金融机构贷款方债权之间的切割问题，在使用者付费收益要同时作为政府方债权和金融机构贷款方债权的还款来源的情况下，要提前约定好切分的原则和比例，做好相应的风险隔离。

当然，还可以探索将专项债券资金用作 PPP 项目资本金。但是专项债券用作 PPP 项目资本金之后，穿透来看，专项债券资金本身是债务性资金，不符合《关于规范金融企业对地方政府和国有企业投融资行为有关问题的通知》提到的“国有金融企业向 PPP 项目提供融资，应按照‘穿透原则’加强资本金审查”的规定。因此，专项债券资金能否用于 PPP 项目资本金需政策进一步明确。除此之外，专项债券用作 PPP 项目资本金，还需要处理好政府方股东分红权与社会资本方股东分红权、金融机构债权之间的切割问题，处理好专项债的还款期限和还款模式与 PPP 项目融资偿还期限之间的关系。

附录 I　年终感言

2015 PPP：马副总理需要什么样的 PPP 专家？①

2015 年 9 月 21 日，由马凯副总理主持的“中英经济财金对话 PPP 圆桌会议”在钓鱼台国宾馆举行。这是一次高层次的活动，中方代表主要是部长级官员或者央企部级高管，我被财政部推荐作为中方代表在会上发言深感荣幸，马副总理做会议总结时说“我们需要金永祥先生这样的 PPP 专家”更使我受宠若惊。几年前甚至一年前，这类事情不仅没有发生过，我们也不敢去想这样的机会，只能做个旁观者。有了这一次，我相信就会有第二次。政府给了我们这个机会，只要我们能行，还会给我们其他机会；我有了这种机会，以后其他同行也会有类似机会。无论对我来讲，还是对民营咨询公司来讲，这都是一件具有历史意义的上台阶的大事。政府对待 PPP 不再只考虑官阶高低，不再只考虑公司的大小和是否国有，而是要看 PPP 工作的需要，这为民营咨询公司在推进 PPP 过程中施展自己的能力提供了广阔的想象空间。

2015 年大岳咨询签订了 150 多个 PPP 项目咨询合同，连同 2014 年度没有完成的项目进行中的咨询合同超过了 200 个，选定社会资本完成落地的 PPP 项目有 75 个，涉及总投资达 1160 亿元。这些数字在这一年的分布是前低后高，12 月的数据超过了 1 月的两倍，2015 年落地的项目多数是 2014 年签订的咨询合同，因此这一年的感觉就好像是不断被市场拧紧的发条，节奏越来越快。当业内讨论 PPP 落地难的时候，我们根据自己工作的体会给出的说法是，PPP 与传统方式的不同之处是需要一个运作过程，这个过程需要时间，不是 PPP 落地难而是落地的条件还不成熟，瓜熟才能蒂落。

2016 年 PPP 将进入新常态，成为我国经济活动的基本组成部分，像其他市场活动一样 PPP 也会有多面性。2015 年各地推出的 PPP 项目在 2016 年将陆续落地，2016 年还会不断推出新的 PPP 项目，PPP 将为 GDP 做出越来越大的贡献，

---

① 金永祥．2016 PPP：马总理需要什么样的 PPP 专家？[EB/OL]．财新网，2016－01－06.

专项金融债对 PPP 的影响将会逐步减弱，2016 年还会是 PPP 高速发展的一年。在 PPP 取得成果的同时，前期运作不规范项目的问题也可能会逐步暴露出来，如何处理好这些问题将对 PPP 的发展产生深远影响。一个 PPP 项目的失败往往不仅仅是项目本身损失多少，可能会打击人们对 PPP 的信心，会被反对 PPP 者利用，因此失败项目的救援工作是需要智慧的。经过几年的摸索，无论是政府方、社会资本方还是第三方都会逐步适应 PPP 环境，形成一些潜规则或者 PPP 基因，这个基因好 PPP 就会好，这个基因差未来 PPP 就好不了。

2016 年对 PPP 将是充满挑战的关键一年，政府能力建设不是一日之功，咨询公司责任重大。现在，PPP 咨询业已经成为一片红海，各路人都开始转向做 PPP 咨询，咨询价格越低越好已经成了很多地方政府选择咨询公司的标准。咨询市场的混乱将为 PPP 埋下隐患，政府聘请咨询公司的行为已经严重偏离了目的。在 PPP 发达的国家，为 PPP 提供顾问服务是一项专业工作，就像医生和律师，是以从业人员和从业机构的丰富经验为基础的，值得我国 PPP 工作借鉴。马副总理说“需要金永祥先生这样的 PPP 专家”并没有说需要金永祥，“这样的”是什么样的呢？我做 PPP 工作已经 20 多年了，而且专注于 PPP、热爱 PPP，对 PPP 我有自己的见解，对运作 PPP 项目我有自己的技巧和解决问题的能力。我相信，马副总理需要的不是某个特定的人，更不是在其他行业混不下去的人，而是在 PPP 领域有经验、有专业能力、有热情、有收费需求的专家，也只有这样一个群体才能够为 PPP 保驾护航。

2016 PPP：已走过顺风顺水的阶段，政府、社会资本都将遇到新问题[①]

2016 年，是 PPP 快速发展的一年，12 万亿元的 PPP 投资项目给了市场无限的可能。PPP 的参与方除了地方政府、社会资本，还有金融机构和咨询机构，而咨询又往往是串联起 PPP 各方的重要纽带，对市场情况更加了解。大岳咨询，作为 PPP 咨询行业的知名企业，见证了中国这些年 PPP 的发展。

日前，【PPP 头条】对大岳咨询公司总经理金永祥进行了专访。金永祥认为，PPP 经过 3 年高速发展已进入一个新的阶段，就是经过一段顺风顺水的阶段后，从原来有充分的资源可以利用的阶段，进入一个各种各样的问题集中出现，需要解决的阶段。“如果这些问题不解决，PPP 过了 2017 年就会遇到瓶颈，甚至有些地区在 2017 年就会出现瓶颈，不仅政府方会出现瓶颈，社会资本方也将遇到问题。我觉得 PPP 会倒逼政府改革，改革到位了 PPP 才能够发展得比较好”。

【PPP 头条】：作为 PPP 咨询领域的龙头企业，今年大岳咨询发展情况怎样？

金永祥：2016 年是 PPP 快速发展的一年，也是大岳高速发展的一年，2016 年我们有 200 多人，预计到 2017 年底会超过 400 人的规模，公司规模发展得很快。签约合同数，从 2013 年是 50 多个合同（启动之前），2014 年大概是 101 个，到 2015 年的时候是 245 个，后来有一些漏计，加起来实际的数是 280 个，今年还在增长大概 360 个。目前大概有 500 多个在执行的有效合同，这 500 多个咨询合同涉及大概 1 万亿元的投资。所以在 PPP 领域里面我们的作用和地位应该说是很重要的，我们自己也意识到对国家的责任。

【PPP 头条】：大岳做了很多 PPP 示范项目，目前在示范项目的占比有多少？

金永祥：今年财政部推出了第三批示范项目，第三批示范项目正在进行中。在前两批示范项目中，我们占的份额大概是 30%。第一批是 30 个项目中我们有 9 个，第二批一开始的时候 206 个项目中我们有 53 个，后来又增加一些，大概占 30%。

---

① 金微．2017 PPP：已走过顺风顺水的阶段，政府、社会资本都将遇到新问题［EB/OL］．PPP 头条，2017－01－05．

财政部和住建部推出了管廊和海绵城市试点项目，第一批项目里面我们参与的大概有30%，第二批参与了接近50%。在我们公司内部，我们对PPP有一种强烈的使命感，同事一直在研究怎么能够把PPP做好。为什么？我们占国家部委推出项目的30%份额，剩下的70%整体水平想超过我们不太可能（有可能个别会好些）。我们的项目做好了，国家的PPP才会好。如果我们的PPP做砸了，我估计会影响国家PPP战略的成功。

所以，增加市场份额不仅是我们业务发展的需要，国家的PPP改革也要求我们多做一些，我们不参与，让别人去做这个事情，就可能给PPP增加风险。在世界上任何国家PPP咨询机构都不会遍地开花，都是只有几家咨询机构在提供顾问服务，这样有利于PPP经验教训的有效传播和分享，有助于PPP质量的提升。

【PPP头条】：你如何看PPP这3年的发展？

金永祥：最近很多媒体都在报道PPP这3年的发展，那么这3年PPP到底经历了什么？未来会处于什么样的状态？

我觉得2016年PPP发展基本延续了2015年的势头，PPP处于高速发展的状态。国内没有系统性的统计数据，我的基本判断是2013年PPP启动的时候，当年签约的额度在1000亿元左右，到2014年签约大概在2000亿~3000亿元，在2015年应该在6000亿元左右，2017年应该在12000亿~15000亿元。累计的签约额到现在是多少？我判断至少在2万亿元。

有些政府提供的数据我觉得偏保守，可能数据主要来自系统内部。为什么这样判断？2016年我们对自己的项目统计过，2016年的签约额是1159亿元；2017年的数据没统计，我们项目签约的数据至少在2000亿元。全国签约项目的投资额是什么情况？预测签约了20000亿元不算多。政府推出的正在进行中的项目有十几万亿元。

【PPP头条】：目前PPP的几方，比如政府、社会资本等处于什么样的情况？

金永祥：第一是政府方。政府方可能会遇到一个新的瓶颈。政府做PPP有一个上限，就是可支配财力的10%。大部分地区经过这3年的发展，基本上达到了或者接近了这个上限。如果说把10%继续作为上限的话，政府继续做PPP的空间就会有问题了。而2017年可能就会大面积地达到10%上限，在真正做的过程中，可能有些地区还在做一些假设之类的数据处理。但我估计到2017年之后，想再做一些数据处理也很困难了。所以，高速发展基本上达到了上限，需要想办法解决问题。

第二是社会资本方。社会资本方签订了大量的合同，我刚才说至少有2万亿元。每家大央企今年签订的合同数肯定在 1200 亿元以上，有的可能达到 2000 亿元，所以央企所加起来快接近 2 万亿元了。但是签订合同并不意味着都完成了融资，好多项目并没有完成融资，所谓完成融资就是跟银行、跟金融机构签订协议了。所以现在的很多 PPP 项目签约以后融资没有完成，融资完成了开工建设没有问题，有些融资没有完成也开工了。这是什么意思？就是银行没有跟它签约，社会资本方垫资建设。还有一部分项目开工是赊欠了下游企业的钱，这样使社会资本方的资源也在快速的消耗。经过 3 年以后有些企业在垫资，垫资到一定程度可能就受不了了，不同企业情况不一样，长期垫资是不行的。另外，赊欠第三方问题也比较大，会消耗下游的资源。所以我觉得第二方也面临资源上限的问题。

第三方是我们咨询公司和金融机构，还有更广泛的施工企业、设备制造商。实际上施工企业和设备供应商几乎可以不考虑对它们的影响。因为做什么项目它们都卖给你水泥，做什么项目都可以搞施工分包，做什么项目都去卖设备，对他们影响不大。真正影响大的第三方就是咨询公司和金融机构。

现在金融机构这一块改革明显滞后，好多金融机构是圈定了一个范围，在名单内可以来提供融资，不在名单上，基本上就不做。在这种情况下，可能会导致社会资本方完不成融资，所以现在金融机构总体上来说反应慢，做项目融资的很少。另外各地成立了大量的基金，包括我们现在也有 4 只基金在运作，只有个别基金用了大概 500 亿元，其他几只基金都不是特别理想。最重要的问题在哪？投出去的资金真正投向 PPP 的也不多。所以现在是基金跟 PPP 的项目对接也有问题。所以金融机构跟 PPP 的对接也没有完全实现，这是现状。

【PPP 头条】：能否具体谈谈 PPP 咨询这块的发展情况？

金永祥：咨询这一块，我刚才说我们占了政府主导项目 30% 的份额，可以根据我们的情况做个推算。我估计和其他的机构加起来，总的咨询市场大概是 10 亿元的额度，其他咨询机构多数费用低些，我们项目的费用相对高点，但相对的高并不是说咨询公司挣钱了。实际上我们咨询机构现在运作的 PPP 项目，应该是在 5 万亿 ~10 万亿元的规模。一年签约落地的 PPP 项目大概有 1.5 万多亿元，大概是这样的情况。相对于这几万亿元的项目，一年我们政府拿出的咨询费也就是 10 亿元，大家可以算算，比例实际上是非常非常低的，在外国人看来甚至是滑稽的。

PPP 咨询公司作为一个行业来讲，是非常不成熟的一个行业，还无法担当国家使命。这一点点钱不足以支撑整个行业的健康发展，现在好一点的能够做到把自己的团队稳定住，基本就算不错了。但是根本谈不上能够发展，咨询公司也需要相应的设备，也可以去参加国际会议，也要买一些软件，也要有一个稍微像样一点的办公室，这个现在根本做不到，支持咨询公司自身发展的很多条件，现在根本不具备。看待咨询行业需要有格局，需要站在国家战略的高度来看。

PPP 快速发展，咨询行业里面有些鱼龙混杂了，可能对 PPP 影响最大的也是这个隐患。现在各行各业的人士许多都转向了 PPP 的咨询公司。PPP 的咨询主要干什么？第一，要把国内外其他 PPP 项目的经验和教训用到实际项目中来，在项目中创新，使项目少走弯路，吸取其他项目的经验，避开其他项目的教训。这是咨询公司最最基本的功能。

第二个功能是什么？咨询公司一定要用专业办法解决专业问题。我们做项目的时候，政府跟社会资本对接是很难的，不是用同一种语言在说话。谁是翻译和沟通的桥梁，那就是咨询公司。

咨询公司真正发挥了这种作用，咨询的实际效果就很大。做到这一点对咨询公司提出了什么要求？要求有足够长的从事 PPP 咨询的历史，拥有足够长的历史才有 PPP 经验和知识的积累，才可能总结经验和教训。另外，公司要规模大、触角广，在全国各地都有项目在做，才可能掌握最新的、最全面的项目动态，才可以把最新的问题给解决。还有，咨询公司一定要有长期从业的人员，因为经验教训也好，解决问题也好，都是以人员为载体的，没有人员基本上就变成图书馆了，图书馆为什么不能起作用，是因为没有人。什么是专家？专家就是有经验和相应知识的人才。还有，咨询公司必须得有信用，一个咨询公司今天被这个政府解除合同了，明天被那个单位解除了，这都是信用有问题、实力不足的表现，是不能用的。还有，咨询是有专业分工的，搞资产评估的不是财务顾问，做可行性研究的不是起草合同的，就像在一个乐队里只能有一个人做指挥。

咨询公司在国外的要求也比较高，最近我去英国，看人家的咨询师和咨询机构，基本上就那么几家。现在我们咨询行业处于什么状态？我们现在的问题不是咨询费太高了，而是咨询质量太差了。有些就是骗子，他们不是要解决 PPP 的问题，而是拿 PPP 做练习本，大靠信息不对称“博傻”，有的博傻还很成功。这是现在 PPP 咨询公司可能埋下的隐患。这是政府、社会资本方、第三方的现状。

【PPP 头条】：你如何看未来 PPP 行业的发展？

金永祥：我判断：PPP 经过 3 年高速发展，已经进入下一个阶段。有人说是下半场，我不这样认为。我们进入一个新的阶段，就是经过一段顺风顺水，经过原来有资源可以利用的阶段，现在进入一个什么阶段？各种各样的问题集中暴露出来，可能到解决的时候了。如果这些问题不解决，我觉得 PPP 过了 2017 年就会遇到瓶颈，甚至有些地区在 2017 年就会遇到。政府方有瓶颈，社会资本方也会有问题。我觉得 PPP 会倒逼政府改革，改革到位了 PPP 才能够发展得比较好。与此相比，立法不是决定 PPP 成败的关键，立法工作即使推进的不顺畅也不大会影响我们做 PPP。

有几点改革比较急迫。第一点，费价制度的改革。就是收费制度和价格机制的改革。现在都说资产荒、项目荒。一方面政府想做事，但是弄出来的项目不被社会资本和金融机构接受；另一方面社会上确实有大量的资金，社会上有资金，例如银行的理财资金量非常大，没处去。搞财经的都知道，项目和资金之间的桥梁是什么？为什么项目不好？项目靠财政已经不可能，我们今年到过很多地方，有的地方负责财政的领导说，金总你是专家您说怎么弄，财政收入已经在下滑。

靠财政来解决这个问题是不现实。那怎么弄？一个项目好，必须要建立收费制度和价格调整机制。PPP 项目做了好多，提供了大量公共产品或者服务。提供公共产品能提升城市的品质，能够改善市民的生活。但是带来的问题是什么？大家都有一种占便宜的心理，例如，家门口有一个臭水沟，叫黑臭水体，政府投了 20 亿元给整治了，有一种占便宜的心理。建地铁也是一样的。占一点点便宜是可以的，中低收入阶层占便宜也是可以的，但是如果所有的事情都靠政府去投入，提供大量的公共产品，所有人都占便宜，高收入阶层也占便宜，到最后怎么弄？很明显是不行的。应该什么办？改革，就应该是按照谁受益、谁付费的原则形成一种价格机制，没有收费的要建立收费制度。这样政府推出的项目，才能够从不好的项目变成好的项目，否则怎么可能持续？政府推一个项目可以用财政来支撑，推两个项目也可以，如果大量地推项目，仍然只靠财政支撑这不现实。所以收费制度跟价格制度的改革是很重要的。当然在改革的同时要注意保护低收入阶层，可以改善他们的生活水平，但不能增加他们的负担。

这种改革影响面会比较大，需要主要领导下决心。你看前几年北京地铁的改革，从 2 元到现在 6 元也行了。我去日本、英国的时候有意坐坐地铁、出租车。一上出租车没多远就 11 英镑相当于 100 块钱了，坐地铁也是一样，比我们高出好几倍。水费也一样，欧洲的水费是比较贵的。

第二项改革是金融体制的改革。现在我们的银行就是喜欢绑定地方政府，以前地方政府有资源、有信用的时候绑定它。未来没有信用的时候怎么绑定，绑定它有用吗？习惯于绑定地方政府，不愿意像一个商业银行那样去研究风险、承担风险、管控风险，带来的问题是好多 PPP 项目完不成融资。所以未来的金融体制的改革，最主要的方向是金融机构得去适应 PPP 的需要，然后进行风险管控。另外，政府方和社会资本方，也不能像现在这样，不要以为银行会像“四万亿”那时候可以无条件地给你提供资金，也必须要适应金融机构的要求。只有金融改革调整到位了，双方才能够实行对接。一个项目本身通过收费能改善项目的品质，另外能够改善双方的规则。这个可能是未来 PPP 推动下去最重要的一个基石，如果不改革 PPP 会很难。有一本书名字叫《项目融资》，我翻了一下，人家国外的 PPP 模式都是项目融资，不需要政府担保，项目本身只要合同签得好能够正常履约，本身的信用就可以支撑这个项目向前发展。

2017 PPP：完善政策与攻坚克难[①]

2017 年底《关于规范政府和社会资本合作（PPP）综合信息平台项目库管理的通知》《关于加强中央企业 PPP 业务风险管控的通知》和人民银行等推出资管新政征求意见稿标志着 2014 ~ 2017 年 PPP 高速发展阶段的结束。从政策制定者的本意看，是希望从 2018 年开始 PPP 的发展可以进入平飞阶段，能够行稳致远。大岳咨询公司认为，2018 年 PPP 的走势具有极大的不确定性，能否顺利平飞将主要取决于已出台政策的执行力度和对这些政策中与规范政策有冲突但被实践广泛接受因素及时调整的程度，同时困扰 PPP 健康发展的一些关键问题能否解决也将会有很大影响。

上述几个中央政府机构出台文件的出发点都是为了落实全国金融工作会议精神，但结合 PPP 项目的实践来看，有四个问题需要思考。第一，这几项政策是否需要相互协调并统一考虑政策的实施效果；第二，PPP 的实际规模有多大，PPP 的推广是不是高杠杆的主要成因；第三，PPP 出现“异化”是政策不合理造成的还是市场主体乱作为造成的；第四，“规范”PPP 的目的是使 PPP 更纯粹还是使 PPP 比近年其他经济政策更能体现让市场在资源配置过程中发挥决定性作用。

过去 4 年 PPP 的发展是一场伟大的社会实践，PPP 今天的现状完全超出了 4 年前政策制定者、学者和各方参与者对 PPP 的认知，是符合国情的中国式 PPP。这样一场规模宏大的实践从起飞阶段进入平飞阶段需要高超的技巧和智慧，我们面临的最大风险是出现自由落体式降落。有关部门不应该简单地使用以前的政策对 PPP 进行规范，而是要认真总结这四年的实践，首先对 PPP 相关政策进行完善；其次用完善后的政策去规范和指引 PPP 的发展，这样才能将对 PPP 阶段转换的冲击降到最低，才可能使 PPP 实现平飞。

这几年 PPP 发展也遇到了一些系统问题，这些问题的解决难度较大但至关重要。第一是收费制度和价格体制改革问题。近期国家发改委出台了《国家发展改革委关于全面深化价格机制改革的意见》，调整价格的决心很大，2018 年能否落实是关键。第二是 PPP 项目资本金问题。用永续经营公司资本金制度的要求套用

---

① 金永祥. 2018 PPP：完善政策与攻坚克难［EB/OL］. 大岳咨询，2017 - 12 - 30.

在 PPP 项目公司上是 PPP“异化”及落地难、融资难的主要原因，政府应该以市场实践为基础制定政策。第三是政府部门项目库的行政属性问题。政府项目库的规模很大，不可能对入库项目信息进行深度专业化处理，但当前社会资本方和金融机构都把是否入库作为决策的依据，绑架了政府的项目库，造成了 PPP 市场混乱，责任不清。项目库去行政化是一项重要工作。第四是项目融资问题。金融机构一直对绑定地方政府情有独钟，造成我国 PPP 项目融资的很少，国际上 PPP 多是项目融资，在降杠杆大背景下推进项目融资迫在眉睫。还有一些其他问题也必须解决，例如，如何在可行性研究阶段强化对项目的必要性论证以防止无效投资等。

总之，2018 年是中国式 PPP 的政策完善之年，是困扰 PPP 发展系统性问题的解决之年，是为 PPP 行稳致远打好扎实基础之年，是 PPP 从量增到提质的转换之年。相信中国 PPP 人有足够的能力和智慧，只要政府搞好 PPP 的目标不动摇，从长远来讲，PPP 一定会在中国经济社会发展过程中发挥中流砥柱的作用，避免短期内过大幅度的波动是 2018 年的首要任务。

2018 年 PPP 将成为长盛不衰的政策选择[①]

PPP 人在焦虑中度过了 2018 年。上半年是 PPP 的冬天、寒气逼人；下半年乍暖还寒，但依稀见到了春天的影子。2019 年已经临近，人们都在对新的一年做判断、做规划，那么 PPP 会如何发展呢?

从全国来讲，2019 年仍然将是焦虑的一年，而且起点要差于 2018 年。在国际方面，某些国家会不依不饶地继续捣乱，而我们的策略是该改的、能改的我们会改，但没有人可以对中国人民指手画脚。即使在 90 天内两国可以达成一定的协议，长期的争斗仍不可避免，这必将成为影响信心和经济发展的重要因素。在国内，经过 2018 年降杠杆之后，工作重心已经转向了“六个稳”：稳就业、稳金融、稳外贸、稳外资、稳投资和稳预期。“六个稳”既是解决内部问题的需要，也是对抗外部干扰的需要，在 2019 年改变的可能性不大。

在“六个稳”中，稳投资具有基础作用，不仅可以直接对稳就业、稳金融和稳预期起到支撑作用，而且还会影响稳外资和稳外贸。我国的投资主要由基建、房地产和制造业三部分组成。在 2018 年，制造业投资增速有明显回升，房地产投资仍维持高位，尽管会受政策影响，但主要以市场为主；与此同时，随着对政府隐性债务监管的持续收紧，基建投资出现了断崖式下滑，整体上拖累了固定资产投资的增速。因此，基建投资将在稳投资中发挥基础性作用。

基建投资有多种方式，主要是财政投资、地方国企投资和 PPP。平台公司投融资可以归为财政投资，近年来推进的地方政府债券也可归为财政投资。财政投资的优点是融资成本较低，缺点是近期还款压力较大、投资效率低、透明度差，不完全符合高质量发展的理念。有人认为和 PPP 相比，财政投资可以节约税收。考虑到税收是财政投资的资金来源，因此从政策制定角度讲节约税收没有实质意义。

经过 5 年的高速发展，我国的 PPP 已经逐渐成熟并形成了符合中国国情的中国式 PPP，中国式 PPP 不仅是一种融资方式，更是一项经济政策。与传统的财政投资相比，PPP 具有明显的优势：第一，PPP 可以解决地方政府的科学决策问题，减少决策失误带来的重大经济损失。第二，PPP 可以提高投资、建设和运营

---

① 金永祥．2019 年 PPP 将成为长盛不衰的政策选择［EB/OL］．大岳咨询，2018－12－24．

效率，减少社会浪费。第三，PPP 提高了透明度，为国家治理现代化提供了重要抓手。在国家为推进治理现代化、实现高质量发展而选择政策时，PPP 的优势将使其胜过其他政策成为首选。

对我国来讲，推进 PPP 的条件已经成熟。在 5 年实践过程中，财政部 PPP 项目库中的项目已经超过 1.2 万个，涉及投资额达到 18 万亿元，为 PPP 的规范推进打下了扎实的基础。这 5 年里，PPP 的理念已经深入人心，各地政府培养锻炼了一大批可以操作 PPP 的专业人才，社会资本队伍不断壮大，金融机构也做好了充分准备，更有一支生龙活虎的 PPP 中介机构队伍。过去一年 PPP 的深度调整更锻炼了 PPP 人的意志，坚定了 PPP 人的信念，提升了 PPP 人应对环境突变的能力。不能说 PPP 是完美的，但完全可以说 PPP 是可以进一步完善并发挥重要作用的。

与此同时，PPP 的立法已经在路上。前段时间有消息说，2018 年底前《PPP 条例》会出台，现在看可能会推迟。经过多年的讨论、争论，PPP 立法的内容早已为各方所了解，也体现在了各项政策之中。《PPP 条例》出台的象征意义大于实际意义，那就是我国将长期把 PPP 作为重要的经济政策来推行。

常年在全国各地出差、讲学，我能感觉到当前地方政府稳增长的压力是巨大的。很多地方都在认真做 PPP 项目，可以说第一个 P（public）已经开始行动了。最近一段时间，一些 PPP 项目完成了融资，说明金融机构也不再等待了。目前，有一定困难的可能是社会资本方，在过去一年中，它们受伤害最大，很多政策束缚了它们参与 PPP 的空间。但是，它们会甘于仅仅是寂寞地等待吗？政府不再需要它们了吗？

刚刚结束的中央经济工作会议提出，要逆周期调节，要高质量发展，要发挥投资的关键作用，要大幅度增加地方政府专项债规模。地方政府通过专项债筹集的资金如果用传统方式进行投资，某种程度可以上起到稳增长的作用，但由于没有考虑治理因素很可能无法实现高质量发展。只有将专项债与 PPP 相结合，增加 PPP 专项债规模，才能兼顾稳增长和高质量发展的目标。可见，PPP 的发展空间是巨大的。

2018 年下半年，PPP 政策开始回暖，让我们感受到 PPP 的严冬已经过去。2019 年 PPP 春天的脚步已经越来越近。可以预见在新的一年中，过去 5 年的经验将会重新得到审视，待完善的 PPP 政策将得到调整，PPP 的能量将得到释放。在新的春天里，根据高质量发展的要求，PPP 将在与其他经济政策的竞争中靠自身强大的优越性而成为政府长盛不衰的政策选择，实现螺旋式上升，并将在经过洗礼之后坚定的行稳致远。

2019，把“前门”PPP开大一点[①]

2020年就要来了，这一年实现第一个一百年奋斗目标基本没什么悬念，因此2020年将成为我们奔向第二个一百年目标的重要中间站。作为一名城市建设和管理领域的老兵，期待2020年PPP作为“前门”能开得更大一点，使这一在实践中被证明最有效果的经济政策成为国家治理理念的重要组成部分，并在实现第二个一百年奋斗目标的征程中发挥应有的作用。

PPP是随着改革开放引入我国的，几十年来起起伏伏但仍然屹立不倒。PPP之所以能够在其他政策不断更迭时显示出顽强的生命力，是因为其自身具有明显的竞争优势。PPP之所以在过去几十年中几次跌入低谷，除自身存在不足以外，还因为PPP作为一项改革措施，经常会触动既有利益或者改变格局。PPP之所以多次出现高潮，是因为其他很多政策在发挥短期效果过后带来很大的副作用，新的改革者希望通过PPP化解危机推动社会长期实质性进步。

党的十八大以后PPP成了国家战略，在2014~2017年经历了4年的高速发展，过去两年又经历了一段调整期。回顾2014年以来这一轮PPP改革，规模之大史无前例，可到头来却很少有人叫好，仿佛中央政府、地方政府、平台公司、社会资本、金融机构以及各种第三方都不是赢家。2017年底，在降杠杆的背景下，PPP一度被错划为隐性债务，经历了史上最严苛的“审计、督察、整改”，几乎没得到任何援助和拯救，直至2019年一片消沉，甚至还出现了一件可以载入史册的大事，那就是民企大规模退出。现在冷静思考一下，PPP平均每年实际完成投资不足一万亿元，这能够对财政支出责任构成多大压力呢？除了PPP以外，还有哪项政策的执行能承受如此强度的监管吗？与其他政策相比，PPP付出如此多的额外代价符合供给侧改革精神吗？也许是PPP使有关各方告别了自己的舒适区，才使人们均对PPP不满意。历史上很多改革和改革者都遇到过类似境况，但这或许真正体现了PPP的社会进步意义。毫无疑问，2020年又将是决定PPP命运和未来如何发挥作用的关键之年。

大岳研究院研究认为，PPP是一场深刻的社会变革，从引入时的融资工具发

---

① 金永祥. 2020，把前门PPP开大一点［EB/OL］. 大岳咨询，2019-12-25.

展到现阶段的经济政策，未来必将成为影响广泛而深远的国家治理理念。理由是：第一，PPP 可使政府决策更加科学，减少失误；第二，PPP 可以增加公共产品和服务的供给数量，提高供给质量；第三，PPP 可使公共产品和服务的供给更有效率，降低政府和民众负担；第四，PPP 可推动政府职能调整，使其从公共产品直接提供者变成监管者；第五，PPP 的公开透明可以为国家治理现代化提供抓手。

最近几年，在防控系统性金融风险方面，国家的基本策略是“开前门、堵后门”，可以预期，这个策略会成为我国控风险的长期指导思想。在实际操作过程中国家严控隐性债务，加大了地方政府一般债券和专项债券的发行力度。应该说，在增加透明度方面，这次债券制度改革取得了进步，但提升的空间还是很大的。相应地，2019 年还出现了另外一件可以载入史册的大事，即专项债的大规模发行。

近一段时间圈内很多人都在不同场合讨论 2019 年上述两件大事。有些人认为央企无规则进入市场伤害了民企，还有人认为前几年政府提供的 PPP 机会太多且其间夹杂劣质项目把民营企业“撑着了”。实际上除了民企自身原因外，2018 年 PPP 大门过快过猛地关闭才是重要原因。前几年民企看到 PPP 机会来了，就超负荷大显身手，大门却突然关闭，结果银行的过激反应使民企资金链纷纷断裂，出现了任何人都不想看到的后果。两年前 PPP 被部分人误以为是隐性债，发展受到限制；而政府推出专项债原本是为了防止隐性债，但最近专项债的问题已开始显现，专项债的“一般债化”使其有可能成为“隐性债”。人们已经意识到，当初被限制的 PPP 项目根本不比专项债差，专项债要真正发挥作用还真离不开 PPP。假设当初 PPP 之门不曾关得那么快、那么紧，能把给专项债的条件匀给 PPP 一点点，让 PPP 继续茁壮成长，或许今天的经济形势会好得多。可惜历史无法重来，我们只能面对现实。解铃还须系铃人，2020 年只有把“前门”开得再大一点，让 PPP 充分发挥其应有的作用，才能缓解民企之难，并使专项债真正产生效果。

过去两年的实践证明，PPP 不是隐性债务。从政策供给的角度，PPP 已从 2018 年上半年的低谷中走出，成为与债券并行的两项政府投资工具之一。但是目前 PPP 的发展仍然受到一些政策限制，例如 PPP 财政承受能力受到 5%、7% 和 10% 一般公共预算支出比例的层层制约，PPP 的条件比专项债更严苛、承受的监管更严厉，甚至 PPP 与专项债的结合通道也不通畅。最近有财政部领导表示专项债风险苗头开始显现，实际情况可能比想象的要严重很多，现有措施的效果需要实践的检验。假如 2020 年的某一天政府对专项债也进行审计和督察，那么接下来专项债规模大概率会缩小。从高质量发展的角度考虑，应该进行多种“开前门”政策措施的比选，PPP 将顺理成章地成为“开前门”措施之一。

过去两年中美贸易战一直牵制着中国的发展，中国自身也发展到新的阶段，即所谓“三期叠加”，可以预见的是，实现第二个一百年奋斗目标的任务将是十分艰巨的。PPP 在我国经历了几十年发展已经成为不同于西方的中国式 PPP，尽管不完美，但足以担当国之重器，相信开大 PPP 这扇前门在当下会有助于稳投资、稳增长，从长远来看将有助于实现经济高质量发展。

当然，开大 PPP“前门”不是简单地增加 PPP 项目，否则这次 PPP 调整的经验教训就太浪费了，开大 PPP“前门”应至少要解决 PPP 与专项债的结合问题、民企存量 PPP 项目的融资问题以及地方政府存量资产在化解债务过程中的作用问题；开大 PPP“前门”还需要攻坚克难，解决过去 6 年遇到的限制 PPP 发展和限制其发挥作用的深层次、系统性体制机制问题。只有迎难而上，PPP 才能百炼成钢。

附录Ⅱ PPP政策建议与杂谈

关于当前形势下做好PPP工作的建议①

一、我国PPP发展的五个阶段

从20世纪80年代至今我国的PPP工作经历了五个阶段。

第一阶段：20世纪80年代中期~1993年是地方自发的PPP探索阶段，当时国际上还没有PPP这个叫法，比较著名的项目是深圳沙角电厂BOT项目。

第二阶段：1994~2002年是PPP试点阶段，当时的国家计委牵头完成了广西来宾电厂BOT项目和成都第六水厂BOT项目，北京第十水厂、北京西红门经济适用房等PPP项目是地方政府组织的，这个阶段积累了PPP的基本知识和做法。

第三阶段：2003~2008年是PPP推广阶段，在当时的建设部推动下，市政公用领域PPP项目大量涌现，市场竞争特征明显，北京地铁4号线、合肥王小郢污水厂等大多数PPP项目取得了成功。但由于部分PPP项目失败造成了负面影响，在“四万亿”计划推出后PPP受到了冲击。

第四阶段：2009~2012年是PPP反复阶段，包括民资和外资在内的社会投资主体参与的PPP项目份额减少，以央企为代表的国企做了大量类PPP项目，同时“玻璃门”“弹簧门”“旋转门”“国进民退”等新名词不断出现，央企与地方政府对接取代了竞争成为这一时期PPP项目运作的重要方式。

第五阶段：2013年党的十八大后PPP进入第五个阶段，可称为PPP普及阶段。PPP受到了财政、发改、住建等多个中央政府部门以及很多地方政府的重视，各个领域都开始推行PPP模式，在这股热潮下保证PPP项目顺利实施的任务非常艰巨。

① 金永祥．关于当前形势下做好PPP工作的建议——金永祥总经理提交给国务院领导的报告［EB/OL］．大岳咨询，2015-07-15.

二、我国 PPP 工作存在的六个问题

PPP 不是新事物。根据大岳咨询粗略统计，经过上述五个阶段的发展，我国的 PPP 项目已经达到了 8000 个左右，世界上其他任何国家的 PPP 项目都没有超过 1000 个。我国 PPP 工作存在的基本问题是缺少市场秩序，具体有以下需要解决的问题。

1. PPP 项目运作不规范，导致我们的 PPP 项目数量虽多但质量和效果落后于英国等发达国家。主要体现在：首先，运作程序透明度不够，很多项目没有竞标；其次，运作人员不专业，负责 PPP 项目的公务人员经常变动，选择咨询机构时对相关经验重视不够；再其次，商务条件设计不合理；最后，项目进度安排过紧，很多该做的前期工作没有做。

2. PPP 项目竞争不充分，很多项目的竞争只是走过场。政府推广 PPP 的目的在于转换机制、提高效率，在准入竞争不充分甚至没有竞争的情况下，地方政府为 PPP 项目付出的代价超过了传统体制，造成了地方政府换届后对社会投资人违约，也使有些地区对 PPP 产生了怀疑，认为 PPP 的效率是低下的。

3. 地方政府草率签约、随意违约现象普遍。公务人员观念转变滞后，没有商业意识也没有把自己和社会投资主体放在平等地位，为违约付出了沉重代价。政府违约一方面破坏了投资人对政府的信心；另一方面在社会投资人减少服务的情况下迟早还要支付费用。例如政府未按合同向投资人及时支付污水处理费，投资人据此减少甚至停止处理污水，最终政府总是要支付费用的，可谓赔了夫人又折兵。

4. 监管不到位，社会主体存在广泛不诚信甚至欺诈行为。从过去 10 年到 20 年的时间跨度来看，在政府违约的情况下社会主体做 PPP 项目的回报水平仍然较高且公司高速发展，这是非常奇怪的现象。这背后，有的社会主体拿到项目后胁迫政府提供额外条件，有的社会主体降低建设标准，有的社会主体运营过程中偷排，有的社会主体做大项目投资减少实际投资，等等。社会主体无利不起早无可厚非，只有在政府的监管之下才能把 PPP 做好。

5. 金融工具缺失。国外的 PPP 项目多是采用项目融资的方式，也就是以项目本身为信用支撑获得金融机构融资，不需要股东提供担保，债务不进入股东的资产负债表。我国的 PPP 项目基本都是在股东担保前提下完成融资的，项目融资的很少，当企业负债率较高时会限制 PPP 的发展。在我国地方政府和国企杠杆率普遍很高的情况下，这个矛盾更为突出。

6. 中介组织未能发挥应有的作用。发达国家做 PPP 项目聘请顾问是一种惯

例，在聘请顾问时最重视的是他们的经验。我国为 PPP 项目聘请中介机构的做法没有普及，很多地区喜欢找些参考文件后自己学着做，正如医学院的学生和医生是两码事，看点参考资料甚至还达不到医学院毕业生的水平，更当不了医生。这种做法好似节约了前期费用，实则造成了大量遗留问题，甚至直接导致了 PPP 项目的失败。

即使聘请了中介机构，很多地区的做法也很不科学。有的地区要求中介机构必须进入当地政府部门制定的中介机构名录系统才能为当地服务，而实际上中国这么大，很多中介机构根本不知道这个系统的存在；有的要求 PPP 的咨询机构要具备工程招标资格或其他什么资质，而这些资质与 PPP 运作没有任何关系；有的地区要求咨询机构要提前在当地完成非常复杂的注册程序，致使很多中介机构在获得项目信息后来不及完成注册工作；有的地区要求中介机构提供各种证件和合同的原件而中介机构无法同时向两个以上地区提供，导致只能放弃一些项目；有的地区请咨询公司时在固定价格的前提下从他们自己的系统里抽签；有的地区选择咨询公司主要看价格，结果很难聘请到经验丰富的咨询公司，等等现象不一而足。从长远来看，这些做法违背市场规律，PPP 的经验教训未能被有效推广应用，重复“交学费”造成了很大的社会浪费，不利于转变经济发展方式的实现。

三、十点建议

1. 总结过去 PPP 项目的经验教训并推广。

目前，中央政府各部门和地方政府都在做 PPP 试点或示范项目。根据大岳咨询粗略统计，我国已经完成 8000 多个 PPP 项目，各种情况都遇到过，各种问题都出现过，已完成的这些项目是一座 PPP 案例的宝库。重新推出 PPP 试点或示范项目，可以总结的经验教训很难比这 8000 多个项目蕴含的内容多，而且新的试点需要时间。因此，在推进新的 PPP 试点或示范项目的同时，应该更重视总结以往 PPP 项目的经验教训并推广。无论是试点示范还是总结经验教训，都应该把转变公务员市场观念和提升政府机构适应市场能力作为主要目的。

2. 进一步明确主管部门。

目前，国家发改委在做 PPP 的立法和试点工作，财政部在做 PPP 的培训和示范工作并成立了 PPP 中心，其他部门也都在忙 PPP。如果能够加强这些部门之间的协调，那么 PPP 的推进将会更加有效率。PPP 的复杂性决定了其推进需要不同部门参加，而我国的情况不同于欧美国家，我们既有发改委又有财政部，它们只有财政部，我们借鉴国外经验遇到的困难首先是部门如何定位。加强部门协调最重要的是要明确主管部门，把与 PPP 有关的工作统一到一个部门主管，发改或财政部门都可以，其他部门给予配合或者负责某些行业 PPP 项目的具体实施工作，这样就会比较顺畅，责任清楚、效率高，效果会更好。

3. PPP 机构为地方政府提供履约担保或类似支持。

确定 PPP 主管部门后，主管部门既要有权利也要有责任，主管部门可以设立 PPP 机构，包括国家级 PPP 机构和省级 PPP 机构。针对地方政府的违约问题，可以赋予 PPP 机构为其提供履约担保的责任，打消社会投资人的顾虑。国家 PPP 机构可以为跨地区 PPP 项目和重大 PPP 项目提供担保，省 PPP 机构为本省市县的 PPP 项目提供担保。上级政府部门为下级政府 PPP 项目提供履约担保可以对下级政府履约形成有效约束，因为上级政府有其他方法可以制约下级政府，这种履约担保的代价不大，却可以降低 PPP 风险成本。上级政府部门的下属机构承担了担保责任，也会强化它们对下级政府运作项目和履行合同进行监督的意识。当然，这种担保是以商业条件为基础的，不是上级 PPP 机构的义务，尤其是对上级政府不支持的 PPP 项目，PPP 机构将不会提供担保，这样安排还可以使上级政府对下级政府的 PPP 项目起到调控和引导作用。如果担保有困难，PPP 机构可以为 PPP 项目提供支持函和安慰函之类的支持。

4. 稳定地方政府的 PPP 运作团队。

地方政府是 PPP 项目具体的落实单位，现在的惯例做法是地方政府为每个 PPP 项目在市级层面成立领导小组，在某个职能部门成立工作小组或办公室负责执行。尽管 PPP 项目会聘请顾问，政府运作团队的稳定对提高 PPP 项目的质量仍然是非常重要的，无论是对项目运作还是对项目进行监管。为此，在各个与 PPP 相关的部门里，应该规定专门负责 PPP 工作的处室，以保证 PPP 的知识和运作能力能够积累和传承，为 PPP 项目的监管奠定基础。要尽量避免所有参与过 PPP 项目的人员全面同时变动的情况出现。

5. 金融部门改革要考虑项目融资因素。

项目融资会增加金融部门的风险，挑战其管控风险的能力，但如果把风险都转给地方政府也会增加全社会的风险。金融部门改革应该为项目融资创造条件，减轻社会投资人资产负债表的压力，使本身条件较好的 PPP 项目能够采用项目融资方式完成融资，使地方政府在进行项目结构设计时只要满足金融部门的要求就能够在项目实施时完成项目融资，而不必提供担保。

6. 充分发挥中介机构的作用。

专业化是中介机构的基本特征，按照国际惯例为 PPP 项目聘请中介机构应成为我国 PPP 项目运作的基本工作内容，地方政府应为前期工作准备必要的预算。请顾问时要强调咨询机构从事类似 PPP 项目的实际成功经验，国内机构经验不足时可以聘请国际顾问。要禁止聘请 PPP 顾问时的各种不合理要求，包括要求有工程招标资格或中央投资项目招标代理资格、在当地注册、进入当地政府的中介机构名录等。要禁止轻视经验只看咨询费价格，甚至在固定价格前提下通过抽签选顾问的做法。

中国企业走出去做 PPP 项目要充分吸取过去 20 年引进外国企业做 PPP 和国内 PPP 发展的经验教训，在相应领域经验丰富的中介机构可以为中国企业走出去出谋划策。只要把国内积累的经验教训用活用好，我国 PPP 项目“走出去”战略就不会出大问题。

7. 重视规范运作。

要做好 PPP 工作，立法不是第一位的，以前没有专门的 PPP 法，有些 PPP 项目做得也非常好。PPP 涉及的法律有很多，不可能所有法律都为 PPP 让路。做好 PPP，最重要的是规范运作，这是我们落后于发达国家的根本原因。首先是程序规范，程序要符合实际、符合逻辑，要公开透明，不能走过场；其次是要强调竞争，要有招标或其他竞争机制，PPP 项目推出后要有推介的过程，要吸引更多的投资人参与项目竞争；最后是 PPP 项目的运作要专业化，要有专业的中介机构提供支撑，项目结构设计和文件编制要符合市场和资本市场要求。

8. 借鉴 VFM 理念但不作为决策依据。

国外是用 VFM 进行 PPP 项目决策的，就是把政府在传统体制下和采用 PPP 模式这两种情况在整个项目周期付出的总代价进行数字化、货币化比较，包括要把政企关系、风险因素数字化和货币化，如果采用 PPP 的代价小于传统体制就采取 PPP 模式。这种理念非常不错，问题在于即使在国外，VFM 的计算也是很难令人信服的。而我国的政企关系更加复杂，政府和国企都在改制和不断变化之中，对传统体制的代价进行预测面临很多不确定因素要比发达国家困难得多。受限于我国市场秩序不够规范的现实，对 PPP 的代价也难以预期。VFM 的计算误差难以控制，用于决策将会导致严重失误，甚至可能会出现可批性 VFM，VFM 不适宜用于决策。在决定是否采用 PPP 模式的决策过程中可以对两种体制进行定性分析，以往的 PPP 项目也是这样做的，但重点应该是强调 PPP 项目的准入竞争，强调运作的规范，弱化不同主体之间得到政府非货币因素多和少的影响。

9. 加强监管至关重要。

PPP 项目的监管分为两个方面，一是上级政府对下级政府的监管，比如对

PPP 项目运作过程的监管、对地方政府履约的监管；二是地方政府对 PPP 项目公司履约的监管。现实中谈到监管时对后者有考虑但不规范，前者基本处于缺失状态并因此出了很多问题。一般来说，讨论 PPP 监管不是指政府依照法律对各类企业都要进行的常规监管，而是 PPP 本身需要的监管，特别是依据 PPP 文件而进行的监管。

做好 PPP 项目监管，首先是信息公开，政府推出 PPP 项目的信息要公开，PPP 项目公司建设运营项目的投资和成本信息要公开，还有很多信息该公开；其次是要形成定期备案和评价制度，哪些信息要定期备案和哪些内容要定期评价需要明确规定，这是监管工作的基础；最后要有监管体系，地方政府要明确指定一个政府部门作为监管主体和监管的主要责任人，媒体和社会公众也要参加监管，他们不仅可以监管被监管者，还可以去监管监管者。

10. 循序渐进控制节奏。

根据大岳咨询运作 PPP 项目的统计，部分运作好且竞争充分的项目可以节约 20% 左右的建设投资和运营成本，部分运作不好或竞争不充分的 PPP 项目给政府带来了很大负担而且代价远大于传统体制，多数 PPP 项目效果不明显。运作不好的 PPP 项目对有关 PPP 各方的信心打击很大，2009 年 PPP 出现反复的根本原因是有些 PPP 项目做砸了，因此一定要重视 PPP 项目的质量。PPP 涉及面非常广泛，需要对现行体制进行深层次调整，各级政府需要一个长期的学习和适应过程，这就要求推进 PPP 必须循序渐进，控制节奏。现在有些地区连 PPP 的概念都不清楚，让它们短时间内大规模推进 PPP，风险是非常大的。即使有些地区有过 PPP 经验，由于我国的 PPP 普遍不规范，也无法保证后期 PPP 项目的质量，大量推行新的 PPP 项目也存在很大风险。另外，投资市场也有一个承受能力问题，PPP 项目推多了也会供过于求。体制改革和政府机构及公务员能力提升都是一个渐进的过程，做 PPP 不能急于求成，否则会留下严重后患，不仅不能达到政府的目的，还可能会带来很多新的问题。

金永祥："PPP 青年"的呐喊[①]

"当年 100 个'下海'的人中，99 个都'晒干'了"。20 世纪 90 年代，"下海"是时代的主题，而金永祥则是"下海"之后能够成功遨游的少数成功者。

1992 年的春天，"有一位老人在中国的南海边写下诗篇"，改革的春风扑面而来。毕业后被分配在北京电力科学研究院工作的金永祥，这一年 28 岁，他被调动工作，去了北京市计划委员会下属的北京市工程咨询公司。几年间，身边陆续有人"下海"。4 年后，1996 年，32 岁的金永祥也离开了北京市工程咨询公司，离开了繁华的复兴门。

此后，不到一年的时间，金永祥创立了大岳咨询公司。

"当年 100 个下海的人中，99 个都晒干了，'下海人'的特点是对现实有着理想主义的不满，用十足的牺牲精神挑战充满风险的未来，假如再给他们一次从头选择的机会，100 个人中可能会有 90 个会重新考虑下不下海"。金永祥始终这样认为，而他自己则无疑是幸运的那一小部分。

此后 20 余年，金永祥将大岳咨询发展成为国内首屈一指的 PPP 中介机构，而他也实现了最初的梦想：去推动政策和社会发展。

虽然在 2017 年，PPP 从快车道进入了平飞过程，但是 PPP 的大潮已经席卷而来，金永祥希望能够继续伫立在大潮之上。

从入行到起飞

1989 年，金永祥从哈尔滨工业大学动力机械专业研究生毕业，来到北京。"那个时候的北京还很小，三环外面都是农田，还没有开始大规模的城市建设。我被分配到北京电力科学研究院"。

待了 3 年，金永祥被调到了北京市工程咨询公司，从事为政府决策提供支持的工作。放弃自己的专业技能职业——电力工程师，虽然金永祥有过不舍，但与影响政府决策相比，金永祥更为期待，因此下定决心后，他的态度毅然决然。

---

① 杜涛，金永祥."PPP 青年"的呐喊［EB/OL］. 经济观察报，2018 - 01 - 01.

此后，他的梦想就是做成一个世界知名的中国智库，为政府提供智力支持。如今，在他北京的两个办公区——金融街通泰大厦 9 层、车公庄的第二办公区以及全国的 20 多个分支机构，都挂着金永祥为大岳设计的愿景：成为世界知名的中国智库。

1994 年，国家计划委员会推出了 5 个 BOT（建设—运营—移交，现在 PPP 的模式之一）试点项目。当时的北京市计委副主任，后来的首创集团总经理刘晓光安排金永祥当组长，专门研究 BOT。1995 年，他领导的小组完成了研究报告，出版了《BOT 指南》一书。

当时，北京市希望把京通快速公路做成 BOT 项目，金永祥向领导建议去做这个项目的顾问。20 世纪 90 年代，中国经济高速发展，基础设施供给严重不足，金永祥通过研究后相信 BOT 咨询将是一块新的很有前途的业务。

然而，对金永祥的建议，领导没有做任何回应。于是金永祥决定换个地方去推动这块业务，在改革大潮中发挥自己的作用。

1996 年，金永祥决定"下海"。

金永祥先在一家 BOT 咨询公司当临时顾问。他认为 BOT 不仅能解决基础设施建设资金问题，还能推进科学决策，解决体制里的深层次问题。

正式加入这家公司之前，金永祥有幸参与了中国第一个规范的 PPP 项目——广西来宾电厂 BOT 项目的谈判。在谈判的过程中，金永祥此前研究 BOT 时的很多困惑得到了解答。

当一只追逐项目的苍蝇？这显然不是金永祥的格局，他想做的是老鹰。

1996 年的下半年，金永祥联合几个人成立了大岳咨询有限责任公司，当时的注册地在密云。不到一年，老金把公司从密云迁到了北京市海淀区西直门北大街木材大厦，也就是今天的中节能大厦。1998 年底，金永祥又将办公区迁到了租金更贵的金融街通泰大厦。

前 5 年是一家初创公司发展的关键时期。大岳咨询在这 5 年里发展得非常顺利，连续操作了多个项目。

老金谈起做过的项目如数家珍："第一个项目是为苏州振亚集团世行项目融资做顾问并取得了成功。另外还有两个项目值得一提，一个是 1998 年由我主导的为北京第十水厂 BOT 项目做顾问，大岳咨询先后拿到了 500 万元咨询费；另一个是与毕马威（KPMG）华盛顿办公室合作的国家开发银行发展战略项目分得了 100 万美元。当时的大岳咨询公司规模不大，有这么多钱做基础，再做些其他项目，就不会有财务风险。"

5 年后，也就是 2001 年，当时的建设部（住房与城乡建设部前身）开始抓市政公用市场化改革，大岳咨询有幸参与其中，做政策研究制定和宣讲。2003 ~ 2008 年，大岳咨询的业务进入全国多个城市。著名的北京地铁 4 号线、合肥王小郢污水处理厂和兰州自来水等 PPP 项目都是这期间完成的。

行业拐点

2014 年，49 岁的永祥参与了财政部的第一次 PPP 示范项目评选。2017 年，财政部第四批 PPP 示范项目都已经评选完毕，此时的金永祥也已经年过半百。

这 4 年里，金永祥异常忙碌，而大岳咨询真正地影响了政策和行业的发展，实现了老金一直追求的梦想。他感到“非常具有获得感”。

这 4 年里，大岳咨询一直是国内首屈一指的 PPP 咨询机构，一共为 1000 余个 PPP 项目提供了专业的服务，项目投资额涉及 1 万亿元。

最近老金一直在呐喊，一直为他所从事的 PPP 行业呐喊。他担心 PPP 行业会大起大落。希望 PPP 从起飞到平飞，但是他担心会大起大落。“我一直是在孤独地呐喊”。老金最近一直不停地发朋友圈，他呼吁从经济政策去看待中国的 PPP，他认为中国的 PPP 不再局限于 PPP，而是一个经济发展政策，不再是东西方 PPP 孰优孰劣的比较，而是经济政策发展之间的比较。“对于 PPP 的政策调整要根据实践的经验去完善规则，缺乏政策完善改变的过程。政策以前的局限性，根据 4 年的实践，来完善政策再用完善后的政策去规范 PPP，而不是用以前的政策去规范经过了 4 年实践的 PPP，资本金的问题，必须要研究完善”。

PPP 确实影响了中国经济的发展，也提高了社会的效率。但是老金的梦想最近受到些打击。2017 年，《关于规范政府和社会资本合作（PPP）综合信息平台项目库管理的通知》《关于加强中央企业 PPP 业务风险管控的通知》，以及《关于规范金融机构资产管理业务的指导意见（征求意见稿）》，多项政策叠加，让 PPP 行业有些措手不及。

老金最近一直在与政策监管层进行各种方式的交流，他对 PPP 行业的未来，有些担忧。

金永祥的眼里中国的 PPP 已经不是西方的 PPP，而是演化成一个经济政策。“所以看 PPP 已经不能就 PPP 看 PPP，而是要与以前发展的经济政策作比较，例如土地财政、政府融资平台、政府购买服务、专项建设基金等，与这些做比较，PPP 是一个相对来看，负面作用最小，透明程度比较高的经济政策，更能发挥市场在资源配置中的作用，发挥市场的竞争作用，提高公共服务的效率"。

2017 年 12 月 1 日，老金召集 PPP 的各方参与者举行了一场行业内部的沙龙，谈论的就是最近政策的叠加问题。

国家对于 PPP 的规范，现在只是开始。然而，对于老金而言，去推动行业发展和政策制定，打造一个有影响力的智库，他或许一直乐在其中。

浅说 PPP 咨询工作①

伴随着 PPP 的高速发展，PPP 咨询受到了有关各方尤其各级政府的高度重视。在实践中，各地聘用咨询公司的效果差距很大，有的却达到了预期效果，有的却帮了倒忙。原因在于，甲方，无论是政府方还是社会资本方，对 PPP 咨询工作内容的理解是不同的。

经过 4 年的实践，PPP 市场对“什么是好的咨询公司”这一问题基本形成了一致标准。

第一，PPP 咨询公司从事 PPP 咨询的历史要足够长。20 年好于 10 年，10 年好于 5 年，5 年以下属于入门阶段。从业时间长意味着有信用、有知识积累，对 PPP 的发展规律和政策演变理解深刻。

第二，咨询团队要稳定，至少团队队长要经验丰富。咨询公司不同于图书馆之处在于人，只有稳定的团队才能为客户提供有价值的经验。

第三，咨询公司规模一定要大，业务分布地域一定要广。四大会计师事务所占据了全世界主要的审计市场，PPP 咨询也一样。只有具备规模的公司才可以通过不同咨询团队的相互支持、互为备用，增加质量保险系数。PPP 是发展中的事物，业务触角广才有能力借鉴其他地区的最新成果，才能少走弯路。当然，PPP 咨询的口碑也很重要，被客户认可、推荐的公司，一定错不了。

现实中，很多地方政府和社会资本方忽略了上述对咨询公司标准的认识，将咨询的价值简单地等同于文本工作，出现了以咨询费用低为标准来选择咨询公司的情况，这显然是一种误区。在信息越来越公开的当下，文本很难反映咨询质量。且想，甲公司是业内公认的优秀咨询公司，乙公司是新入行的小公司。若乙公司获得甲公司文件后将其错别字和语法错误认真修改，再装进自己项目的工作内容，那么初看上去，乙的文件好于甲的是完全可能的。但实践证明，从最终效果来看，乙提供咨询的项目最终实施效果很少能好于甲的项目，甚至几年之后乙会被市场淘汰。为什么呢?

原因就在于，PPP 咨询不是文字编辑处理，而是一项专业工作。这项工作在

① 唐凤池．浅说 PPP 咨询工作［EB/OL］．大岳咨询，2018－03－19．

发达国家的门槛是很高的。

第一，咨询需要研究。获取一个数据，靠拍脑袋是最简单的方法，但研究出一个可靠的数据却要付出上百倍的努力。咨询方案不是改编出来的，而是研究的成果。

第二，咨询需要说服客户。抄袭者是不会有说服力的，历史悠久的大公司会整合全公司资源给客户一个权威解释。

第三，咨询需要理解产业市场和资本市场。PPP 咨询需要多方无缝对接，不能自说自话，需要专业化的作业手段。

第四，PPP 咨询需要有数据支撑和谈判能力。这是保证客户利益的基础。

第五，咨询机构需要获得合作对方的认可和信任。好的咨询机构本身就是市场导向标，它们提供咨询服务的项目更容易获得社会资本的响应，更容易获得金融机构的认可。

做 PPP 讲究的是绩效，PPP 咨询也一定要讲绩效。就像砖头钢筋不能作为 PPP 项目的绩效一样，PPP 咨询的文本也不是 PPP 咨询的绩效，尽管这些也很重要。作为 PPP 咨询的成果，首先是完成 PPP 项目的签约；其次是完成了融资，最后是项目开工建设、投入运营。当然客户方承担的风险水平和付出的代价大小也属于绩效因素。评估咨询公司的绩效很难，因为上述各项成果都离不开客户的参与和决策，有的时候咨询公司提供了合理的咨询建议，但并未完全被客户采纳，毕竟客户的意志未必总是合理的。因此，能评价咨询公司的，只有客户自己，客户满意度应该是一项核心指标。当然，项目相关方的评价也有参考价值。

世界范围来看，很少有官方机构对咨询公司进行评价，以免误导市场。官方管得较多的是违规行为。任何咨询公司取得了成功，归根到底是得到了市场认可。因此，对咨询公司的评价应该交给市场，相信市场就是相信 PPP 咨询的未来。

对中国式 PPP 的几点认识

——金永祥在 2018 年中国融资建设风险防控峰会上的发言①

PPP 现在处于非常关键的时期，其未来走向充满了极大的不确定性。在这个时点上，如何认识 PPP 显得非常重要。关于对 PPP 的认识，目前国内尚未达成共识。作为一个 PPP 从业者，我谈一些自己的看法。

中国式 PPP 已经不是英语环境下的 PPP。首先，英语环境下的 PPP 中的第二个 P 一定是私人机构，而国内第二个 P 是以国有企业为主体的，特别是央企作为 PPP 的社会资本广泛参与，这种趋势可以微调，但不会有大变化。其次，英语环境下的 PPP 法规健全、重视契约精神、运作规范，但目前国内 PPP 尚无法做到这一点。如果对此吹毛求疵的话，那我们的 PPP 就什么都不是了。相反，如果用历史的眼光对待 PPP，认识到中国式 PPP 的进步意义，而不去纠结于技术细节，就会发现其中的伟大。

PPP 是一种不可逆转的政策选择。我不认为 PPP 仅仅是一个项目层面的政策工具。2014 年以后，PPP 应用的领域非常广泛。《国务院关于加强地方政府性债务管理的意见》发布以后，地方政府融资的很多路径都被限制，很多项目都转向 PPP，这一趋势没法改变。对 PPP 进行整顿，要付出极大的代价，因为目前已经开工但却尚未完成融资的项目，总投资已经达到了 2 万亿 ~3 万亿元以上；已经投入的垫付资金已经达到 1 万亿元以上。原来城镇化的时候有两条路，土地财政和利用政府信用举债，现在这两条路基本都走不通。现在需要吸引民间资本搞新型城镇化，通道就只有 PPP，这是不可逆转的政策选择。

PPP 是一场深刻的社会变革。

PPP 是无公害的经济政策。这些年出台了很多经济政策，有后来被认定为违法的项目、有一年能达到 7 万亿 ~8 万亿元的政府购买服务、有效带动了至少 10 万亿元资金的专项金融债以及传统的土地财政，等等。大家思考一下，今天说的

---

① 金永祥. 对中国式 PPP 的几点认识——在 2018 年中国融资建设风险防控峰会上的发言［EB/OL］. 大岳咨询，2018 -02 -07.

降杠杆，到底是哪些政策带来了杠杆效应？降杠杆的重点不在 PPP。整个 PPP 行业经过 4 年的高速发展，真正投入施工的资金仅有 2 万多亿元，其中 1 万亿元是银行批准的，另外 1 万亿元是施工企业垫资的。这些是大家共同努力的成果。PPP 有竞争、有程序、公开透明，PPP 的问题也能看得清清楚楚。今天的政策要规范 PPP，就是要解决其中的问题。因此一定要考虑到 PPP 比其他经济政策是否具有优越性，具有优越性的事物一定要坚持，否则就会让不规范的政策有机可乘。

PPP 是一场输不起的战争。这一轮 PPP 中，国有企业是最重要的参与力量。国有企业作为社会资本参与的一大优势就是政策一声令下双方说改就改，很少有相关方提到契约精神。但如果社会资本方大多为外企，那估计现在全国很多项目都在打官司。

今天就讲到这里，谢谢大家！

放弃固有舒适区主动对接市场机遇，解决时代难题迎接环保产业大发展[①]

——大岳咨询董事长金永祥在2019环境上市公司峰会《国企进场与产业新格局》论坛上的发言

这个问题本质上是国家政策选择问题，不仅涉及国企进入市场，还有是用市场方式还是传统方式发展环保产业的选择问题。参与环保产业的投资主体有外资、民营环保企业、本地国企、外来国企、各种混合所有制企业以及小型民营企业。环保产业中的项目有些技术边界、商务边界清晰，暂称为第一类项目。有很多项目整体边界不十分清晰或者部分边界不清晰，称为第二类。还有些项目边界非常不清晰或者基本条件都不具备的称为第三类项目。传统上，第一类项目市场开放度较高，外资、民企、外来国企和混合所有制企业参与较多；第二类有一定开放度，主要是外来国企尤其是央企在参与；第三类开放度很低，主要是本地国企特别是平台公司在投资，市场化程度都不高。2013年以前环保产业市场化部分主要是第一类，国企参与的市场化项目不多。2014年以后国有企业开始参与市场化项目，第二类有了发展，2018年以后国企开始收购民企股权，环保产业必将出现新格局，这是今天论坛关注的重点。实际上，环保产业新格局要比国企收购民企的问题大得多，本地国企尤其是平台公司以及小型民企的参与是环保产业的最大问题，政策选择要解决的是如何整合社会资源使环保产业整体效率提高。

1. 国企进场使环保产业市场化程度提高，环保市场会更加开放，蛋糕会越来越大。不仅第一类项目有市场主体愿意承接，“国企进场”后，第二类项目也有主体去承接，甚至部分第三类项目也开始开放，这样环保市场的规模就会呈几倍甚至十几倍地放大。

2. 民企和外资的市场规模没有减少，市场增量主要来自国企的参与。尽管

① 金永祥. 放弃固有舒适区主动对接市场机遇，解决时代难题迎接环保产业大发展［EB/OL］. 大岳咨询，2019-12-03.

国企会与民企、外资竞争第一类项目，同时民企也开始与国企组成联合体参与第二类项目。这两年有的民营环保企业遇到了麻烦，原因很多，必须承认拿项目过多是其中的一个原因，但这也说明民企的机会是增加的。

3. 环境投资企业的经营风险在增加，对企业的管理能力提出了更高的要求。同第一类项目相比，边界不清晰的第二类项目在社会资本与政府合作时难度更大，但绝不是不可以做。第二类项目会对投资主体的战略定位、企业文化和政治责任提出公益性要求，政府从本意上讲不希望参与这类项目的企业亏损，也不希望其盈利过多，因而就对国企有了倾向性，这也是发挥了我国社会制度的优越性。

4. 环保产业更加开放有助于全面提升整个行业的效率。当地国企和平台公司做环保产业除了可以包容项目边界问题之外，基本谈不上管理，社会浪费极大，也基本不会有技术进步。国企进场实现了环保项目规模化、专业化经营，很大程度上改变了传统由各地政府分散自行实施环境项目的局面，从而在技术上、管理上、治理水平上有了大幅度提升。随着国企与民企、外资竞争并向它们学习，国企自身会不断进步，这会使整个产业效率提升越来越明显。

5. 环保产业的进一步开放以及开放后效率不断提高是一种历史趋势，这是在与其他政府管理模式竞争中形成的，必将成为制定政策的选项，并将为各类投资主体带来机会。各类投资主体应放弃固有的舒适区，主动对接市场机遇，解决时代难题，才会迎来大的发展。如果固守旧有的经营思维，只做边界清晰的项目，会错过市场机会。当然，对待前进中可能遇到的问题要有准备，更应客观看待，问题一定不少，但大家走到一起就是为了解决这些问题的。至于 2018 年以来环保行业遇到的问题，依我看总体是由于有关各方不成熟造成的，社会资本不成熟、政策也不成熟。尽管代价十分惨重，但我相信经历这次风暴后，通过认真反思并总结经验教训各方将更加成熟，未来环保产业将迎来高质量发展。

2019 的老金与 PPP[①]

下午的斜阳终于照进了北京金融街通泰大厦的 9 层。

此时的老金办公室里放着两棵植物，一棵叫君子兰；另一棵他自己也不知道叫什么。

下午 3 点，老金从他的办公桌起身后，走到君子兰前面，轻轻拽了下君子兰，君子兰随着金永祥的手一起在晃动，从已经裂开的土里，可以看到从头到根都在轻轻摇动。

用他的话说，其实去年这株君子兰根部已经烂了，已经快死了。“我又将它（君子兰）救活了，底部的根有些坏了，现在长出了新的根来，长出了新的叶子”。

老金转身走回自己的办公桌，突然笑了一声，说了一句：像不像是现在的 PPP 呢？

老金，全名金永祥，大岳咨询的董事长，在 PPP 圈内都称他为老金，或许是因为他岁数比较大，他是这轮 PPP 大潮的见证者，也是推动者之一，在前几年 PPP 遭遇低潮之时，他也是 PPP 的鼓励者和信仰者。而 PPP 在过去 6 年中，成为中国基础设施投资和公共服务的主流，在 2017 年经历一系列规范之后一直处于低潮期。

作为 PPP 行业中最大的咨询公司的董事长，金永祥现在坚持的是活下去。

“活下去才是最重要的，特别是在市场不好的时候，维持核心团队稳定是最好的，所以 2019 年的时候涨了两次工资。”但是即使这样，金永祥的员工也从 2017 年高峰时的 500 多人下降到现在的 400 多人。

一

“白头搔更短，浑欲不胜簪。”来自杜甫的《春望》，金永祥记得这句诗词，恐怕更多的是因为他的头发少了，白发比 5 年前更多了。

现在的金永祥在自己的办公室里一直放着梳子，不时把梳子拿出来，梳理一

① 杜涛．2019 的老金与 PPP［EB/OL］．经济观察报，2019－12－18．

下自己的白发。他相信梳多了，头发会掉得少。

“你自己相信吗?”

当记者提出这个问题的时候，他笑笑说，每次都是无聊的时候梳几下，也没想什么。

其实老金一直都是一个注意劳逸结合的人。

12 月 11 日，老金去日本旅游了一圈，在京都待了一个星期看枫叶。其实，用他的话来说，中国很少有旅客会一直在一个城市待着，而他就是这样一直待在这个城市，就像上半年去的东京一样。看什么并不重要，无论是樱花还是窗外的人群，还是北海道的大雪，对于他来说，重要的是能释放内心的压力。

出现在大家面前的老金是西装革履、神采奕奕的老金，非常乐观，与众人谈笑风生，温文尔雅。其实老金也有不开心的时候，也有不爽、压力很大的时候。

所以老金选择了出游，走出去散散心。

在 2019 年的上半年，老金去东京看了几天的樱花，秋天去京都看了一个星期的枫叶。

“当老板，如果调整不好，十个要有八个成为精神病。所以行业好的时候，来往繁忙很累，需要放松，市场不好的时候，生存压力的思考，也需要放松”。

所以老金选择定期调整，在自己快成为“精神病”的时候选择出去放松。

二

给老金带来压力的其实就是他主要赖以生存的 PPP 行业。

12 月 16 日，中午刚刚与客户吃饭，下午又见了来自西北某个城市的政府领导。相比 2015 年、2016 年 PPP 高峰的时候，来金永祥这里拜访的客户减少了，他认为，相比以前的差距有市场的原因，也有自身管理的原因。

市场的原因就是 2017 年开始的市场管理规范，使高速发展的 PPP 突然降温，许多参与 PPP 的上市公司接连出事，也使市场主体对参与 PPP 的信心不足。而自身的原因，金永祥认为，在开始的时候，他是帮助总监们开拓市场，现在他是看哪个总监需要他，比如与当地领导座谈，出席一些签约仪式等。

而且，现在老金的出差量相比行业高峰时期，也就是 1/3 左右，在 2016 年的时候，老金能有 200 天在外面出差，现在也就是 60 天左右。他坐飞机的时候，喜欢看飞机上发的报刊，乘坐高铁的时候，喜欢买一份厚厚的《经济观察报》，一份报纸，基本上可以从北方看到南方了。

市场的下行也影响了老金的公司，虽然现在还看不出来，他认为更困难的是明年，而不是今年。

2019 年金永祥所在大岳咨询，PPP 项目合同的个数还在增长，但是合同额下降了，带来的就是新增项目总体的收入下降了。

“每个项目的咨询费没以前那么多了，也就是单个合同额下降了，下降了 10% 左右。但是因为前几年的积累，2019 年的收入和 2018 年持平。”

金永祥笑了笑说，做到现在这样已经很不容易了，2015 年、2016 年日子很好过，2018 年、2019 年难度大了。

三

当 PPP 规范下行的时候，老金就开始呼吁，呼吁大家对 PPP 宽容，甚至在给 PPP 寻找出路。

从规范开始的时候，他提出不能就 PPP 论 PPP，而是要与以前的政策相比，看到 PPP 的优势，到 PPP 应该成为一项经济政策，再到最近老金呼吁 PPP 与专项债结合。

老金认为从财政的角度来看，能够给市场做供给的也就是 PPP 和专项债，专项债的问题也开始慢慢显现，如果将这两个结合起来，可以优势互补。

于是，在 2019 年 10 月 29 日财政部 PPP 中心召开的第五届中国 PPP 发展（融资）论坛上，金永祥在大岳咨询主持的 18 个分论坛之一“资金统筹模式”分论坛中专门讨论了 PPP 与专项债结合的事项。

本来作为 18 个分论坛最后一场主办方的金永祥很担心会议到了最后，论坛现场空场，人都走光了。到现在来看，金永祥讲这部分的时候，都是神采飞扬的，他说，现在来看，这个问题是受到重视的，结果都没想到，现场爆满，300 多人的场子，好多人是站着的。

于是，回到北京之后的老金，让他的研究院继续研究 PPP 与专项债的问题，他认为 2018 年前后是 PPP 困难的时候，2019 年 PPP 行业则比较消沉。各方对 PPP 态度比较冷漠，冷漠的根源是个人认识问题。

在 PPP 高峰之时，老金自己成立了一个大岳研究院，内部研究 PPP 的业务问题，外部研究行业问题。

他让研究院的同事研究，PPP 未来前景怎么样？对地方政府、央企、融资平台意味着什么？

“因为，只有有意义的事情，也就是有价值的事情，大家才感兴趣，大家也才会去做”。

疫情不会对PPP产生过大不利影响[①]

2020年初以来的疫情对我国宏观经济的负面影响尽管还难以准确预测，却不可避免。从全年来看，疫情对基建和PPP的影响十分有限，而且影响不一定是负面的。疫期与春节重叠，疫情对1月的PPP基本没有产生影响，对2月的负面影响最大，对3月可能还会有些影响，但很可能出现从负面影响到正面影响的转折，预计从二季度开始到年底疫情的影响都将是正面的。尽管PPP发展仍然会比较艰难，但应该与疫情无关，是过去两年被作为隐性债务影响的结果，也许疫情会成为结束这种影响的契机。

我国的经济总量是由投资、消费和外贸构成的。疫情过后，消费和外贸的增长是政府难以控制的，为了减小疫情对经济的影响，并补齐疫情本身暴露出公共服务方面的若干短板，加大基建投资将大概率成为政府的政策选择，因此基建的规模很可能比不发生疫情情况下要大。大多数PPP项目都是基础设施和公共服务项目，基建大发展，一般来讲PPP的机会自然就会增多。

作为基础设施和PPP的参与者，大岳近期的情况有一定代表性。经历20多天的疫情恐慌之后，从2月11日开始已经陆续有地方政府联系大岳咨询公司，要求加快推进PPP项目。受疫情影响，地方政府的发展和财政压力都是很大的，因此这些启动PPP的动作不是偶然的。这意味着，疫情对PPP最坏的影响已经过去，3月PPP项目将可能恢复到正常状态，4月以后有望进入加快发展阶段。

政府用于基建的投资主要来源于政府性基金、政府债券和PPP。政府性基金的规模主要取决于房地产市场走势；每年的政府债券规模基本是确定的；只有PPP的弹性空间较大，可以在扩大基建规模方面发挥关键作用。2003年发生SARS疫情时，北京市的经济发展受影响最大。疫情过后，北京市推出了定福庄等五个污水处理厂PPP项目、亦庄天然气PPP项目等一批PPP项目，并加快了北京地铁四号线PPP项目的建设。合肥王小郢污水、南京城东污水等PPP项目也都是当时为应对疫情所造成的影响推出的。这些项目的实施不仅为稳定2003

① 金永祥．疫情不会对PPP产生过大不利影响［EB/OL］．大岳咨询，2020－02－19．

年经济发挥了作用，而且使 PPP 从试点阶段顺利进入推广阶段，还带来了 PPP 在 2003 ~2008 这 5 年规范的高速发展时期。桑德环保、法国威立雅、中节能等一大批环保企业高速发展，城市污水处理价格在市场竞争的推动下大幅下降，使得财政有能力负担起更多的污水处理项目，为我国推进城市化所需的基础设施作出了贡献。

“新冠病毒”疫情过后推进 PPP 还有一个特殊意义，就是有利于挽救民营经济，促进经济高质量发展。过去几年地方政府债券的大规模发行对防止隐形债务发挥了重大作用，有效防控了系统性金融风险。但地方政府债券投资都是财政投资的范围，对民间投资不可避免地产生了一定的挤出效应。2019 年是民营经济发展最困难的一年，原因是多种多样的，不可否认地方政府债券的挤出效应是其中之一。本次疫情发生以来，民营企业又首先受到了冲击，在前两年已遭受打击的背景下，疫情可能成为压垮很多民营企业的最后一根稻草，拯救民企已经成为政府的当务之急。如果大力发展 PPP，民营企业就有机会获得更多的投资、建设和运营基础设施的机会；如果进一步允许专项债与 PPP 结合，民企还会有机会参与专项债项目的建设和运营，提高专项债的资金使用效率。

为了加快 PPP 发展，建议政府做好以下工作。

第一，中央政府释放明确的政策信号支持 PPP 发展。过去两年 PPP 被视为隐形债务，发展遭受了很大挫折。到 2019 年下半年，地方政府、社会资本和金融机构都对 PPP 持观望态度，甚至部分重要的参与方明确表示不再做 PPP 了。如果 PPP 政策明朗了，各方都认为 PPP 是治理机制和政策选择，就能恢复各方对 PPP 的信心。

第二，地方政府尽快启动 PPP 项目前期准备工作。PPP 项目的运作是有正常工作周期的，只有加快前期工作，才能保证 PPP 在本年度的基建投资中发挥作用。本次疫情暴露了一些基础设施方面的问题，可以成为疫情过后重点推进的 PPP 优选项目。

第三，将专项债与 PPP 有机结合。这项工作有财政部领导曾提出过，但没有明显进展，导致专项债的使用效率过低、风险开始显现。应该把疫情作为解决这个问题的契机，现在政府没有任何理由不采取一切手段加快基建速度。如果将两者有机结合，优势互补，这个市场各方一直强烈呼吁的政策选择就一定能很快发挥作用。

第四，加快改革，攻坚克难，使 PPP 上一个新的台阶。前两年 PPP 发展受挫的原因之一是经过 5 年高速发展后积累了一些问题。面对问题，如果浅尝辄止自然会半途而废，迎难而上方可实现高质量发展。下一步发展 PPP 攻坚克难的重点应该包括解决好收费制度和价格制度改革、降低资本金到符合国情的比例、认真开展前期工作、发挥好咨询公司的作用等。

地方政府重视发挥 PPP 在疫后六稳中的关键作用[①]

广西壮族自治区人民政府发布了《关于印发广西进一步加快推进 PPP 工作促进经济平稳发展十条措施的通知》。这是疫情接近尾声各地陆陆续续复工后第一个由省级政府出台的推进 PPP 工作的地方政策，这项工作必将为广西稳就业、稳增长发挥重要支撑作用。一季度全国各地经济都受到疫情严重影响，完成本年地方两会制定的经济发展目标将十分困难，预计在广西之后会有越来越多的地方政府出台推进 PPP 的政策，PPP 将在 2020 年迎来又一个发展机遇。

今年春节过后，在疫情最严重的时候，广西财政厅、发改委就未雨绸缪，积极谋划疫后恢复经济的战略举措，并广泛进行调研，提出制定《进一步加快推进 PPP 工作促进经济平稳发展十条措施的通知》。这项工作，是完全基于广西实际情况，结合 PPP 市场各方诉求及发展规律，在认真调查研究的基础上完成的。纵观“十条”的内容，有的放矢，反映出广西发展 PPP 的诚心、决心和信心。

通知第一条是强化组织领导，落实主体责任，明确各级政府都要成立 PPP 领导小组，这在过去 PPP 七八年的高速发展过程中是第一次。说明广西有坚定的决心推进 PPP 工作，PPP 将成为各级政府的日常工作内容。

第二条明确了自治区重点发展 PPP 的领域，使 PPP 各参与方目标清晰，污水和垃圾行业要全面实施 PPP 模式，通知提出要推进存量资产 PPP 项目，也就是 TOT 模式。TOT 模式不仅是稳增长，更是化解地方政府债务的重要手段，对财务投资人具有吸引力。

针对过去 PPP 市场中普遍存在的前期工作不扎实影响 PPP 项目效果的现象，第三条对夯实基础工作、抓好培育进行了部署，提出将组织专家、咨询公司和金融机构对接辅导，充分利用外脑。

通知对 PPP 全生命周期进行了通盘考虑，第九条对实施中的项目提出遵循绩效导向，强化督查考评。2020 年将对污水和垃圾 PPP 项目进行绩效评价，评估 PPP 实施效果。

第七条还提出了对 PPP 项目的财政支持政策，第八条提出了推进 PPP 的奖

① 金永祥．地方政府重视发挥 PPP 在疫后六稳中的关键作用［EB/OL］．大岳咨询，2020－03－24．

罚规定，对 PPP 工作做得好的市县通报表扬并在财政上给予倾斜，对开展 PPP 不利的市县进行约谈、通报和限期整改。这些规定将对市县开展 PPP 工作起到极大的推动作用，也为地方政府工作指明了方向。

附录Ⅲ PPP 绩效管理

PPP 项目绩效管理将成为 PPP 实施阶段的重点任务①

摘要：“当前，PPP 的冬天已经过去，春天已经来临，在经过 4 年大发展、一年深度调整期后，PPP 将迎来新的发展机遇。”金永祥分析说，大岳咨询会与广大客户一起，进一步攻坚克难，解决发展中的问题，不断发挥优势，为 PPP 成为中国特色社会主义制度的组成部分作出贡献。

从 2018 年开始，PPP 人的注意力已经从 2014～2017 年推出的 PPP 项目、签订合同转移到如何保证 PPP 可持续发展上来。

2 月 23 日，由大岳咨询主办的“PPP 项目绩效评价专题培训会”在北京市香山饭店召开。此次培训会以大岳咨询丰富的 PPP 项目绩效评价经验为基础，围绕 PPP 绩效评价的核心问题，重点讲解个案层面的实际操作，意在树立绩效评价理念，帮助业内同仁及时了解并深入研究 PPP 项目绩效评价内容，进一步指导 PPP 项目绩效评价实践工作。本次培训为期一天，有来自全国各地政府部门、城投公司、国企及民营企业的分管领导及相关人员等近 300 人参加，培训现场座无虚席。

会上，大岳董事长金永祥和江苏省财政厅原副厅长宋义武进行了开班致辞。金永祥表示：“在 2018 年，作为咨询公司，我们做了大量 PPP 整改和规范的工作，有的涉及合同管理与付费，有的与争议解决有关，有的与协议的重新谈判和完善有关，有的咨询合同向后延伸覆盖了全过程。经过仔细研究会发现，这些工作都与绩效管理有关。这使我们意识到后 PPP 时代已经来临了，作为 PPP 的参与者，我们不仅应该帮助政府方和社会资本方签好合同，还要协助他们把合同执行好。”由此，大岳应客户需求举办了此次培训会，致力于帮助客户及其他业内同仁梳理后 PPP 时代的工作，厘清工作思路。

宋义武介绍说，绩效管理是 PPP 模式的本质要求，优质高效是 PPP 模式的

---

① 潘晓娟．PPP 项目绩效管理将成为 PPP 实施阶段的重点任务［EB/OL］．中国经济导报，中国发展网，2019－03－02．

大岳董事长金永祥在会上发言

特征之一，而优质高效需要做到完善的绩效管理。此外，绩效管理也是 PPP 项目的实践要求，要通过实施绩效管理，实现政府治理能力与治理水平的提升，实现 PPP 项目规范与高质量发展的提升，实现广大人民群众幸福感的提升。绩效管理更是 PPP 模式的发展要求，PPP 模式已成为我国基础设施和公共服务领域发展的一支不可缺少的中坚力量，已成为支持民营经济发展的一条重要途径，已成为新时代供给侧结构性改革和基础设施补短板的重大举措。我国 PPP 模式必将会迎来一个更好、更优、全面发展的新时期，这也对 PPP 项目绩效管理提出了更新、更高的要求。由此，党中央、国务院已经发出了全面加强预算绩效管理的动员令，政府部门、社会资本、金融机构、咨询机构等所有从事 PPP 工作的人，都必须牢固树立绩效管理理念、增强绩效管理意识、掌握绩效管理方法、抓好绩效管理运用，真正把绩效管理贯穿于 PPP 项目的全过程。

培训授课首先由大岳总法规政策师、质量管理与培训部总监、大岳研究院副院长宋雅琴博士开讲。宋雅琴以《PPP 绩效管理政策与现状》为题，从 PPP 绩效管理政策、PPP 绩效管理现状与 PPP 绩效管理实务三个方面介绍了 PPP 项目绩效管理的概念体系、发展脉络与实务应用。她表示："当前，PPP 项目绩效管理不管在政策还是实践中仍处于起步阶段，大量问题尚缺乏指导性的操作指南，这一现状，既是绩效管理的难点，也是绩效管理的机遇，它为项目的先行先试与制度改革创造了条件。"大岳咨询多年来已完成及正在实施的绩效管理项目有几十个，公司已具备较为成熟的绩效管理项目经验，希望能为 PPP 项目绩效管理的发展作出贡献。

随后，大岳第三事业部董事总经理毕志清以《PPP 项目绩效评价在争议解决中的应用——以某供水项目为例》为题，从 2006 年的一供水项目争议解决的角度，阐述绩效评价工作的内容、程序及对争议解决的作用。毕志清表示："我们应当客观看待争议，可以通过全面绩效评价，以问题为导向有针对性地开展工作，从而确定争议解决的路径与解决方案。"

大岳第六事业部董事总经理姜卫东以《PPP 全生命周期绩效评价操作要点——以某人防工程项目为例》为题，阐明 PPP 项目绩效考核的实施要点及最新发展趋势，要点包括：绩效考核体系设计、绩效考核方法设计、绩效考核实施步骤等。姜卫东表示："绩效考核指标体系设计是绩效考核的核心工作。目前多数 PPP 项目绩效考核指标体系大同小异，这是不合理的。实质上每个项目的绩效考核都应根据项目类别、自身情况制定个性化的绩效考核指标体系。"

"中期评估的重点是通过全面、系统的评估，发现项目存在的问题、分析原因、提出解决的办法，使问题最终得以解决。中期评估是发现偏差的第一窗口，应予以格外重视。"大岳第一事业部董事总经理蔡建升以《PPP 项目中期评估如何应用于合同变更——以某污水处理厂项目为例》为题，重点介绍 PPP 项目中期评估的实操要点，并以某污水处理厂项目 2011～2017 年进行过的三次中期评估为例，说明中期评估在合同重新谈判及变更中的不同应用。

北京地铁四号线项目是中国首个得到政府核准的京港合作 PPP 项目，其实操经验具有重要参考意义。大岳第六事业部总咨询师何涛博士以《PPP 项目后评价实务解析——以北京地铁四号线为例》为题，重点讲述大岳提供咨询服务的北京地铁四号线实施效果评价的工作始末及 2018 年底大岳最新完成的第三次中期评估工作情况，第三次中期评估的目的在于对以前评估工作及合同修改后的执行情况进行评估。借上述两个案例，阐明了 PPP 项目后评价的评价过程、评价方法与评价内容。何涛表示："PPP 后评价是整个项目绩效评价体系的重要环节，应注意与绩效目标的关系，后评价的结果应为 PPP 管理机制的改进提供依据。"

"我们必须树立全生命周期进行履约管理的理念，履约管理必须以绩效目标为导向。PPP 合同是履约管理的基础，实施机构的管理能力是实现履约管理的保障。"大岳第二事业部董事总经理徐志刚以《PPP 项目履约管理》为题，从平谷区农村污水治理项目、通州乡镇污水处理打捆项目、通州张家湾污水处理厂项目等多个项目履约管理案例出发，阐明 PPP 项目履约管理的重要性，详细说明 PPP 项目履约管理的特点、主要任务、核心目的和服务流程等。徐志刚表示，缔约阶段是投资人之间的博弈，履约阶段政府要直接与社会资本博弈，管理难度要大很多，此阶段应该充分重视并发挥咨询机构的作用。

金永祥为培训会进行了总结致辞，他表示："第一，绩效管理不是新事物，自从 PPP 进入中国以来就已经有绩效管理了。我们今天做绩效管理应当认真研究并借鉴历史案例，并在此基础上不断提高完善。第二，绩效管理贯穿 PPP 项目实施的全过程，可以说绩效管理不是 PPP 项目实施的全部，但 PPP 项目的实施离不开绩效管理。绩效管理工作难度大、对咨询公司的要求高，但我们必须接受挑战。第三，追根溯源，绩效管理来源于管理学，管理学中'物有所值'的'3e 因素'（经济、效率、效益）值得借鉴。第四，当前很多政策法规已对 PPP 提出了绩效管理要求，但还不够系统，尤其是缺少操作方面的指引。这说明政府对 PPP 绩效的认识还可以进一步提高，制度尚需进一步健全。第五，绩效管理工作是 PPP 可持续发展的基础性工作，开展绩效管理已迫在眉睫，应该引起 PPP 相关各方的高度重视。"

"当前，PPP 的冬天已经过去，春天已经来临，在经过 4 年大发展、一年深度调整期后，PPP 将迎来新的发展机遇"。金永祥分析说，大岳咨询会与广大客户一起，进一步攻坚克难，解决发展中的问题，不断发挥优势，为 PPP 成为中国特色社会主义经济的组成部分作出贡献。

本次培训会各主讲人紧扣 PPP 项目绩效评价核心问题，从理论到实际，多方位阐述 PPP 项目绩效评价的概念体系、发展历程、实施要点、评价应用等内容，结合 PPP 项目绩效评价的实务操作案例，深入浅出地讲授了关于 PPP 项目绩效评价的最新研究成果，并对 PPP 项目绩效评价工作的执行及 PPP 项目绩效评价制度的建设提出精当的建议。参会人员纷纷表示，在此次培训会中深感受益，加强对于 PPP 项目绩效管理工作能够保证 PPP 可持续发展。

PPP的下半程

——绩效为王[①]

当前，PPP的冬天已经过去，春天已经来临，在经过4年大发展、一年深度调整期后，PPP将迎来新的发展机遇。

老金原来打算是在2019年年后开一个PPP绩效的培训班，大约100人。

但没想到的是，在他发出通知之后的短短几天内，报名已接近1300人，关注PPP绩效的人数远远超出了他的预计。

老金叫金永祥，是大岳咨询的总经理，大岳咨询是PPP行业中给政府提供咨询服务的中介机构。

2019年2月23日，大岳咨询在香山饭店举办了“PPP项目绩效评价专题培训会”，虽然老金将人数控制在200人左右，但最后实际到场人数接近300人。

突然之间，PPP绩效管理为什么会这么火？

金永祥判断，虽然2018年对于PPP行业是一个冬天，但是从数据来看，2018年落地的项目，达到了前5年落地项目的48%，这意味着2018年PPP项目落地在加速。项目落地之后还有付费的问题。PPP的项目大部分是10年以上的长期合同执行项目，在不同的阶段，肯定会有不同的问题爆发出来。

全国政府和社会资本合作（PPP）综合信息平台项目的数据显示，截至2018年12月末，落地项目同比净增1962个、投资额2.6万亿元，落地率同比上升16.0个百分点。

金永祥认为，绩效管理贯穿PPP项目实施的全过程，可以说绩效管理不是PPP项目实施的全部，但PPP项目的实施离不开绩效管理。

“当前很多政策法规已对PPP提出了绩效管理要求，但还不够系统，尤其缺少操作方面的指引。这说明政府对PPP绩效的认识还可以进一步提高，制度尚需进一步健全。绩效管理工作是PPP可持续发展的基础性工作，开展绩效管理已迫在眉睫，应该引起PPP相关各方的高度重视”。

---

① 杜涛．PPP的下半程——绩效为王［EB/OL］．经济观察报，2019－03－04．

报名太多

2019 年 1 月 24 日，金永祥发出了培训班报名的通知，这个时候老金本来只想做个 100 人的 PPP 绩效培训班。老金当时并没有想到，最后的实际情况是，报名的一共有近 1300 人。

在通知发出几天后，当大岳研究院的人告诉金永祥“报名人数超过 1000 了”的时候，金永祥都愣了——他没想到会有如此多的人报名。于是老金把培训班的名额翻倍到 200 人，但不久后，金永祥的客户纷纷给他打电话咨询，老金只能将培训名额增加到 300 人。

老金认为，培训班的人报名太多，说明 PPP 的绩效管理问题已经非常紧迫。他认为 PPP 的绩效管理涉及 PPP 各种问题，是难点，会比前面选择社会资本难多了。

他进一步解释，PPP 绩效的工作量会比选择社会资本阶段的困难大得多。因为选择社会资本的时候，是社会资本之间在博弈，政府处于主动地位；一旦选择社会资本之后，几乎都是政府与社会资本之间的博弈，后续的处理难度很大。而 PPP 项目的执行又是一个长期的过程，政府解决起来难度也会大很多。

目前，市场已经开始对 PPP 的绩效管理有了反馈。在 2018 年，大岳咨询承接的很多咨询合同，都与实施阶段的内容相关、跟绩效有关；金永祥的客户也多次提出希望进行绩效的培训。

特别是进入 2018 年下半年，市场的反馈越来越多。2019 年春节前，金永祥召开自己公司的项目经理座谈会，在近 200 位项目经理中，有很多项目经理的客户都提出，希望公司开展培训 PPP 绩效的相关课程。

金永祥看来，市场如此之多的反馈，其背后最主要的原因就是 PPP 合同签订之后，怎么执行的问题。建设工程该怎么管？如何管理、运营？怎么付费，依据是什么？假使社会资本做得不好，又该怎么操作？如果合同条款不合理，又该怎么调整？

从前几年 PPP 项目落地的数量来看，2018 年 PPP 项目落地正在加速，项目落地之后还将面对各种问题，例如付费的问题。值得注意的是，大部分是 10 年以上的长期合同执行的 PPP 项目，在不同的阶段还将会有不同的问题爆发出来。

去年，也就是 2018 年，中共中央、国务院印发了《关于全面实施预算绩效管理的意见》，一直专心研究环保行业 PPP 的 E20 研究院执行院长薛涛对此表示，国家要推进全面绩效管理，目前在 PPP 项目中需要财政支出的占据了 90%

左右，所以 PPP 需要纳入绩效管理的大方向中。

绩效重点在哪?

不只是大岳咨询，业内不少专家都看到了 PPP 绩效的重要性。薛涛认为，绩效考核作为全面提升财政支付效率的手段，对提升我国公共服务管理的重要性毋庸置疑。在 PPP 中引入这部分内容也是势在必行。

薛涛建议要根据行业领域不同和商业模式的不同，来分别研究针对性方法，甚至还要考虑中国的地区性差异。要尊重商业规律和博弈理论，作为政企合作需要了解企业的行为模式并做好预判，保证引导下的实际效果。要注重全过程和系统性，避免单点最优影响最终的产出最优，后者其实就是“长期公共服务效率提高”的唯一标尺。根据当前中国的实际情况来看，不解决地方政府支付契约问题，绩效考核模式很难健康运行，这个核心矛盾必须克服。

那么 PPP 的绩效体系是什么样的？大岳咨询董事总经理毕志清认为，现在整体的 PPP 项目评价，是在项目落地的过程中，需要设定项目的绩效标准和绩效办法，建设期和运营期需要定期绩效考核，来进行付费，未来还需要完善整体合同体系和绩效体系。只不过现在进入运营期，市场需要的是付费的绩效考核标准。

毕志清近几年一直在操作 PPP 项目，他告诉记者，他所操作过的项目中，有一部分已经进入绩效考核阶段；未来将要进入运营期的项目，也都需要绩效考核。“PPP 绩效的重点和根本在于，财政资金强调按效付费，关于政府的预算强调按照效率付费。PPP 也涉及财政资金，也需要绩效考核，结合付费结合政策目标，考核 PPP 的项目公司的绩效。在 PPP 项目前期合同中，就应该明确项目要设立绩效考核条款，要编制具体的考核办法和标准”。

大岳研究院副院长宋雅琴说：“当前，PPP 项目绩效管理不管在政策还是实践中仍处于起步阶段，大量问题尚缺乏指导性的操作指南，这一现状既是绩效管理的难点，也是绩效管理的机遇，它为项目的先行先试与制度改革创造了条件。”

PPP 绩效管理迎来了新的发展机遇[①]

2020 年 3 月，财政部《关于印发〈政府和社会资本合作（PPP）项目绩效管理操作指引〉的通知》（以下简称《操作指引》）正式发布。通知强化落实 PPP 项目绩效管理，传递了政府继续推广 PPP 模式的坚定信心。目前财政部 PPP 综合信息平台约有六千多个项目进入了执行阶段，其中许多项目已经建成并投入运营，《操作指引》的发布为地方政府有序开展绩效管理工作提供了政策支撑，有利于促进 PPP“物有所值”的实现，推进 PPP 更加健康规范地发展，可以说 PPP 绩效管理迎来了新的发展机遇。大岳咨询多年来扎根基础设施和公共服务设施投融资领域，已为一千多个 PPP 项目提供了咨询服务，在绩效管理方面积累了丰富的经验。以下笔者将结合《操作指引》的政策要求和多年实践谈点个人见解。

一、PPP 绩效管理历经多年发展，逐渐走向成熟

重视绩效管理是 PPP 项目的核心本质之一。6 年多以来，绩效管理始终是政策关注的重点。早在 2014 年刚推广 PPP 模式之时，《财政部关于推广运用政府和社会资本合作模式有关问题的通知》就提出要“稳步开展项目绩效评价”“要根据评价结果，依据合同约定对价格或补贴等进行调整，激励社会资本通过管理创新、技术创新提高公共服务质量”。时隔两年后的《政府和社会资本合作项目财政管理暂行办法》强调“合同应当约定项目具体产出标准和绩效考核指标，明确项目付费与绩效评价结果挂钩”。2017 年《关于规范政府和社会资本合作（PPP）综合信息平台项目库管理的通知》的印发，更是将绩效考核作为入库的要求之一，“项目建设成本不参与绩效考核，或实际与绩效考核结果挂钩部分占比不足 30%，固化政府支出责任的”项目不得入库。2019 年《关于推进政府和社会资本合作规范发展的实施意见》再一次将绩效管理上升到一个新的高度，明确指出规范的 PPP 项目要“建立完全与项目产出绩效相挂钩的付费机制”。《操作指引》的印发，使 PPP 绩效管理在政策制度层面更加完善。

大岳咨询在为各地政府提供 PPP 咨询服务的过程中，从 2014 年初以来就高

① 侯明，韦蕴哲．PPP 绩效管理迎来了新的发展机遇［EB/OL］．大岳咨询，2020－04－07．

度重视绩效管理工作。这个理念源自大岳多年来从事污水处理、垃圾处理、地铁、燃气等项目 BOT、特许经营、TOT 咨询服务的经验。2014 年以前还没有今天这种明确的绩效管理概念，但当时大岳在咨询项目中就明确要求，政府与投资人签订的合同中应当注明政府支出的补贴必须与产出效果挂钩。最典型的例子就是污水处理 BOT 或 TOT 项目，合同中规定出水水质必须达标，主要污染物排放指标有一项不达标就要面临高额的处罚。这种规定督促社会资本必须提供良好的服务，否则将面临拿不到补贴的后果。2014 年 PPP 开始大规模推广以来，我们更加重视绩效管理。在编制实施方案和合同文本中，就一贯坚持对绩效管理的要求，将补贴与绩效结果挂钩。

二、《操作指引》的出台促进 PPP 绩效管理更加有章可循

当前随着越来越多的 PPP 项目进入建设期和运营期，大岳咨询也参与到多个项目的绩效管理工作中。从笔者实际参与的 PPP 项目绩效考核工作来看，《操作指引》的印发，应该说对具体开展绩效管理工作提供了更加明晰的规定，有利于地方政府更加科学有效的开展绩效管理工作。当然，对于咨询机构而言，也更加有章可循。

三、开展 PPP 绩效管理，必须设定清晰的绩效目标和绩效指标

以笔者参与的四川某经开区 PPP 项目绩效考核为例，这个项目主要建设内容是公路、市政道路、公园和海绵化城市改造等，2019 年下半年已经建得差不多了。我们仔细审查原合同条款中的绩效考核内容后发现，原绩效考核指标宽泛笼统、繁杂而不适用，各方绩效管理的工作流程模糊不清，相关的绩效管理工作无从下手。以道路考核指标为例，部分考核项目直接引用并要求符合《城镇道路工程施工与质量验收规范》（CJJ 1－2008），但未明确具体要求和如何扣分；该项目道路工程设计中并无树池、台阶、分隔带声屏障等内容，但考核标准中却有这些项目而且还占有较大的分值；除此之外，我们还发现合同中对考核主体、考核方式、考核周期等都未做约定，考核的权利和责任难以落实。

我们为此项目编制了绩效考核办法，也就是《操作指引》所说的绩效评价工作方案，明确了各主体在绩效考核中的职责和项目绩效管理方法、目标。完善了原有的绩效考核标准，剔除无关指标，制定有针对性的可量化操作绩效细则。作为第三方机构协调政府方与社会资本的意见，并以补充协议的形式明确了相关

内容。

四、开展 PPP 绩效管理，要按照规定的实施流程进行操作

该项目各方确认合同补充协议后，由于缺少政策法规的参照，需要对绩效履约的工作流程进行完善。项目由实施机构牵头，财政、住建、安监等相关主管部门组成考核小组，由大岳咨询作为第三方专业咨询机构，依照项目产出内容聘请相关行业的专家提供专业意见。

大岳团队在咨询服务过程中综合应用了资料检查、现场考察、问卷调查、设备检测等多种考核方式。

资料检查方面，要求项目公司提交相应的文本资料复印件，准备原件备查，根据考核指标逐一检查是否符合要求，是否存在扣分情形。对发现的缺陷逐一记录，向项目公司出具“文件资料缺陷确认函”，由项目公司相关负责人签字确认。

对于运营维护过程的考核，则采取查证项目公司视频、照片等形式，记录运营道路出现缺陷后维护过程的关键工作；同时核查相关原材料的采购、使用记录等，判断相关操作是否符合操作规范与行业标准，向项目公司出具“过程考核确认函”，由项目公司相关负责人签字确认。

现场考察方面，则是实地查看道路的清扫情况、标识标志牌的设置、道路附属设施的外观体验等，判断是否达标并进行现场评分。

这次考核还用上了设备仪器进行检测。通过专业人员操作专业仪器诸如 3m 直尺、平整度仪、激光平整度仪、路况摄像仪、落锤式弯沉仪等，监测对应道路设施的质量保持情况，判断项目公司是否及时进行了必要的维修维护。根据检查结果，由考核小组各成员确认得分。

五、开展 PPP 绩效管理，必须重视绩效评价结果的应用

大岳咨询根据绩效评价工作的成果与相关的记录，征求专家、政府各部门的意见，结合自身的绩效管理评价项目经验，出具了绩效评价报告。报告为项目的执行情况做最后的量化评分，提交项目公司与政府各部门确认后，作为实施机构按效付费的挂钩依据。实施机构根据绩效评价结果编制预算，经财政局安排预算后顺利完成 PPP 项目补贴费用支付。

六、促进绩效管理工作更加科学规范推进的有关建议

在仔细研读《操作指引》之后，我们也发现有一些内容存在完善的空间。

结合实践工作体会的建议如下。

一是关于提前下达绩效评价通知和绩效评价结果异议解释时限。《操作指引》提到，“项目实施机构确定绩效评价工作开展时间后，应至少提前 5 个工作日通知项目公司（社会资本）及相关部门做好准备和配合工作”。提前通知，当然有利于项目公司安排好配合工作，但是也给了项目公司临时抱佛脚的机会，可能会造成绩效评价结果与客观事实有偏离。建议采用临时考核与定期考核相结合的方式开展绩效管理工作，并不一定非得要提前通知，突击检查更能发现和解决项目执行中存在的问题。第二十条提到，“项目公司对绩效评价结果有异议的，应在 5 个工作日内明确提出并提供有效的佐证材料，向项目实施机构解释说明并达成一致意见”。此举有利于在短时间内形成绩效评价的统一意见，防止因各方意见分歧导致的项目停滞。但考虑到不同项目的实际情况，特别是对于某些需要专业机构进行专业测试的项目，可能 5 个工作日内无法完成，建议按照实施机构与项目公司协商确认的时限作为异议确认期，充分保障各方的合法权益。

二是不同项目绩效考核指标的设置要因地制宜。《操作指引》附件 4 和附件 5 提出了建设期和运营期的绩效评价共性指标框架，有利于 PPP 项目绩效评价标准化地科学规范发展。但 PPP 项目的行业跨度非常大，不同的行业领域也是千差万别，例如道路、污水、垃圾、医院、园区、旅游等。在实操过程中的绩效评价指标设置不应局限于共性指标框架，还应该结合各行业不同产出内容的关注重点，有针对性地设置相应考核指标。

三是如何落实对项目实施机构绩效评价的问题。《操作指引》在附件 4 和附件 5 中提到了项目实施机构绩效评价，强调了实施机构作为政府方也需要被评价，绩效偏差原因涉及政府方自身的，项目实施机构应及时纠偏，有效保障了社会资本的权益。但在文件中未明确对实施机构进行绩效评价的主体、评价后的结果如何应用到项目的执行中、如何通过实施机构绩效评价达到提高项目绩效管理水平的目的，这些方面还需要项目的各参与方进一步挖掘。

操作指引出台后如何做好PPP项目绩效管理工作①

2020年3月，财政部发布《关于印发〈政府和社会资本合作（PPP）项目绩效管理操作指引〉的通知》（以下简称《操作指引》），强调规范PPP项目全生命周期绩效管理工作。目前，全国PPP综合信息平台项目管理库入库项目9000多个，投资额逾14万亿元。《操作指引》出台后，如何做好绩效管理工作成为各方关注热点，也关系到14万亿元入库项目能否做到规范实施、按效付费和物有所值。笔者接下来将对2014年至今的绩效管理系列政策文件进行梳理，并从《操作指引》主要内容和核心精神着手，结合自己参与PPP项目绩效管理工作的实践，谈谈对《操作指引》出台后如何做好PPP项目绩效管理工作的理解。

一、绩效管理一直是PPP政策文件的关注重点

从2014年国家大力推行PPP模式至今，PPP项目的绩效管理一直是相关政策文件的关注重点。

2014~2016年，《财政部关于推广运用政府和社会资本合作模式有关问题的通知》《国家发展改革委关于开展政府和社会资本合作的指导意见》《国务院办公厅转发财政部发展改革委人民银行关于在公共服务领域推广政府和社会资本合作模式指导意见的通知》等一系列文件都对PPP项目的绩效管理提出了明确要求，几份文件先后都强调了建立评价体系、开展绩效评价、重视公众参与、全生命周期管理、评价结果作为付费及调价依据等内容。

2017~2019年，为防止PPP的泛化异化应用，防控地方政府隐性债务风险，规范PPP发展，财政部对按效付费提出了刚性要求。其中，《关于规范政府和社会资本合作（PPP）综合信息平台项目库管理的通知》提出，“项目建设成本不参与绩效考核，或实际与绩效考核结果挂钩部分占比不足30%，固化政府支出责任的项目不得入库”。《财政部关于推进政府和社会资本合作规范发展的实施

① 胡永胜，孙志远，李伟．操作指引出台后如何做好PPP项目绩效管理工作［EB/OL］．大岳咨询，2020-04-10.

意见》进一步明确要求，“建立完全与项目产出绩效相挂钩的付费机制，不得通过降低考核标准等方式，提前锁定、固化政府支出责任”。

2020 年 3 月，在前期征求意见稿的基础上，财政部正式发布了《操作指引》，明确了财政部门、行业主管部门、实施机构、项目公司/社会资本等各方在绩效管理中的责任，提出了绩效目标和绩效指标体系确定的具体要求，建立了绩效监控、建设期评价、运营期评价、重大项目再评价、后评价的管理体系，强调了绩效管理的结果应用和按效付费等。

《操作指引》的出台，为各参与方规范开展绩效管理工作提供了政策支撑和较明确的指引，但如何将绩效管理工作做好、做实仍需要各方不断探索和总结经验。

二、如何做好绩效管理工作的几点体会

（一）绩效目标需要兼顾总体目标和年度目标、前瞻性和可实现性、直接产出和间接效果

绩效指引强调 PPP 项目绩效目标应包括总体绩效目标和年度绩效目标，反映项目提供的公共服务的同时，体现环境—社会—公司治理责任理念，关注项目对经济、社会、生态环境等的影响情况。

该等要求在水环境综合治理、片区开发、海绵城市、地下综合管廊、轨道交通以及智慧城市等项目中尤为重要。这类项目行业变化较快、开口较多，项目总体目标通常在一定年限后才能全部实现，项目实施后的经济效益、环境效益和社会效益显著，对项目公司/社会资本的社会责任以及公众参与要求较高。

以笔者参与的某市地下综合管廊 PPP 项目绩效评价为例。地下综合管廊为百年工程，时间远远长于政府和社会资本的合作年限，大多数管廊建于新区，随着周边区域的逐渐发展以及与管线单位的不断磨合，管线入廊的种类和数量才会逐步提高，项目总体绩效目标才会逐步实现。如果缺乏年度目标或者仅仅只是将总体目标进行简单拆解，缺乏对前瞻性和可实现性的考虑，将不利于项目的实施和绩效目标的实现。此外，地下综合管廊具有显著的经济效益和社会效益，例如集约利用地上地下空间资源、供水等管道入廊后漏损率降低、新技术应用带动产业升级，城市安全保障能力得到提升等，这些间接效果通常也是绩效目标的关注重点。

目前已入库的超 14 万亿元投资项目，不仅提升了公共服务供给的质量和效

率外，还深刻影响经济、社会和生态环境，其影响自然会成为绩效管理的重点。

（二）结合政策法规、行业惯例、实践经验和历史数据制定合理可行的绩效指标体系

PPP 项目绩效指标体系常见的问题有：绩效指标体系缺失、无细化的三级指标、行业变化较快导致指标体系滞后（常见于智慧城市等项目）、建设内容发生重大变化导致指标体系不具备执行条件（常见于海绵城市、水环境治理等打包项目）、运营维护指标的权重偏低、评分标准过高或者过低等。

以笔者参与的某市智慧城市 PPP 项目绩效评价工作为例，该项目在合同中没有规定绩效评价体系及评价办法，仅约定：项目公司对项目的运营维护应符合国家相关规范和标准。绩效考核办法由双方认可的第三方机构根据建设和服务内容进行设定。在该项目的绩效评价工作启动后，我们首先需要制定绩效指标体系。结合该项目各子系统由不同政府部门使用的特点，我们分别构建了各子系统的绩效指标体系，除依据行业标准和规范外，还重点借鉴了其他城市的成熟项目和历史数据，提出了一级、二级、三级指标和年度绩效目标，对 App 实名用户数和服务使用次数、数据共享交换单位数量、电商平台数据录入量和日均访问量等都有定量要求，形成了可量化的评分标准。

由于是在合同签订后再制定的指标体系，该项目不仅需要考虑执行阶段最新出台的政策要求和行业标准，还需要考虑政府部门在项目建设运行过程中不断明确、细化的要求，同时还要兼顾合同相关约定和行业成熟做法，才能确保既实现项目绩效目标、又不实质性变更项目内容，促使政府和项目公司达成一致。

《操作指引》提出了绩效指标体系的构成，提供了共性指标框架供参考，为后续项目建立指标体系提供了指引。但从具体要求来看，只有结合政策法规、行业惯例、实践经验和历史数据构建有针对性的绩效指标体系，才能切实解决项目个性化问题。

（三）开展绩效监控的同时，重点做好建设期绩效评价，系统解决遗留问题和潜在风险

绩效监控对于及时纠偏具有重要意义，尤其是对建设期内存在的问题，例如土地无法正常交付使用、资本金和融资资金不能及时到位、建设内容随意变更、建设成本缺乏管控（固定总价项目除外）、工程质量存在缺陷等。这些问题如果

不及时解决，不仅会影响项目产出、效果和目标的实现，严重时可能会导致项目的合作中止。

《操作指引》要求“原则上项目建设期应结合竣工验收开展一次绩效评价”。当项目从建设转入运营时，在竣工验收和费用支付等节点的倒逼下，绩效监控中未及时解决的问题和争议往往需要集中解决。实施机构在对项目产出、效果、管理进行绩效评价的同时，可全面梳理项目准备阶段和采购阶段的实施工作、PPP 项目合同文本、绩效指标体系、合同履约情况等，充分揭示遗留问题和潜在风险，进行系统解决的同时进一步完善合同文本，为项目的平稳运行创造条件，避免风险的累积。

（四）结合《操作指引》和传统政府投资项目后评价要求，对项目效果进行全面评价

项目效果（影响）的评价也是绩效管理的重点之一。对照《操作指引》以及传统政府投资项目后评价的要求，可以发现两者在经济影响（区域经济影响）、社会影响（创造就业、公众参与及满意度）、环境影响（节能减排）、可持续性（发展、运行管理及财务状况）等评价维度上有很多共性要求。

在参与前面提到的地下综合管廊项目绩效评价工作时，除关注项目产出外，我们还依据地下综合管线专项规划、土地利用规划、设计文件、PPP 项目文件、管线养护单位提供的历史数据等，对管廊有与无时的成本效益分别进行了测算分析；对地上地下空间资源集约利用、供水等管道漏损率降低、道路开挖减少对机动车行进影响等产生的经济效益进行了分析；并对装配式施工、巡检机器人、纳米探测器等新技术新工艺应用对产业升级的带动作用，管廊建设对城市安全保障能力的提升作用、项目与当地社会环境的相互适应性等社会影响进行了分析。在完成绩效评价的同时，还为该市后续管廊项目的设计、建设以及投融资提供了决策参考。

（五）委托咨询机构协助开展绩效管理工作，重视专家力量

绩效管理并不是简单的考核打分，一般都有发现问题、分析原因、提出对策、争议解决、磋商谈判、完善合同的过程，是一项需要专业力量支撑的复杂工作。实践中委托咨询机构协助开展 PPP 项目全生命周期绩效管理已成为普遍做法。发挥专业咨询机构的作用，在现场调查、方案论证、报告评审等环节重视专

家力量有利于做好做实绩效管理工作。

总之，《操作指引》的出台为 PPP 绩效管理工作提供了相对明确的指引，但同时也预示着 PPP 绩效管理工作的不断强化。如何规范开展绩效管理工作，真正实现 PPP 项目的物有所值，将成为下一阶段 PPP 工作的重点。

合同管理协同绩效管理共同推进 PPP 提质增效[①]

2020 年 3 月，财政部发布《政府和社会资本合作（PPP）项目绩效管理操作指引》（以下简称《操作指引》），一经发布便在业界引起了广泛的讨论，预示着 PPP 正进入高质量的发展阶段，显示出了政府坚持推广 PPP 的坚定信念。文件的发布也意味着 PPP 正逐渐实现当初国家大力推广的初衷——提高公共服务供给质量和效率，让 PPP 项目更好地实现物有所值。

《操作指引》从总则、绩效目标与指标管理、绩效监控、绩效评价、组织保证五个维度全面详细地规定了 PPP 项目全生命周期绩效管理工作的内容。本次发布有诸多亮点，笔者在此进行简要分析。

首先明确各部门的分工。文件指出财政部门负责制度建设、业务指导及再评价和后评价工作；实施机构在行业主管部门指导下开展绩效管理工作，可委托第三方机构协助。其次对 PPP 项目绩效指标的编制提出了要求，重点提到了要细化量化和合理可行，便于后期指标的考核和依效付费。同时对 PPP 项目绩效目标与绩效指标各阶段管理提出了要求，特别是在项目的采购阶段及执行阶段，根据项目的实际需求和环境变化提出了具体调整的实施路径。再其次对 PPP 项目的绩效监管如何开展也提出了相应的要求，即项目实施机构应根据项目合同约定定期开展 PPP 项目绩效监控，项目公司（社会资本）负责日常绩效监控。最后对 PPP 项目的绩效评价程序做出了相关要求，绩效评价程序包括下达绩效评价通知、制定绩效评价工作方案、组织实施绩效评价、编制绩效评价报告、资料归档、评价结果反馈以及评价结果争议解决等。

纵览《操作指引》，文件对项目的建设期和运营期绩效评价指标分别进行了详细的约定，特别对建设期指标的设定更是充分体现了全生命周期管理的理念，同时也是《关于规范政府和社会资本合作（PPP）综合信息平台项目库管理的通知》要求的建设成本中参与绩效考核的部分占比不得低于 30% 的充分体现。

笔者曾参与过某 PPP 项目的建设期合同管理工作，结合《操作指引》的“原则上项目建设期应结合竣工验收开展一次绩效评价”等相关要求看，PPP 项

---

① 马腾，何泽忠．合同管理协同绩效管理共同推进 PPP 提质增效［EB/OL］．大岳咨询，2020－04－20.

目合同管理工作同样是 PPP 项目提质增效的重要抓手。PPP 项目如何更好地实现物有所值，在项目的准备阶段主要考验实施机构、财政部门、行业主管部门及第三方咨询机构的智慧和对项目的理解深度；而在项目执行阶段则是对项目前期文件质量优劣的复核，对绩效考核指标设置是否合理的考验。在项目的执行阶段，政企双方的一切活动均围绕着项目合同这条主线进行，长达 10～30 年的合作期检验着双方的履约精神，当出现偏离主线的行为时，应及时进行纠偏。PPP 项目合同管理包括两个概念，即“PPP 项目合同”加“管理”。具体来讲，合同管理的基础是 PPP 项目合同，政企双方应基于合同对 PPP 项目进行管理；同时，合同管理的过程和结果也应及时反馈并体现到 PPP 项目合同中，可视具体情况修订和完善合同。通过合同管理，实现提质增效，为 PPP 高质量发展保驾护航。

笔者在咨询项目实践中，根据项目的实际情况制定了工作内容、工作目标、工作流程、工作方法及制度、工作重点及保障措施、管理组织机构等。其中，工作内容主要从以下七个角度考虑。

（1）合同履约管理。对项目公司根据《PPP 项目合同》约定的事项完成情况进行管理，包括合同约定进度计划管理、投资及融资交割管理、报备材料审核管理、保函和保险管理、变更管理、验收管理等。

（2）风险管理。依据《PPP 项目合同》，在工程建设过程中，例如发生设计变更、投资调整、进度延误等风险事件，对事件的原因、影响、处理进行分析，按照合同约定提出解决方案。涉及违约条款的，按条款约定方式计算违约金。

（3）合同更新管理。根据项目建设实际需要，对《PPP 项目合同》中约定处理原则的事项进行细化和更新，结合风险事件处理方案，起草合同补充附件，包括补充协议、备忘录等。

（4）工程资金管理。对工程资金的到位情况进行监督和核实，尤其要保证政府投入的资金专款专用。

（5）定期评估。工程建设期内，根据工程建设进度，定期对合同执行情况进行评估。编制管理月度报告，对合同的履行情况，包括工程进度、资金情况、报备文件流程和内容、风险等进行总结评估。

（6）管理制度建立和执行。结合政府和企业内部制度，从规范合同执行角度出发，制定适宜双方的制度，包括会议制度、文件制度、档案管理制度等。

（7）文件审核和管理。对项目公司上报的工程进度、设计变更、资金申请、存在问题等相关文件进行审核，向项目公司出具文件完善意见，并向实施机构提供文件审核说明。根据 PPP 相关政策和政府档案管理制度，对项目资料进行整理汇编。

笔者参与的项目其工作内容与《操作指引》对建设期绩效考核的要求有诸多相似之处。PPP 项目的绩效考核对于政府方来说是一种管理手段，也是安排财政支出的有效依据；而对于社会资本方来说则关系着整个项目生命周期的收入。通过这种过程管理，项目参与各方对项目实施过程中存在的问题能有更清晰的认识和了解，也能为项目建设期绩效考核提供充分的支撑依据。更重要的是通过过程管理，可以有效避免最终的建设期绩效考核流于形式，真正地实现提质增效的目的。

大岳咨询成立 20 余年来已经为上千个 PPP 项目提供了咨询服务；随着近几年大量 PPP 项目进入执行阶段，也积累了丰富的绩效管理类项目经验。在政府出台文件对绩效管理进一步指明方向并提出要求的背景下，我们将与广大 PPP 从业者一起共同努力，为 PPP 提质增效贡献一分力量。

快评《政府和社会资本合作（PPP）项目绩效管理操作指引》①

近期，财政部下发《政府和社会资本合作（PPP）项目绩效管理操作指引》（以下简称《操作指引》）。文件从总则、绩效目标及指标申报、绩效监控、组织保证五大模块全面详细地规定了 PPP 项目全生命周期绩效管理工作的部门分工、阶段工作、绩效评价重点、评价方法及结果应用等内容。结合多年的 PPP 行业工作经验，笔者认为该文件有以下亮点。

1. 高层战略、基层落实。

该文可视为是对实施政府全面预算绩效评价在 PPP 项目领域的最终贯彻与具体落实。

2018 年 9 月 1 日，中共中央国务院联合下发《关于全面实施预算绩效管理的意见》，明确指出要建立全覆盖的预算绩效管理体系，包括“积极开展涉及一般公共预算等财政资金的政府投资基金、主权财富基金、政府和社会资本合作（PPP）、政府采购、政府购买服务、政府债务项目绩效管理。政府和社会资本合作（PPP）、政府债务项目绩效管理”。

2020 年 2 月 25 日，财政部印发《项目支出绩效评价管理办法》（以下简称《管理办法》），第三条明确提出“一般公共预算、政府性基金预算、国有资本经营预算项目支出的绩效评价适用本办法。涉及预算资金及相关管理活动，如政府投资基金、主权财富基金、政府和社会资本合作（PPP）、政府购买服务、政府债务项目等绩效评价可参照本办法执行”。

可见，《管理办法》是对《关于全面实施预算绩效管理的意见》的继承与发展，目的是实现全面预算绩效评价在财政支出项目领域的实施与操作；而《操作指引》则是对《管理办法》的进一步继承与完善，目的是实现全面预算绩效评价在 PPP 项目中的实施与应用。

2. 明确分工，强化合作。

《操作指引》第三条明确指出，“项目实施机构应在项目所属行业主管部门

① 马腾，何泽忠．合同管理协同绩效管理共同推进 PPP 提质增效［EB/OL］．大岳咨询，2020－04－20.

的指导下开展 PPP 项目绩效管理工作”，可见实施机构是实施 PPP 项目绩效评价的具体部门。该条进一步明确“各级财政部门负责 PPP 项目绩效管理制度建设、业务指导及再评价、后评价工作”。此条正式明确财政部门在 PPP 项目评价的定位与职责，划清了财政部门与实施机构的工作界面，大大缓解了现实中各部门分工混乱不清的现状，利于各方长期稳定的合作和 PPP 项目的高质量供给。

3. 确定原则与程序，指导现实工作。

（1）该文第十一条明确提出：在项目准备阶段，项目实施方案中编制总体绩效目标和绩效指标体系并报财政部门审核；在项目采购阶段，合同谈判可对绩效指标体系中非实质性内容进行合理调整；在项目执行阶段，绩效目标和指标体系原则上不予调整，但因重大变化确需调整的，由项目实施机构和项目公司协商确定，经财政部门及相关主管部门审核通过后报本级人民政府批准。

该条明确了绩效考核等内容在 PPP 项目合同谈判时的边界与原则，便于谈判各方参考执行。同时也为修改绩效指标体系留有余地，并且考虑到 PPP 合同的长期性，还为修约完善明确了审核程序，这对现实中已经进入运营期却难以考核或原定考核标准不合理的项目有很强的指导意义。

（2）该文第十九条提出，开展 PPP 项目绩效评价的程序应为：下发绩效通知—制定绩效方案—实施评价—编制绩效评价报告—资料归档—结果反馈。PPP 项目从建设期进入运营期，对大多数地方政府来说，对运营期的付费与绩效考核的陌生程度与初次接触 PPP 项目无二，因此，如何进行绩效评价并与付费挂钩成了 PPP 项目进入运营期后面临的第一个难关。此条规定的评价程序主要参考了预算绩效评价的工作程序，使相关单位在具体实践中，可以参考预算绩效评价的经验和做法，对实施 PPP 项目预算绩效评价具有较好的实践指导意义。

同时文件后附有《绩效评价工作方案》《绩效评价报告》《建设期/运营期绩效评价共性指标框架》等工作模板，有助于更好地实现文件落地。

4. 不忘初衷，践行科学绩效观。

在该文“附件 5 – PPP 项目运营期绩效评价共性指标框架”的说明中明确指出，“产出”指标应作为按效付费的核心指标，指标权重不低于总权重的 80%，其中“项目运营”与“项目维护”指标不低于总权重的 60%。此说明简明扼要地点出绩效评价的重点，意在提示对 PPP 项目的绩效评价不能脱离实施项目的初衷，实施 PPP 项目的最终目的还是为了向民众提供项目产出对应的服务。如脱离初衷进行考核，则只会南辕北辙，增加无谓的监管成本。

《全国 PPP 综合信息平台项目管理库》2020 年 2 月报显示，2014 年以来，累计开工项目 3764 个、投资额 5.7 万亿元，开工率 58.6%。考虑到 2016 年、2017 年是此轮 PPP 项目高潮期，其间入库项目数量最多，按一半的开工率考虑，也有大量项目即将完工或已经完工，并将要进入运营期。而绩效管理操作指引的下发能够确保在这些项目进入运营期后，进行规范的考核，实现政府按约付费。正所谓严格才是大爱，相信在国家 PPP 政策文件的严格督导和明确规定之下，中国的 PPP 事业将能实现稳健长远的发展，并将促进和提升中国政府治理的现代化水平。

鸣　谢

感谢为本书观点贡献经验和智慧的：

国务院参事室特约研究员娄洪，财政部金融司处长阚晓西、副处长刘宝军、副处长黄澈，财政部政府和社会资本合作中心处长夏颖哲，中国国际工程咨询有限公司研究中心主任李开孟，国家发改委投资研究所PPP中心（国家发改委投资司）副主任李泽正，国务院国有资产监督管理委员会信息中心副处长张玉冰，交通运输部科学研究院财政金融研究室主任翁燕珍，黑龙江省财政厅副厅长赵谦，江苏省财政厅原副厅长宋义武，陕西省PPP中心主任杨京星，陕西省发改委投资处副处长刘斌，天津市财政局债务处副处长陈渤海，北京市发改委投资处陈相相，河南省开封市财政局常务副局长刘福启。

中国交建投资事业部处长杨晓敏，中交投资基金管理有限公司董事长谢玉梅、投资总监王沛，中铁股份财务部副部长杨涛、处长王跃，中冶集团投资管理部副部长王伟、处长徐龙乾，中建投资基金管理有限公司副总经理金浩，中建股份公司投资部高级经理辛松梅，中电建水环境治理技术有限公司北方公司原总经理杜文科，中国土木工程集团公司资产运营总监季怀民，三峡国际能源投资集团有限公司金地，北控水务集团北京业务区总经理刘震，北控水务水环境投资中心法务总监张未，华夏幸福基业股份有限公司副总裁李茂年，龙元建设集团股份有限公司总裁助理苗纪江，东方园林金融中心副总经理张国庆。

中国建设银行河南省分行副行长岳邦奎，中国建设银行公司部重大项目处处长桂治国，中国建设银行资管中心基金负责人曹勐，中信银行机构部地方机构处处长周雨尘，中国工商银行投行部经济政策首席分析师沈海峰，国寿投资公司创新部副总经理嵇绍军，中国农业银行资管部投资经理李德超，人保资本投资管理有限公司投资总监谭国彬，深圳平岳投资基金管理有限公司副总经理何涛。

住建部全国市长研修学院赵克进、秦迪，伦敦大学学院原教授张倩瑜，清华大学教授王守清、杨永恒，哈尔滨工业大学教授满庆鹏，同济大学熊伟博士，天津理工大学教授杜亚灵，大连理工大学教授宋金波，Mazars会计师事务所高级合伙人张立文，君合律师事务所合伙人袁家楠，上海锦天城律师事务所高级合伙人刘飞。